Date Due

OCT 1970
OCT 1970
OCT 3 0 1970
Fall '3'
OCT 3 1973
Spring 75

FEB 1988

Demc

LIBRO DE BUEN AMOR

ODRES NUEVOS

CLÁSICOS MEDIEVALES EN CASTELLANO ACTUAL

COLECCIÓN DIRIGIDA POR
MARÍA BREY MARIÑO

✤

*TEXTOS QUE FIGURAN
EN LOS PRIMEROS VOLÚMENES*

POEMA DEL MIO CID
LIBRO DE APOLONIO
LEYENDAS ÉPICAS MEDIEVALES
FERNÁN GONZÁLEZ
EL CONDE LUCANOR
ARCIPRESTE DE HITA
MILAGROS DE NUESTRA SEÑORA
TEATRO MEDIEVAL
LIBRO DE LA CAZA DE LAS AVES

✤

ODRES NUEVOS

*aspira a hacer accesibles al gran público, por
vez primera, los monumentos de la
primitiva literatura española*

La presente colección constará de diez volúmenes

ARCIPRESTE DE HITA

LIBRO
DE BUEN AMOR

Texto íntegro en versión de
MARIA BREY MARIÑO

SEGUNDA EDICION REVISADA

Él vierta añejo vino en odres nuevos
M. Menéndez y Pelayo

EDITORIAL CASTALIA
‹ODRES NUEVOS›
1960

Depósito Legal. V. 1.616 - 1960

Tip. Moderna - Olivereta, 30 - Valencia - 1960 - N.º Rgtro.: V. 41-60

PRÓLOGO A LA PRIMERA EDICIÓN

> Cualquiera que lo escuche, si hacer versos supiere,
> puede más añadir y enmendar, si quisiere;
> ande de mano en mano, téngalo quien pidiere,
> cual pelota entre niñas, tómelo quien pudiere.
> (Juan Ruiz, *Libro de Buen Amor*, copla 1629.)

Seguramente, pocos nombres de escritores castellanos despiertan, entre los españoles de mediana cultura, un eco tan concreto como el de Juan Ruiz, Arcipreste de Hita. Para unos, de simpatía, de alegre complicidad, como hacia quien comparte el secreto de una travesura; para otros, de severa repulsa contra lo que estiman desenfado impío y procaz, hipócritamente disfrazado so capa de propósito moralizador. Pero es el caso que estos juicios no son, salvo contadísimas excepciones, la consecuencia de un conocimiento directo de la obra del Arcipreste. No hablo, claro es, de quienes se dedican al estudio de nuestra literatura, sino, como ya dije, de aquellas personas que en toda clase de profesiones representan el nivel cultural medio e incluso elevado en sectores no literarios.

En efecto, son muchos los que conocen el delicioso elogio de la mujer chiquita, con su picotazo final, inofensivo y juguetón; muchos saben que Juan Ruiz escribió las

serranillas, llenas de gracia, y hasta recordarán haber can-
tado alguna de ellas en los años escolares:

Cerca la Tablada,
la sierra pasada...

¿Quién no recuerda el garbo de doña Endrina, atra-
vesando la plaza del pueblo? Trae a la mente, no ya el
insípido pasaje del Pamphilus, *en que se funda este relato,*
sino la frase dedicada a Venus *en la* Eneida:

et vera incessu patuit dea.

La vieja Trotaconventos, el mur de Guadalajara, el
orondo Carnal, el pescozudo Arcipreste son tipos que a
muchos han hecho reir, y con ceñudo vade retro *recuer-*
dan otros la parodia de las Horas canónicas, la burla
hecha a doña Endrina, la sátira contra los clérigos de
Talavera, la monjita que aceptó homenajes masculinos y
el hecho de que Juan Ruiz relate en primera persona con-
quistas y descalabros amorosos.

Ahora bien, tales recuerdos, tales juicios, incompletos
e inconcretos, proceden del retazo antológico, del comen-
tario en el aula, del lugar común entre conversadores;
casi nunca de la lectura del Libro de Buen Amor. *Y es*
que este libro, como tantas obras literarias escritas en los
tiempos de formación del idioma, es inaccesible para toda
persona no instruida en la lingüística ni en la grafía con-
vencional con que se editan los textos arqueológicos.

Indispensables y, desde luego, previas, son las tareas
del paleógrafo, del gramático historiador de la lengua, del
filólogo, para que nuestras primitivas manifestaciones lite-
rarias conserven limpios los vocablos, la frase, el estilo de
la época, sin que una palabra mal escrita o la falsa inter-

*pretación de un texto cubran de amarillo jaramago el
mármol del idioma. Pero no hay que olvidar que, además
del interés monumental, de reliquia venerable, que tienen
tales obras, conservan otro no menos importante: el esté-
tico, de cuyo goce no hay por qué privar a tantos y tantos lectores de lengua castellana solamente porque no
están familiarizados con las primitivas formas. El médico
y el financiero, el arquitecto y el hombre de leyes, el
estudiante de nuestros Institutos y el que da los primeros
pasos en la senda de las letras, el extranjero que quiere
conocer nuestra Literatura, el obrero manual, el poeta, el
matemático, no deben estar al margen de esta cultura
medieval que conserva el meollo y la explicación de nuestro desenvolvimiento literario, si a ello les llama su espíritu de curiosidad o sus aficiones.*

*Creemos que se trata de un problema de traducción o,
mejor dicho, de adaptación. Si por medio de traducciones
puede admirar a Shakespeare o a Ibsen quien ignora el
inglés y el sueco; si a través de traducciones llegan a nosotros Tagore, Virgilio, Ibn Hazm, Goethe, Dostoiewsky,
lejanos en tiempo, psicología y cultura, bien podemos
intentar la versión de obras escritas en nuestro propio castellano primitivo por escritores cuyo carácter respondió
a los mismos estímulos psicológicos que el nuestro, rodea-
dos por la misma geografía, herederos de las mismas
culturas.*

*Conozco el criterio inexorable de algunos eruditos con
respecto a este asunto. Para unos, tal intento es una profanación; otros, más benévolos, lo califican de inútil pier-
detiempo. Después de meditar sobre las razones que adu-
cen, no alcanzo a ver profanación donde el trabajo de
adaptar el texto al castellano moderno se hace teniendo
en cuenta, con riguroso respeto, la edición paleográfica,*

cuantos estudios de índole lingüística, interpretativa y literaria se han, ocupado de la obra y el examen personal más detenido y amoroso, a fin de que las modificaciones se limiten a lograr la comprensión restando lo menos posible a la frescura original. Y en cuanto a la inutilidad del esfuerzo, no creo que lo sea el poner al alcance de quienes son capaces de saborearla, una creación literaria riquísima en contenido de jugosa, cálida y sencilla humanidad.

Copiosa y estimable, aunque no definitiva, es la bibliografía dedicada al Libro de Buen Amor. Pocos estudios de conjunto y bastantes que se limitan a la aclaración de una palabra, de un pasaje. En ellos, la obra del Arcipreste ha sido desmontada pieza a pieza, y cada una de éstas fue sometida a la lupa filológica, al bisturí lingüístico, al examen de su genealogía literaria. Excelente labor, paciente y muchas veces ingrata, gracias a la cual podemos intentar esta idea de renovación. Porque estimamos que el erudito y el investigador no han de ver la meta de su trabajo en exhumar: esto es un trámite, más aún, el punto de partida. La finalidad es vivificar el hallazgo para que sea posible ofrecerlo a la cultura presente de manera que despierte evocadora emoción de las épocas pasadas, sin producir ni la indiferencia forzosa de lo ininteligible ni el escalofrío que provoca la contemplación de una momia. ¡Lejos de nosotros el rabioso afán de hurgar, escarbar y revolver sin ton ni son para no conseguir otra cosa que apagar un rescoldo lleno aún de calor vivo y convertirlo en cenizas incapaces de resurrección!

Existen, además, selecciones acertadas y alguna edición completa, pero, que sepamos, sólo un intento de adaptación moderna: la del Sr. Canales Toro, en Chile, hecha con un criterio excesivamente amplio.

Así, aunando nuestro modestísimo esfuerzo al cientí-

fico trabajo de tanto ilustre comentarista, ofrecemos esta versión del Libro de Buen Amor. *Después de análisis e interpretaciones (entre los que —todo hay que decirlo— hay alguno por cuyo autor debemos rogar a Dios para que le aumente la sensibilidad) convendría también escuchar lo que Juan Ruiz nos dice lisa y llanamente.*

Llaneza y lisura de espíritu y de expresión buenas para ser captadas por sus contemporáneos, pero que para el lector de hoy, aun para el iniciado, aparecen enigmáticamente envueltas en la niebla de palabras desconocidas y giros desusados. Difícil, dificilísimo ha sido el trabajo, pues a cada paso surgía la lucha entre el deseo de conservar y el de aclarar. Además existen todavía muchas dificultades y muy espinosas no resueltas por la investigación; otras en las que los investigadores se inclinan hacia soluciones dispares. Hay también la limitación que supone el verso; en un lenguaje apretado, conciso y lleno, como el de Juan Ruiz, donde toda palabra, aun la que pueda parecer menos esencial, está cargada de sentido, el acierto en la versión es realmente problemático. La expresión de humor, ternura, indignación, picardía, devoción, depende, en ocasiones, de un acento en el ritmo, de un adjetivo, de unir o no dos oraciones, incluso de la rima escogida para el caso.

Creo que el reproche que de verdad se me puede hacer a priori es la audacia, pero si es cierto que audaces Fortuna juvat, *sólo deseo que lo haga en mi propósito de llevar a los lectores de lengua castellana el regalo de un libro bello.*

Insisto en que no es ésta una edición para eruditos, aunque en sus estudios se apoya. Va dedicada de modo específico a quienes no lo son; a lectores, no a sabios de la Literatura. No obstante, aparte algunas noticias sobre autor, época y vicisitudes del Libro, *expondré también unas cuantas consideraciones con las que intento justificar el criterio adoptado por mí al tratar de resolver las distintas cuestiones que se me han planteado, para lo que siempre procuré, en lo posible, fundarme en alguna razón.*

LA ÉPOCA.—*Echemos una mirada de conjunto sobre la situación de España en los años vividos por Juan Ruiz, a fin de situar mejor el momento histórico en que escribió su obra.*

Apareció el Libro de Buen Amor *en pleno siglo XIV. Los dos grandes estados de la España cristiana estaban regidos por monarcas capaces de sostener el cetro con firmeza: Alfonso XI (1312-1350) en Castilla; en Aragón, después del benigno Alfonso IV (1327-1336), Pedro IV (1336-1387). La guerra de reconquista llegaba ya a la última fase y los musulmanes de la Península, reducidos al sur de Andalucía, perdieron el dominio del Estrecho ante las armas de Alfonso XI y Pedro IV (1340, batalla del Salado; 1344, toma de Algeciras). El siglo XIV hubiera podido ver el fin de esta guerra si la política interior, cada vez más turbulenta, la preferencia que Aragón dedicaba al Mediterráneo y la pérdida del temor al poderío musulmán no hubiesen detenido la ofensiva impetuosamente llevada por Alfonso XI hasta que murió en el sitio de Gibraltar.*

Aparte las preocupaciones peninsulares de reconquista, organización interior y convivencia entre los distintos reinos ibéricos, España tuvo durante la Edad Media contacto con Europa, si no continuo, sí importante y de resultados bien perceptibles. Las peregrinaciones a Santiago, con su ruta internacional; el intercambio de príncipes y princesas en bodas de sangre real, factor de gran importancia en costumbres, instituciones, literatura, arte

y política; la venida de caballeros de otros países a comba-
tir contra los musulmanes en campañas que habían obte-
nido del Papa la consideración de cruzadas, etc. Esto,
en Castilla que, además, por sus continuas relaciones con
Cataluña y Aragón, siempre orientados hacia el Medi-
terráneo europeo, tenía en la frontera del este una ventana
bastante amplia sobre el panorama extra-peninsular. En
los días del Arcipreste hacía poco más de un cuarto de
siglo que Alfonso X había tomado parte muy activa en
el tablero europeo con su pretensión al Imperio alemán.
En Navarra, cuya historia se entrecruza forzosamente con
la castellana, reinaban, desde el siglo XIII, dinastías fran-
cesas, y en el XIV, en vida de Juan Ruiz, dos reyes de
Francia lo fueron también de aquel país.

Pero si es innegable que España no estaba aislada, ni
mucho menos, del conjunto europeo, no es menos cierto
que los musulmanes, enemigos oficiales durante siglos, por
no cristianos y por invasores, dejaban en su retirada cada
palmo de terreno impregnado en arabismo. Además, en el
flujo y reflujo de las fronteras, según la marcha de la
guerra, cambiaban de dueño las regiones que, naturalmen-
te, no siempre se vaciaban de habitantes musulmanes para
dar paso a los cristianos, o viceversa, sino que unos y otros
convivían en la ciudad, en la comarca que unas veces era
mora y otras cristiana. Por mucho que la separación oficial
existiese, el roce y, por tanto, la influencia de todo tipo
llegó a mucho más que a lo externo de un método de
cultivo, de una manera de ornamentar edificios o de
combinar una estrofa; llegó a ser uno de los elementos
psicológicos de lo español, por lo menos desde el Duero
hasta Tarifa.

El mismo Alfonso X, que, con la vista puesta en el
centro de Europa, aspiró al trono alemán, dirigía per-

sonalmente los trabajos que en Toledo y en Sevilla reali-
zaban sabios y traductores árabes, judíos y cristianos en
científica colaboración.

En el centro de Castilla la Nueva, habitada por cristia-
nos, mudéjares (musulmanes que permanecían en terri-
torio cristiano) y judíos, cuya potencia financiera y nivel
social y cultural eran muy apreciados, vivió Juan Ruiz;
este ambiente de inter-influencia psicológica le rodeó y
contribuyó a formar sus ideas, sus puntos de vista, gustos
y modo de expresión. Coexisten la espiritualidad mística
de la Edad Media europea, el humor de sus juglares, la
moralidad de sus predicadores y tratadistas, la protesta
rebelde de los goliardos con la espiritualidad táctil, por
decirlo así, de los musulmanes que no teme a la carne
como a uno de los enemigos del alma ni concibe tal posi-
bilidad. Lecturas europeas y charlas con mudéjares; en
la Iglesia, sincera devoción ante un Cristo gótico; en la
calle, música morisca, mercaderes judíos; en la mente, el
estudio de las últimas disposiciones conciliares se cruza
con el deseo de que salgan bien unas coplas en zéjel para
la juglaresa mora.

Imposible prescindir de ninguno de los ingredientes de
aquella época española si queremos comprender la obra
de Juan Ruiz, muchas veces calificada de enigmática.
Tanto más compleja cuanto que su autor no fue un hom-
bre cuya órbita se haya desarrollado en un solo sector de
la sociedad, cortesano, militar, conventual o artesano. El
Arcipreste de Hita pudo, desde su Arciprestazgo, relacio-
narse con unos y otros, escuchar, conversar, conocer y
sentir, respirando plenamente la atmósfera de su tiempo.

EL AUTOR.—*Por sus obras los conoceréis. Nunca mejor*
que en este caso se puede aplicar tal afirmación, porque
de Juan Ruiz no sabemos absolutamente nada más que

los datos que él mismo deslizó en su Libro de Buen Amor: *nombre, cargo y fecha de las dos ediciones del Libro. Tan sólo se puede añadir una noticia negativa encontrada por Tomás Antonio Sánchez en el siglo XVIII: que ya no era Arcipreste de Hita en 1351 porque en este año figura como tal Pedro Fernández.*

El Libro está escrito en primera persona, lo que no quiere decir que sea autobiográfico; se trata de un recurso literario frecuente en obras didácticas y más si la enseñanza se apoya en ejemplos en que el protagonista sale malparado, pues si es el propio autor quien se pone en ridículo parece que resulta más simpático y gracioso. Pero aparte la ficción de las aventuras relatadas hay unos cuantos detalles que se vienen teniendo como posibles en la biografía de Juan Ruiz:

1.º Que el Arcipreste fuera natural de Alcalá de Henares, basándose para ello en la copla 1510.

2.º El autorretrato contenido en las coplas 1485-1489. Descripción realista y concreta si las hay, correspondiente al tipo de hombre moreno y sanguíneo (1).

3.º Cuestión muy debatida y sobre la cual no se han puesto aún de acuerdo los comentaristas: la prisión varias veces mencionada en el Libro de Buen Amor. *¿Estuvo preso efectivamente el Arcipreste, por orden de la autoridad eclesiástica? Si lo estuvo, ¿por qué causa? ¿Escribió*

---

(1) Cierto que la figura descrita se acomoda al canon clásico del temperamento sanguíneo y sirve, más o menos, para cuantos individuos pertenezcan a él (meridionales sobre todo); pero el detalle de la nariz larga que, según confiesa Juan Ruiz, *le descompon* el conjunto, ¿pertenece también al consabido canon o es algo más personal? La longitud de la nariz no pertenece al canon sanguíneo como característica. (*Nota a la segunda edición.*)

el Libro *cuando se hallaba encarcelado, o antes? Si antes,
¿fue el* Libro de Buen Amor *la causa del castigo?*

Con *muy sólidas razones ha sido negada tal prisión,
estimando que, al lamentarse de ella el Arcipreste varias
veces en el transcurso de su obra, se refiere a la retórica
prisión del espíritu en este valle de lágrimas e impurezas.
Pero últimamente Gonzalo Menéndez Pidal vuelve a valo-
rizar como dato biográfico aquellas lamentaciones, y la
verdad es que, en efecto, cuando se trata de prisión retórica las quejas suelen caer sobre el pecado, sobre nuestra
flaca naturaleza, etc., no sobre el prójimo, que en
este caso retórico está tan preso como el poeta. En cambio,
Juan Ruiz, como bien dice Gonzalo Menéndez Pidal, acusa, atribuye su inmerecida prisión a los enredadores, sobre
quienes pide que caiga el castigo* (1).

---

(1) Dámaso Alonso se inclina con bastante decisión hacia la
idea de ver el encarcelamiento del Arcipreste como un suceso
real (*Tres poetas en desamparo*, artículo recogido en el volumen
De los siglos oscuros al de Oro, Madrid, 1958). También manifiesta
el mismo criterio en *La cárcel del Arcipreste* (*Cuadernos Hispanoamericanos*, núm. 86, febrero de 1957, pp. 165-177), pero al término de sus razonamientos, advierte, cauteloso, que por sostener
tal tesis "no pondría la mano en el fuego". María Rosa Lida
(*Nuevas notas sobre el Libro de Buen Amor*, NRFHisp., XIII,
1-2, pp. 17-82), por el contrario, prefiere considerar como espiritual la prisión discutida, pero concluye: "ni he excluido, ni exclu-
yo la posibilidad de que el poeta haya expresado una situación
concreta en estilo devoto convencional".
Para mí sigue ofreciéndose viable la prisión de Juan Ruiz en
cárcel con cerrojo y cuatro paredes. Las quejas a la Fortuna (1685-
1689) acusan, a mi entender, un sentido de cuita terrena, no recha-
zable del todo tampoco en cuanto a las súplicas en que el Arcipreste
eleva su corazón a Dios y a Santa María. Tampoco es totalmente
inadmisible la cualidad de humanos aplicada a los enemigos *traidores* (7), *mezcladores* (10) y *gente maliciosa, cruel, mala y soberbiosa* (1665). Creo ver alusión a una injusticia terrena y protestas
de inocencia (en cuanto a un supuesto delito castigado por los

¿Por qué sufrió Juan Ruiz el encarcelamiento? A la inseguridad de la prisión se añade el desconocimiento de la causa. ¿Libertades de conducta? ¿Crudezas, irreverencias en sus escritos? A pensarlo se inclinan quienes ven en la obra de Juan Ruiz el reflejo de una conciencia excesivamente amplia. Mas, ¿en qué se fundan para tal afirmación? En que, viendo malicia donde puede haber sinceridad, interpretan que Juan Ruiz, relleno de hipocresía, dice que se propone moralizar, y con tal pretexto escribe un ars amandi *en el que se complace en figurar como protagonista. Suficientemente establecido está ya el sen-*

humanos), en 1674: *de aqueste dolor que siento / en prision sin meresçer.* Contra esa injusticia pide Juan Ruiz el favor de María, *de coytados salvamiento.* Mas, como hombre que es y, por tanto, pecador, confiesa no ser digno de su ayuda, y así acude a la bondad de la Virgen, rogándole humildemente que olvide la deleznable condición pecadora y el merecimiento humanos del suplicante: [Socórreme] *no catando mi maldad / nin el mi merescimiento, / mas la tu propia bondad; / que conffieso en verdad / que so pecador errado* (1675). Idea que se repite en la estrofa siguiente: aunque no lo merezco, accede a concederme tu ayuda. Mi criterio es que Juan Ruiz razona de esta manera: "Una cosa es que soy pecador (lo confieso y, por tanto, no cabe que mi protesta sea contra la justicia divina, ni que diga de ella que obra *a tuerto*), y otra es que estoy sufriendo castigo impuesto por los hombres por algo que no cometí. Te pido auxilio; como pecador no lo merezco, pero como tampoco merezco este castigo injusto, olvídate ahora bondadosamente de mis pecados y corrige el desafuero que se está cometiendo conmigo". Estimo que esta protesta contra la injusticia humana se expresa también en la composición 1678-1683, sobre todo en el verso 1683a: *sufro grand mal, syn meresçer, a tuerto.*

Aun dando por cierto y sabido el número elevado de cárceles capaces de aprisionar un alma: terrenal (con respecto al Cielo), amorosa, de pecado, de ignorancia, de esclavitud, etc., ¿no habrá sido la de Juan Ruiz puramente física?, ¿no será este de la prisión un dato biográfico más que añadir a los escasísimos deslizados por el autor entre sus ficciones literarias?

(*Nota a la segunda edición.*)

*tido puramente literario de tal primera persona, pero,
además, el mismo Arcipreste, luego de presentársenos
como nacido bajo el signo de Venus, perpetuo servidor de
damas, etc., recoge velas diciendo que*

> aunque comer no pueda la pera del peral,
> el sentarse a la sombra es placer comunal.
>
> (Copla 154.)

*Se fundan también en que la parodia de las Horas
canónicas, la descripción del cortejo de don Amor, la sátira
contra los clérigos de Talavera suenan en sus oídos como
irreverente profanación sin ver que se trata de combatir
por el ridículo lo que los Concilios venían tratando de
reprimir con sus severas disposiciones. La religiosidad
acendrada de la Edad Media sabe perfectamente que al
emplear frases litúrgicas en tal tipo de parodias lo que
se ridiculiza o menosprecia no es la Religión, sino el pecado de quienes la toman como pantalla. Esa misma firme
piedad es la que permitió que se esculpieran capiteles de
catedrales, que se miniaran libros de horas con escenas que
entonces eran pura broma y hoy nos parecen chocantes.
Unamos este sentido religioso a prueba de parodias a lo
que dijimos del influjo árabe respecto de la no radical
separación entre alma y cuerpo, entre naturaleza y moralidad y podremos aceptar sin esfuerzo que Juan Ruiz diga,
y lo diga sinceramente, que en su Libro se propone enseñar a escoger el bien.*

*Precisamente una faceta del carácter del Arcipreste de
Hita que aparece a través de su Libro de una manera
destacada, sin que haya que acudir a sutilezas para perci-
birla, es su profunda y arraigada fe; entre las picardías y
burlas, filosofías, lamentaciones y peroratas, está la arma-*

*zón solidísima de la creencia religiosa que no culmina, a
mi entender, en las composiciones devotas, sino en momentos dispersos en el Libro de Buen Amor, como la
confianza en Dios tantas veces manifestada; como el trozo
lleno de hondo dolor y poesía emocionada en que, al incre-
par a la muerte, la acusa de haber intentado matar a Cristo.*

*¿Pudo ser el Libro de Buen Amor la causa del castigo
padecido por Juan Ruiz? Quizá antes de afirmarlo deba-
mos considerar el siguiente razonamiento: si el Arcipreste,
según noticia que da el copista de la segunda edición de
su Libro de Buen Amor, fue encarcelado por orden del
Arzobispo de Toledo don Gil de Albornoz, que ocupó la
Sede los años 1337 a 1350; si la primera vez que salió el
Libro fue en 1330; si por su desenfado y por la conducta
del autor fue éste encarcelado, ¿es lógico pensar que, durante la prisión, se dedicara Juan Ruiz a preparar una
nueva edición del reprobado libro y que tal edición apa-
reciera, como apareció, en 1343, ocupando todavía don
Gil la Silla de Toledo?*

*En el terreno de la conjetura queda, pues, cuanto se
relaciona con la prisión de Juan Ruiz, y ello me permite
señalar, por lo que valga, un pasaje del Libro en que acaso
pueda fundarse otra conjetura en nueva dirección.*

*El Arcipreste se nos muestra en su obra como hombre
de buen humor, jovial y humano, recomienda siempre la
buena voluntad hacia el prójimo, tiene pronta la caritati-
va sonrisa hacia los errores y cree firmemente en el amplio
perdón de Dios que acoge al pecador contrito. Su sátira
no es agria ni sañuda, sino regocijadamente burlona y
desenfadada; sus plegarias son tiernas, sinceras, doloridas
a veces, pero sin acritudes ni trenos. Es, sin duda, hombre
que comparte el criterio de que un santo triste es un triste santo, y la alegría de su espíritu está esparcida por todo*

el Libro. *Hay, sin embargo, algo que consigue ponerle
de mal talante: la murmuración, el falso amigo que de
frente adula y a espaldas calumnia; a los traidores, a los
enredadores echa la culpa de las penalidades que sufre, y
en un momento en que, por cierto, no habla de la prisión,
asunto que por ser personal pudiera apasionarle, sino en
el curso de la disputa con don Amor, al acusarle de engañador, suelta esta andanada:*

> Toda maldad del mundo y toda pestilencia
> está en la falsa lengua de engañosa apariencia;
> decir palabras dulces que fingen avenencia
> y hacer obras malvadas, conservar malquerencia.
> Quien mucho lisonjea y a sabiendas desdora
> tiene corazón falso y lengua engañadora.

*Y acaba la cuarteta con estas exclamaciones, en un
arranque de ira nada en consonancia con el lenguaje apa-
cible del Arcipreste:*

> ¡Confunda Dios el cuerpo donde tal alma mora!
> ¡Arranque Dios del mundo lengua tan destructora!
> (Coplas 417-418.)

*Este furor, indignado aquí contra la calumnia y la
falsía, surge también en otro momento. En el pasaje en
que don Carnal, vencido, ha de hacer confesión de sus
pecados, el Arcipreste diserta largamente acerca de las
condiciones que ha de reunir la confesión para ser válida;
digresión extensa y que parece traída por los cabellos
incluso en este libro en que hay tantas. Con la particu-
laridad extraña de que dedica a una de las condiciones del
confesor —la adecuada jurisdicción sobre el penitente—
más espacio y más empeño que a todas las del pecador, y*

*empleando un tono entre quejoso y acusatorio que parece
guardar algún resquemor personal contra los clérigos que*

> oyen en penitencia a todos los errados,
> sean sus penitentes, sean otros culpados.
>
> (Copla 1144.)

*Gran importancia da a tal ligereza y con solemne se-
veridad advierte que*

> No debe meter nadie su hoz en mies ajena,
> pues causa injuria y daño, merece mucha pena.
>
> (Copla 1146.)

*Insiste sobre ello una y otra vez con toda clase de
argumentos y pregunta con irritación, al hablar de los
que no siendo más que simples clérigos, se atreven a dar
la absolución de pecados reservados al arbitrio de las Jerar-
quías eclesiásticas superiores:*

> ¿por qué el clérigo simple se muestra tan osado?
>
> (Copla 1149.)

*Y más adelante, con un acento personal quizá no sim-
plemente retórico (no olvidemos que es Arcipreste),
increpa:*

> Vos, don clérigo simple, guardaos de este error,
> de parroquiano mío no seáis confesor,
> allí donde no os toca no seáis juzgador;
> no pequéis por juzgar a ajeno pecador.
>
> (Copla 1154.)

*Basada en lo antedicho y tan sólo como sugerencia,
propongo la posibilidad de que el origen de las cuitas de*

*Juan Ruiz haya estado en alguna rencilla de tipo distinto
a la cuestión de la vida disipada, etc. ¿Quizá algún
rozamiento jurisdiccional dio lugar a malquerencias y ma-
nejos bajo cuerda (Juan Ruiz se queja de traiciones), que
dieron como resultado la prisión del Arcipreste?*

*Tales son los nebulosos rasgos que se pueden ofrecer
de la persona de Juan Ruiz. A través de su obra podemos
imaginar un hombre de buen humor que acaso en ocasiones sintiese la conciencia cargada por una irreprimible
simpatía hacia la vida terrenal; con la lengua y la pluma
dispuestas para contar historias risueñas; con la manga más
ancha que estrecha, amplitud, por otra parte, nacida de
la comprensión y la piedad hacia la flaca naturaleza humana, no del vicio.*

*El Arcipreste cree que se consigue más haciendo reir
que haciendo llorar, por eso escribe su libro en tono diver-
tido; sabe que para hacerse entender de la gente hay que
hablár su idioma, y así emplea ejemplos y razonamientos
al alcance y al gusto del pueblo a quien se dirige y con
quien se encuentra cómodo formando parte de él.*

*Poco ducho en la técnica literaria, desproporcionado,
con un plan de composición escasamente perfilado, aprovechando temas de aquí y de allá, el Arcipreste posee la
gracia, el don de observación, la espontaneidad fragante,
el vigor para convertir lo consabido en novedad, de tal
modo que la poesía anda entre sus estrofas sana, joven,
bella y sin afeites.*

*Poesía personalísima y original la de Juan Ruiz, a
pesar de que sus cuentecillos sean de Isopete sacados, aunque los amores de doña Endrina y don Melón tengan su
antecedente en la comedia Pamphilus, aunque don Carnal
y doña Cuaresma hayan tenido anteriores peleas, aunque
la tienda de don Amor se parezca a otras ya descritas y*

la belleza femenina preferida por el Arcipreste tenga coincidencias con la que agrada a muchos varones de allende los Pirineos o del otro lado del Estrecho, de cruz o de media luna.

La belleza y la originalidad de la poesía que encierra el Libro de Buen Amor está en lo que su autor puso en él de su cosecha, en el aderezo de las historias, el gracejo de la palabra, el paisaje que sabe hacernos contemplar, las serranas que sueñan con causar la admiración de sus paisanos con toca listada, joyas de latón y pandero retumbante, en los toros que, en un momento de alarma, alzan la cabeza y erizan los cerros con sus astas, en los mil primores de frase y pensamiento.

El carácter nacional de Juan Ruiz le hace coincidir en diversas facetas con el de nuestros escritores representativos: gusta de los refranes, como Cervantes; ama las cosas chicas, como Azorín; respira a sus anchas en Castilla, como Antonio Machado; juega poniendo nombres adecuados a la significación del personaje, como Galdós bautiza a Santiago Ibero, a Solita, al Sr. de Pez y a las de Miau; le agrada recorrer caminos y contarnos sus idas y venidas, como a Cela. Sus fantasías tienen siempre los pies en el suelo; aun lo menos próximo a lo material —las visiones, los sueños— está basado en la vida real, cualidad ésta tan reciamente castellana que se refleja en nuestras manifestaciones más espirituales, permitiendo a la sutilísima Teresa de Jesús escribir sus Moradas y emplear un lenguaje que es la llaneza misma.

Un castellano poeta, de conceptos morales claros y rectos, pero alegres; de formación intelectual cultivada (clerecía), pero cuyas preferencias se inclinan a lo popular (juglaresco); un hombre de buena voluntad, deseoso de enseñar el buen camino riendo y disculpando, pero

*que sabía también burlarse con sorna y causticidad de
los hipócritas, lo que quizá le llevó a pillarse los dedos
y a dar con sus huesos en la prisión, si estuvo en ella.
Así podemos imaginar al Arcipreste de Hita* (1).

EL LIBRO DE BUEN AMOR.—*A don Ramón Menéndez
Pidal se debe el conocimiento de que el* Libro de Buen
Amor *apareció en dos ediciones distintas: la primera,
de 1330, contiene lo que en realidad es el cuerpo de la
obra (desde la copla 11 hasta la 1634, menos las 910*

---

(1) El Prof. Sánchez Albornoz, en su obra *España, un enigma
histórico,* Buenos Aires, 1956, I, pp. 529-533), opina que si Juan
Ruiz insiste machaconamente en manifestar su propósito moralizador, no es sino para "curarse en salud" y poder así dar rienda
suelta a su temperamento fuertemente vital y alegre, a su ironía
"más benévola que sañuda", riéndose a mandíbula batiente de todos,
hasta de sí mismo. Y como su risa envuelve a cuanto le rodea
(no sólo a dueñas, galanes y tercerías), sugiere el docto medie-
valista español que tal vez pueda ser considerado el *Libro de Buen
Amor* como "un primer relampaguear del espíritu burgués en la
Castilla del trescientos". Conscientemente o no, su autor refleja
la burla con que el pueblo empezaba a roer valores, prácticas e
instituciones caducas, vigentes hasta entonces, pero cuya crisis se
había iniciado mientras, en cambio, se vigorizaba la realeza (excep-
tuada por Juan Ruiz de sus chanzas); de este modo, comenzando
por mofa y desdén, los habitantes de los burgos iban adquiriendo
"un impulso hacia la búsqueda y estimación de nuevos caminos,
de nuevas vigencias; es decir, alumbraba en ellos una conciencia
nueva". Para Sánchez Albornoz, el *Libro de Buen Amor* debe
figurar "a la cabeza de la escasa literatura de signo burgués que
conoció Castilla". Interesante punto de mira desde el cual me parece ver que la finalidad moralizadora alegada, creo que sinceramente, por el Arcipreste, se desbordó en una realización, quizá
no deliberada, de mucho mayor alcance: la crítica social resul-
tante del propósito (éste sí archideliberado) de reir y hacer reir
al prójimo, con más desenfado que hipocresía, a mi entender. A
este contenido de crítica social se refiere también el Prof. Dámaso Alonso (*Pobres y ricos en el "Libro de Buen Amor" y de
"Miseria de Omne"*).

(*Nota a la segunda edición.*)

a 949 y las 1318 a 1331), las composiciones dedicadas a los gozos de la Virgen (1645-1649), las dos cantigas de escolares (1650-1660) y las dos de ciego (1710-1728). La segunda, de 1343, va aumentada con la oración inicial (coplas 1 a 10), la introducción en prosa, los episodios de las coplas 910-949 y 1318-1331, la glosa al Ave María (1661-1667), las cuatro cantigas de loores a la Virgen (1668-1684), las quejas a la Fortuna (1685-1689) y la cantiga de los clérigos de Talavera (1690-1709). En la redacción del año 1330 el Arcipreste no alude para nada a su prisión; es en las composiciones que añade en la de 1343 donde aparecen las quejas.

La obra ha sido conservada en tres copias manuscritas. Una de ellas (llamada códice T por haber pertenecido a la Catedral de Toledo) da como fecha de composición de la obra, en la copla 1634, la del año 1330; la copia corresponde al contenido de la primera edición. La letra de este manuscrito T es de fines del siglo XIV. Actualmente se conserva en la Biblioteca Nacional de Madrid. Muy incompleto.

Otro de los códices (llamado G por su antiguo poseedor, don Benito Martínez Gayoso), no conserva la estrofa 1634 ni, por tanto, fecha indicadora de la edición que copia, pero, por comparación, se puede establecer que, como T, responde a la de 1330. La copia va fechada en 1389 y su letra corresponde a la época. Custodia este códice G la Biblioteca de la Real Academia Española de la Lengua. También incompleto, aunque menos que T.

El tercer manuscrito (denominado S porque perteneció al Colegio Mayor de San Bartolomé, de Salamanca) señala el año 1343 como fecha de composición de la obra, en la estrofa 1634; corresponde, por tanto, a la segunda edición del Libro de Buen Amor *y, en efecto, contiene los trozos y composiciones que no se hallaban en la primera. No tiene fecha de copia, pero, en cambio, da el nombre del copista, Alfonso de Paradinas, identificado por Don Ramón Menéndez Pidal; era colegial del Colegio de San Bartolomé de Salamanca en 1417, luego fue Obispo de Ciudad Rodrigo y más tarde fundador en Roma del Hospital y Colegio de Santiago. Este copista, al final de su trabajo, afirma que Juan Ruiz escribió su obra cuando se hallaba en prisión por orden del Arzobispo don Gil de Albornoz. Si, como hemos visto, el* Libro *apareció por primera vez en 1330, esta afirmación sólo es posible pensando que se refiera a los preparativos de la segunda edición (1343), ya que don Gil no era aún Arzobispo de Toledo en 1330.*

Por la letra del códice S y por la fecha en que consta que Paradinas era colegial en Salamanca, podemos afirmar que "es de las primeras decenas del siglo XV". Se guarda en la Biblioteca del Palacio Nacional de Madrid. Es, de los tres, el manuscrito más completo, no ya por las adiciones mencionadas, sino por el menor número de lagunas. Completándolo con G y T, sirvió de base a Ducamin para su edición paleográfica y es también base de la nuestra; no obstante, hay que tener en cuenta que, si bien S tiene la ventaja de ser la copia más completa y de serlo de la última edición escrita por Juan Ruiz, G y T tienen la de ser sólo cuarenta y tantos años posteriores a los días del autor, por lo que la métrica y el texto son más puros que los de S, casi treinta años más tardío y cuajado de leonesismos por ser Paradinas de aquella región.

Los tres textos son, pues, indispensables, y gracias a la edición de Ducamin que los contiene, es posible tener-

los a la vista al intentar la publicación del Libro de Buen Amor.

Existen, además, dos fragmentos de esta obra: Uno, F, también en la Biblioteca de Palacio, no interesante para la recomposición del texto. Otro, descubierto por Sánchez Cantón entre los papeles de Alvar Gómez de Castro, humanista del siglo XVI, que se custodian en la Biblioteca Nacional de Madrid; contiene solamente treinta versos, pero el hallazgo es de gran interés porque siete de ellos no se encuentran en ninguno de los otros manuscritos conocidos

Circuló el Libro de Buen Amor, *y fue muy popular en los siglos XIV y XV; ya hemos visto que, aun en el XVI, Alvar Gómez de Castro copia algunos versos del mismo. Pero después hay un salto de dos siglos, hasta hallar en el XVIII el resurgimiento del interés por Juan Ruiz: Tomás Antonio Sánchez hace imprimir el* Libro *en 1790. ¿Imprimir o reimprimir? ¿Hubo alguna edición impresa, gótica, de la obra del Arcipreste? Tomás Antonio Sánchez tuvo noticia de la existencia de ella, y don Nicolás Böhl de Faber, en carta a don Agustín Durán fechada en 25 de enero de 1831 y publicada por Pedro Sáinz, dice: "Ya que se ha movido el punto del valor que se puede dar a libros viejos, quiero indicar a vmd. algunos que busco desde bastantes años y también el precio que diera por ellos.—1) La impresión de las poesías del Arcipreste de Hita que Sánchez vio en Londres en 1786 (vide el prólogo del tomo IV de la colección de Sánchez, página XXII) 1.000 Rs." (1).*

---

(1) Copio a continuación el párrafo de T. A. Sánchez, quien no dice, como afirma Böhl de Faber, haber visto ejemplar del

Es notable que ninguno de los estudiosos que se han ocupado de Juan Ruiz recoja este dato que consigno con el deseo de despertar el olfato de los investigadores. ¡Memorable sería la caza en que se cobrase tal pieza!

Suceden a la de T. A. Sánchez las ediciones de Ochoa y Janer, ya en el siglo XIX, y, por fin, en 1901, aparece la cuidadosa y benemérita de J. Ducamin, hecha con criterio científico, teniendo en cuenta los manuscritos conocidos y anotando las variantes de cada uno de ellos. La obra de Ducamin ha servido de apoyo a cuantas otras ediciones de Juan Ruiz han salido después con ánimo de dar a conocer el Libro de Buen Amor.

El título del Libro, *que no figura como tal al frente de los códices, ha sido propuesto por Menéndez Pidal, apoyado en frases del propio Arcipreste. Los titulillos anunciadores de los diferentes episodios no aparecen en los dos manuscritos más antiguos; fue Alfonso de Paradinas, el copista del códice S, quien los intercaló. Al hablar más adelante de nuestra versión, daremos las razones de no haberlos conservado.*

El Libro de Buen Amor *es una obra escrita con ánimo de moralizar y de divertir, de manera que los locos amadores escarmienten en cabeza ajena. Para ello, adoptando el recurso de hablar en primera persona, el Arcipreste nos cuenta una serie de aventuras amorosas enlazadas por los comentarios y digresiones del propio autor que prestan*

Libro impreso, sino que supo de la edición por Sancha. La analogía de apellidos explica lo confusión:

"Don Gabriel de Sancha, cuyo manejo en libros, tanto por fuera como por dentro, es bien conocido, me ha asegurado que el año pasado de 86, vió en Londres en poder del librero Huith las obras de nuestro Arcipreste, impresas en un tomo en 8. letra de Tortis."

la suficiente cohesión para mantener la unidad del relato,
pero que, por otra parte, dan cierta independencia a cada
historia, lo que permitía a los juglares de la época llevar
en su repertorio trozos del Libro de Buen Amor y recitar
o cantar uno u otro aisladamente.

El hilo del relato, después de invocar a Dios, justificar
propósitos, etc., es el siguiente: Comienza el Arcipreste
afirmando (copla 71) que es inclinación natural del hombre amar a la mujer y que él mismo no es una excepción;
para comprobarlo nos cuenta sus aventuras, con las que
forma una variada galería femenina. Las dos primeras son
dos fracasos para él. Como nacido bajo el signo de Venus,
sigue, sin remedio, amando a las damas y piensa que el
Amor tiene "muchas noblezas", con el único defecto de
ser un embustero. Tercera aventura, tercer descalabro.
Entonces sostiene con don Amor una extensa conversación en que el Arcipreste acusa amargamente y el Amor
da consejos. Convencido Juan Ruiz emprende la cuarta
aventura, pero no muy seguro aún, acude a doña Venus;
ésta confirma y amplía lo dicho por don Amor. Sigue
la relación de la cuarta aventura, que es una adaptación
hecha por el Arcipreste de la comedia medieval Liber
Pamphili; el galán no es ya Juan Ruiz, sino don Melón,
quien logra su propósito gracias a los buenos servicios de
la vieja Trotaconventos. Esta mutación de galanes permite que la historia acabe en boda, final absurdo si el protagonista continuara siendo el Arcipreste.

Sigue una digresión en la que Juan Ruiz amonesta a
las jóvenes para que no caigan en las redes del Amor
como cayó doña Endrina, y a continuación se reanuda
el relato en primera persona.

La quinta aventura estuvo a punto de fracasar por
haberse permitido el Arcipreste tratar despectivamente a

Trotaconventos, pero al fin se logró el éxito. Murió a poco la dama, y Juan Ruiz enfermó de pena; durante su enfermedad ocurre la brevísima aventura sexta.

A continuación, situando el momento en marzo, el Arcipreste hace un recorrido por la sierra de Guadarrama, donde ocurren los encuentros sucesivos con las cuatro serranas (aventuras séptima a décima).

El andariego Juan Ruiz vuelve entonces los ojos a Dios, quizá por la proximidad a la Cuaresma (marzo-abril), e intercala tres composiciones religiosas. Viene inmediatamente la descomunal pelea entre don Carnal y doña Cuaresma que acaba el sábado de Gloria con la huída de Cuaresma y la llegada triunfal de don Amor.

Pasado el tiempo de penitencia, se reanudan las conquistas amorosas (undécima a decimacuarta), pero entonces ocurre un grave percance: muere la insustituíble recadera, ducha en convencer damas esquivas, la vieja Trotaconventos. Desolado, Juan Ruiz escribe la imprecación contra la muerte y un epitafio a la memoria de Urraca, "la vieja de amor".

Orientado ahora hacia el tema de la muerte y la vida futura, se lanza el Arcipreste a una piadosa disertación, hecha con menos maestría que buena voluntad, sobre las Armas que el Cristiano debe usar para vencer a los enemigos del Alma.

Decide acabar ya su Libro; quiere ser breve porque

lo poco y bien dicho penetra el corazón.

(Copla 1606)

Esto le da pie para hacer el elogio de la mujer pequeña, trozo verdaderamente primoroso de fondo y de forma.

Cuenta una última aventura amorosa (decimaquinta) y acaba expresando el deseo de que su Libro *ande de mano en mano. Por fin, siguiendo la costumbre juglaresca, pide para el juglar, mas no dinero, sino un* Pater noster, y *fecha la obra (copla 1634).*

Siguen las composiciones a la Virgen, otras para escolares pedigüeños, las quejas a la Fortuna, la cantiga de los clérigos de Talavera y los cantares de ciegos.

El Libro de Buen Amor *está escrito siguiendo la* cuaderna vía: *estrofas de cuatro versos alejandrinos en rima consonante, pero las catorce sílabas del alejandrino se convierten en dieciséis (ritmo más grato al oído castellano), en pasajes más o menos extensos, con una oscilación que no parece casual, sino deliberada, según el momento de la composición. Este voluntario paso de una a otra medida se observa, sobre todo, a partir de la aventura cuarta (doña Endrina); las quejas de amor, los razonamientos ceremoniosos, las frases dichas con melancolía o solemnidad van expresadas en versos de dieciséis sílabas, mas cuando se trata de hablar con energía o pasión, el verso adquiere el ritmo más rápido del alejandrino, preferido también al relatar. Así, en la primera entrevista de don Melón con doña Endrina, comienza don Melón mesurado y reverente, en versos de dieciséis sílabas; pero ya en plena declaración de amor, al emplear frases encendidas, pasa a las catorce, y al volver, más calmado, al tono serenamente persuasivo, emplea de nuevo el verso de dieciséis. La última vez que éste aparece es en el pasaje amonestador que Juan Ruiz dedica a las Armas del Cristiano.*

Ahora bien, aparte esta oscilación, el autor, del mismo modo que nos quiso ofrecer una variada serie de tipos femeninos, quiso también, como anuncia al principio, pre-

sentarnos un muestrario de composiciones y combinaciones métricas diversas, unas formando parte del cuerpo del Libro y otras a modo de introducción y de apéndice. Pertenecen a este grupo vario la copla cazurra de Cruz Cruzada, *cuatro cantigas serranas, las dos composiciones a la Pasión de Cristo, cuatro dedicadas a los Gozos de la Virgen, dos para escolares pedigüeños, una glosa del Avemaría, cuatro cantigas de loores a la Virgen, las Quejas a la Fortuna y dos cantares de ciegos.*

La rima interna, el verso corto, distintas maneras de combinar rimas y número de sílabas, poesía de tipo acentual, en todo se ejercita Juan Ruiz, pero con un empleo preferido de la estrofa de tipo de zéjel morisco, consistente en un estribillo de dos versos con la misma rima y luego tres que riman entre sí, seguidos de un cuarto que lleva la rima del estribillo, correspondiendo al esquema AA-bbb-a.

Observaciones sobre la presente versión. A) Titulillos.—*Como dije anteriormente, este trabajo sigue la edición de J. Ducamin que, a su vez, tiene como base el códice S, el más moderno y el más completo. Pero como los titulillos que separan los episodios del* Libro de Buen Amor *han sido puestos, no por Juan Ruiz, sino por el copista y éste se atuvo más a señalar la fábula o el trozo recitable que a separar con lógica las distintas partes del Libro, en realidad resultan inútiles y confusos. Por ello, persiguiendo la mejor inteligencia del texto y la posibilidad de un índice final práctico, he adoptado la división que me ha parecido más adecuada y al margen del texto señalo las incidencias secundarias.*

B) Lenguaje. Rima. Métrica.—*He procurado verter la obra del Arcipreste a un castellano actual, pero sin modernismos que pudieran resultar chocantes, con un de-*

cidido empeño de restar lo menos posible al estilo y al vocabulario originales. Aun así, no he podido evitar cambios y traducciones que a veces han afectado a la rima; por ejemplo, en la estrofa 713, según Juan Ruiz, decides-pedides-venides-convites; en la 795, cementerio-adulterio-lacerio-hacerio, o en la 1521, belmez-refez-preznuez, imposibles de conservar en forma actualmente inteligible. Pero he preferido en todo momento mantener la rima original aun a costa, excepcionalmente, de no traducir alguna palabra oscura que va luego explicada en el Vocabulario.

El mismo respeto he dedicado a la métrica y a las combinaciones de rima y medida, si bien fijando el cuento de sílabas de modo que se adapte sin esfuerzo al oído actual. He conservado, incluso, la fluctuación entre las catorce y las dieciséis sílabas, buscando, eso sí, que coincidan la fluctuación del verso y el momento del relato, según parece haber sido la intención del poeta, coincidencia no muy ajustada en el original.

Los cambios de palabra y rima, los ajustes de cuento silábico han sido introducidos tan sólo cuando no he conseguido conservar los originales sin que, al tratar de hacerlo, se perjudicase el sentido y la intención de la frase. En mi deseo de no alterar el texto, he mantenido repeticiones, imperfecciones de rima y de construcción deslizadas en el Libro por su autor, pues creo que son un aliciente, un encanto más de la espontaneidad de Juan Ruiz.

Vocabulario.—*Al pie del texto, en cada página, van las notas que he juzgado de consulta inmediata e indispensable para la comprensión de la lectura, pero al final de la versión he puesto un Vocabulario en el que no solamente se incluyen las palabras que por alguna causa se han dejado de traducir en el texto, sino también las que, aun-*

*que figuran en el actual Diccionario de la Academia de
la Lengua y su significado es conocido (rehalas, jáquima),
no son de uso frecuente en el lenguaje familiar. Como
esta versión va destinada también a estudiantes y a extran-
jeros que desean conocer nuestra literatura, aclaramos el
sentido de estos vocablos menos usuales. Por la misma
razón se anotan algunas palabras de significación histórica
(Era, Alarcos) o geográfica (Belorado, Bardones), aquellas cuyo empleo en el texto necesita aclaración (cabezudo, infierno) y las formas no actuales, aunque resulten
fácilmente comprensibles (convien', Babilon', etc.).*

Y ahora:

> Si quisiereis, señores, oir un buen solaz,
> escuchad el romance...
>
> (COPLA 14.)

MARÍA BREY MARIÑO

PRÓLOGO A LA SEGUNDA EDICIÓN

Durante el tiempo transcurrido entre la primera aparición de este libro, en 1954, y hoy, la obra de Juan Ruiz no ha dejado de solicitar el interés de los estudiosos; por mi parte, la labor de éstos es acogida con verdadero júbilo, pues cada aportación significa una valiosa ayuda en mi trabajo de modernización, cuya fidelidad al original —en lo posible— busco siempre.

Sobre biografía, vocabulario, métrica, gramática, crítica literaria e interpretativa, Juan Ruiz y España, etc., la bibliografía referente al poeta del Buen Amor sigue aumentando, poco a poco, pero continuamente. Con criterio selectivo he incorporado a la lista que va al final los títulos publicados en estos últimos años. Enunciemos brevemente los problemas que en ellos se estudian.

La biografía del Arcipreste permanece en la oscuridad, sin que se haya conseguido ningún dato nuevo. Por carencia absoluta, hasta ahora, de hallazgos documentales, sigue sin resolverse de manera definitiva la cuestión del encarcelamiento. ¿Prisión corporal?, ¿prisión literaria? Hay que basarse sólo en argumentaciones y no han sido expuestos todavía razonamientos tan poderosos que impongan unánime convencimiento en determinado sentido. (Véase nota a la pág. 16.)

*El europeísmo y el arabismo de Juan Ruiz, el mayor
o menor contacto del* Libro de Buen Amor *con la cultura
e ideas de Europa o del Oriente, son materia que llevó a
la crítica actual hasta discrepancias apasionadas e intere-
santísimas, cuyo contenido se resume así: Juan Ruiz ul-
trapirenaico, frente a Juan Ruiz mudéjar. Claro está que
tan tajante y exclusivista oposición sólo se alcanza cuando
sube de punto el calor con que tan humano es defender el
personal criterio; en realidad, unos y otros reconocen el
complejo entrecruzamiento de saberes y sentires que
existe en el* Libro de Buen Amor, *explicable únicamente
por ser Juan Ruiz español, del siglo XIV y de Castilla
la Nueva. En efecto, para estudiar lo que su obra significa,
tenemos que conocer a fondo y hasta sentir su tierra, la
historia pasada de su tierra, el momento que entonces
su tierra vivía y cómo vivió desde entonces acá.*

*Ha sido también objeto de eruditos y pacientes buceos,
la originalidad; lo que el poeta debe a los demás y aquello
que constituye el aliento de su propio genio. Coinciden
todos en estimar indiscutible la potente, gallarda y donosa
aptitud literaria de Juan Ruiz para extraer fulgores del más
opaco elemento y para dejar indeleble la impronta de su
personalidad en cuanto tocó. Teniendo en cuenta que en
la Edad Media la idea de originalidad no era, como ahora
la entendemos, de creación de temas, sino más bien de
re-creación, los investigadores dedican su esfuerzo a seguir
hacia atrás el hilo del pensamiento de Juan Ruiz para encontrar las claves de sus re-creaciones, cuanto de lecturas, estudio y conocimientos sirvió para la redacción del*
Libro de Buen Amor.

*En bastantes ocasiones, al uso de la época y con or-
gullo de lector, que nada merma a su gusto por lo jugla-*

resco, el Arcipreste menciona escritores y filósofos como apoyo de consejos o fuente de cuentecillos; pero queda aún mucho más y de todo ello buscan ahora antecedentes los estudiosos con ánimo de conocer qué conductos capilares, imperceptibles a simple vista, alimentan las arterias cuyo vigoroso pulso late en el Buen Amor.

Campo cargado de seductores alicientes es el de la interpretación. Los incesantes avisos que Juan Ruiz dirige a lectores y oyentes acerca del verdadero, pero oculto, significado de su libro, parecen haberse convertido en un reto lanzado entre bromas y veras, a la inteligencia de todos para estimularnos a la captura de esa "otra cosa" que "sobre cada fabla se entiende". Mordiendo complacidos el anzuelo de la científica avidez, tratan los críticos de poner al descubierto la velada intención tantas veces aludida y subrayada por el autor.

Bien es verdad que Juan Ruiz, con la misma insistencia con que señala: "entiende bien mis dichos e piensa la sentencia" *(46a),* "so fea letra yaze saber de gran dotor" *(18b),* "la manera del libro entiéndela sotil" *(65b), etc., proclama también, incansable, su propósito moralizador, moralizador alegre:* "que pueda fazer un libro de buen amor aqueste / que los cuerpos alegre e a las almas preste" *(13bc),* "e porque de buen seso no puede ome Reyr / abré algunas bulrras aqui a enxerir" *(45ab),* "De la santidat mucha es el libro byen grand lycionario / mas de juego e de burla es chico breuiario" *(1632ab), etc.*

Mas a estas declaraciones no se les concede la general aceptación acogedora con que son admitidas las que manifiestan la existencia de un recóndito sentido entre líneas. Para algunos sigue siendo imposible —confieso que no lo es para mí— creer en la sinceridad de tal propósito y ca-

*lifican su enunciado de inverecundo cinismo o de capa
protectora.*

*A partir de estas dos clásicas posiciones sobre la fina-
lidad moralizadora de Juan Ruiz, nuevos ensayos han
examinado el* Libro de Buen Amor *desde distintos puntos
de vista: ascético, litúrgico, literario, alegórico, etc. No es
oportuno hacer aquí un análisis de cada uno de ellos, pues
tal cosa excedería desproporcionadamente el alcance de
esta somerísima exposición, pero el lector puede encontrar
en la nota bibliográfica que va al fin del volumen, títulos
que le orientarán sobre estos temas.*

*Creo, no obstante, necesario advertir lo que, al leer
ciertos trabajos correspondientes a la búsqueda de fuentes
y a las interpretaciones de Juan Ruiz, me ha parecido peligroso. Escudriñando sobre posibles antecedentes de la
obra, con ahinco semejante al encono, hay quien ya no ve
en ella ni un solo pensamiento original y temo que, con
el afán de cazar interdependencias y derivaciones, acabe-
mos por afirmar que un escritor se relaciona con otro
porque ambos expresaron la idea de que el agua fresca y
pura alivia al sediento.*

*En cuanto a las interpretaciones, estimo que toda cau-
tela es poca. Las hay tan certeras, por su perspicacia, sabiduría, serenidad y claridad de exposición, que conven-
cen al más reacio. Pero es facilísimo, y mucho más frecuente, por tanto, poner en la mente del interpretado lo
que, en realidad, sólo está en la del aspirante a intérprete.
Al meditar sobre una obra tan pródiga en sugerencias
como la de Juan Ruiz, puede aparecer el embrión de una
posible teoría interpretativa; el peligro está en encariñarse
excesivamente con ella e inclinarlo todo, por instinto, a
su comprobación. De ahí un exagerado desbordamiento
imaginativo que ve en el vocablo más inocente, en la frase*

menos intencionada, tratados completos sobre las posiciones filosófico-sociales más alejadas entre sí.

Me atrevo a recomendar un poco más de mesura. Es, en efecto, estimulante y sabrosa esa gimnasia mental; reconozco que, en muchos casos, es fructífera y admiro la científica profundidad de algunos comentaristas. Pero otros, con sus alardes de ingenio o de conocimiento traídos por los cabellos, producen un tremendo confusionismo, de manera que, si antes de ciertas interpretaciones ya el Libro de Buen Amor *abundaba en facetas desconcertantes, después de aquéllas se convierte en maremágnum sobrecogedor de tenebrosa lectura. En toda interpretación hay, sin duda, un ineludible elemento subjetivo muy interesante que nos hace prestar atención a los distintos ecos que una misma obra artística es capaz de provocar; pero no sean los ecos tan estruendosos que ahoguen el sonido original; no hagamos que lo subjetivo del comentario suplante el mensaje de la obra comentada.*

Deseo manifestar mi profundo agradecimiento a cuantos se han ocupado de examinar en reseñas esta colección Odres Nuevos *de textos medievales en versión moderna, y muy particularmente quiero agradecer la atención prestada a la mía del* Libro de Buen Amor. *He tenido en cuenta, al preparar esta segunda edición, todas las observaciones que me fueron hechas, tanto en recensiones impresas como de manera privada; en cada caso me detuve especialmente y las sugerencias y reparos me han sido, en toda ocasión, provechosísimos para intentar una mayor justeza; algunos cambios lo atestiguan. Volví, además, a repasar el texto completo, teniendo a la vista la edición de Ducamin; de mi nueva cosecha son no pocas variantes que considero más adecuadas.*

*Me parece útil citar algunas de las reseñas que se han
dedicado a comentar esta versión; su contenido crítico
ayuda a ver en qué consisten las dificultades con que tro-
piezan los trabajos de esta índole y sus deficiencias, y también a comprender su finalidad.* He aquí las citas: Martín
de Riquer, El "Libro de Buen Amor", modernizado. (Revista, *núm. 118, Barcelona, 15-21, junio de 1954*). [*Reseña
por*] Heinrich Bihler (Romanistisches Jahrbuch, *tomo
VII, Hamburgo, 1955-1956*). Dámaso Alonso, El "Libro
de Buen Amor", vertido al español de hoy y prologado por
María Brey *(págs. 100-104 del volumen* De los siglos oscuros al de Oro, *Madrid, 1958*). [*Reseña por*] José F.
Montesinos (Nueva Revista de Filología Hispánica, *XII,
1958, 73-83*). (1).

*Salga, pues, otra vez nuestro formidable Arcipreste a
recorrer tierras contando, cantando, riendo y haciendo
reir, a través de caminos, fronteras y (¿quién se lo hubiera dicho?), océanos. La verdad es que, pese a escep-*

---

(1) Quede aquí, debajo de mi sincero agradecimiento expre-
so a la crítica (disconformidades inclusive, claro es), una repulsa
para A. Junker que se ocupó de mi versión en *Archiv für das
Studium der neueren Sprachen* (Braunschweig, CIX, 1957, cuad.
1, pág. 93). Las inexactitudes que vierte no pueden ser discul-
padas como involuntarios errores, sino tachadas de contener una
deliberada intención despectiva, sin reparar en medios, como puede
comprobarse fácilmente comparando su reseña con mi libro; de
ambos tengo un ejemplar a la disposición de cualquiera. No es
mi ánimo otorgar a Junker más tiempo ni espacio que el indispensable para decir que eso no se debe hacer, por lo que me
limito a dejar anotado que su reseña (?) ocupa 41 líneas y que
se ha deslizado una inexactitud (digámoslo así) por cada siete de
ellas. Sólo un ejemplo: me acusa de no citar en mi *Bibliografía*
a Menéndez Pelayo, ni a Cejador, ni a Lecoy; huelga decir que
los tres ocupan sus correspondientes lugares en ella. Obrar de tal
modo ni es científico, ni útil, ni elegante, sino todo lo contrario.

ticismos y anatemas hacia la modernización, ODRES NUE-
VOS *puede atribuirse el éxito de haber contribuido al
gustoso conocimiento de la literatura española medieval.
Por lo que se refiere a este tomo, tengo la inmodestia
de afirmar que me consta el regocijo con que algunas
personas leyeron el* Libro de Buen Amor *en esta colección, después de haber intentado hacerlo, con inútil empeño, en el texto original.*

*Si por culpa mía se ha disipado mucho de la primitiva
fragancia del "librete" admirable, gracias a Juan Ruiz ese
aroma no podrá dejar de percibirse nunca, aunque yo no
haya sabido construir bien el nuevo odre que ahora contiene el vino añejo. Se podrá, sin embargo, decir con verdad lo que por decoro escribió el poeta:*

> Bajo la espina crece la noble rosa flor,
> so fea letra yace saber de gran doctor;
> como so mala capa yace buen bebedor,
> así, so mal tabardo, está el Buen Amor.

Madrid, junio de 1960.

1 Señor, que a los judíos, pueblo de perdición,
cautivo, rescataste del fuerte Faraón
y a Daniel liberaste del pozo en Babilón,
redime a este cuitado de tan mala prisión.

2 Señor, tú concediste gracia a la reina Ester
y delante de Asuero supo comparecer;
¡Señor, dame tu gracia, quiéreme socorrer,
líbrame de la cárcel do tengo que yacer!

3 Señor, tú que sacaste al Profeta del lago,
del poder de gentiles libertaste a Santiago,
a la Santa Marina de las fauces del drago,
¡libérame, Dios mío, de este lugar aciago!

4 Señor, tú que libraste a la Santa Susana
del falso testimonio de la falsa compaña
¡líbrame tú, Dios mío, de esta cuita tamaña,
mírame compasivo, aparta ya tu saña!

5 A Jonás, el profeta, del vientre de ballena
en que moró tres días, dentro, en la mar llena,
sacástelo tú sano, como de casa buena;
¡Sálvame tú, Mesías, sin pecado ni pena!

6 Señor, que a los tres niños de la muerte libraste,
del horno de gran fuego, sin lesión, apartaste,
de las olas del mar a San Pedro libraste;
¡Señor, del Arcipreste el tormento ya baste!

7 Y, si dar prometiste a los tus servidores
ayuda en la presencia de reyes habladores,
inspirando palabras que resuenen mejores,
¡Señor, sé tú conmigo, líbrame de traidores!

Plegaria a la   8   Nombre profetizado fue el gran *Enmanuel,*
Virgen.   hijo de Dios, muy alto, salvador de Israel;
                          en su salutación, el ángel Gabriel
                          te hizo cierta de ello, tú confiaste en él.

               9   Por esta profecía, por la salutación,
                      por el nombre tan alto, *Enmanuel* —Salvación—,
                      Señora, dame gracia, dame consolación,
                      gáname de tu hijo la gracia y bendición.

              10   Dame gracia, Señora de todos los señores,
                      no caiga yo en tu ira, líbrame de rencores;
                      todo se vuelva en contra de los enredadores.
                      ¡Ayúdame, gloriosa, Madre de pecadores!

---

10 a. *Señores.* María Rosa Lida propone, justificadamente, la
lectura *señora de todas las señores,* ya que el superlativo hebraico
exige igualdad de género en ambos término de la frase. Se trata,
en efecto, de elevar la jerarquía de la Virgen-señora sobre todas
las mujeres que lo son y no sobre señores de ambos sexos. No
obstante, la expresión propuesta choca al oído castellano actual,
pues ahora la palabra *señores* no se utiliza para ambos géneros,
como entonces; por ello, dejamos *señora de todos los señores*
aunque, desde luego, pierde justeza el sentido.

INTRODUCCION

Intellectum tibi dabo et instruam te in via hac, qua gradieris: firmabo super te oculos meos (1), *dice el profeta David hablando, en nombre del Espíritu Santo, a cada uno de nosotros en el Salmo 31, verso 10, que* 5 *es el comienzo arriba escrito. En dicho verso entiendo yo tres cosas que algunos doctores filósofos dicen que radican en el alma y de ella son propiedades. Son éstas: entendimiento, voluntad y memoria.*

Las cuales, digo, son tan buenas que dan al alma 10 *consolación y prolongan la vida al cuerpo y le dan honra, provecho y buena fama. Pues por el entendimiento entiende el hombre el bien y conoce el mal y así, una de las peticiones que hizo David a Dios, a fin de comprender su ley, fue ésta:* Da mihi inte- 15 llectum (2), *etc., ya que el hombre, conociendo el bien, tendrá temor de Dios, que es donde reside el comienzo de toda sabiduría, como dice el citado profeta:* Initium sapientiae timor Domini (3). *Por lo tanto, el buen entendimiento está en aquellos que temen a*

---

(1) Inteligencia te daré y te instruiré en este camino, por el cual has de andar; tendré fijos sobre ti mis ojos. (*Psal.* XXXI, 8.)
(2) Dame entendimiento. (*Psal.* CXVIII, 34.)
(3) El temor de Dios es el principio de la sabiduría. (*Psal.* CX, 10.)

²⁰ *Dios y el mismo David sigue este razonamiento en otro*
lugar en que dice: Intellectus bonus omnibus facienti-
bus eum (4), *etc. También Salomón dice en el Libro*
de la Sabiduría: Qui timet Dominum faciet bona (5).
Todo esto se contiene en la primera afirmación del
²⁵ *verso con que yo comencé, en lo que dice:* Intellectum
tibi dabo.

Y una vez que el alma está informada e instruida
de que se ha de salvar en un cuerpo limpio, el hombre
piensa y ama y desea el buen amor de Dios y sus man-
damientos. Y a este propósito dice el dicho profeta:
³⁰ Et meditabor in mandatis tuis quae dilexi (6). *Y,*
además, el alma rechaza y aborrece el pecado del amor
loco de este mundo. Sobre esto dice el salmista: Qui
diligitis Dominum, odite malum (7), *etc. Por lo cual*
se sigue luego la segunda afirmación del verso, que
³⁵ *dice:* Et instruam te.

Y cuando el alma, con buen entendimiento y buena
voluntad, escoge y ama el buen amor, que es el de Dios,
con buena remembranza lo pone en la guarda de la
memoria para recordarlo y obliga al cuerpo a hacer
⁴⁰ *buenas obras por las cuales se salva el hombre. Sobre*
esto dice San Juan Apóstol en el Apocalipsis,
hablando de los buenos que mueren obrando bien:
Beati mortui qui in Domino moriuntur: opera enim
illorum sequuntur illos (8). *Y dice también el profeta:*
⁴⁵ Tu reddes unicuique juxta opera sua (9).

―――――――

(4) Todos los que se ejercitan en el (temor de Dios) tienen
buen entendimiento. (*Psal.* CX, 10.)
(5) El que teme al Señor obrará el bien.
(6) Y meditaré en tus mandatos, que amé. (*Psal.* CXVIII, 47.)
(7) Los que amáis al Señor aborreced el mal. (*Psal.* XCVI, 10.)
(8) Bienaventurados los muertos que mueren en el Señor porque sus obras les seguirán. (*Apocalipsis,* XIV, 13.)
(9) Tú darás a cada uno el retorno, según sus obras.
(*Psal.* LXI, 13.)

*Sobre esto concluye la tercera afirmación del verso
citado al principio, que dice:* In via hac, qua gradieris:
firmado super te oculos meos. *Es decir, podemos sostener, sin duda, que hay en la buena memoria el*
50 *recuerdo de obras que el alma escoge con buen entendimiento y buena voluntad, amando el amor de
Dios, para, por ellas, salvarse. Pues Dios fija sus ojos
en el hombre por las buenas obras que éste hace en
la carrera de salvación que recorre. Ésta es la senten-
55 cia del verso que se cita al principio.*

*Aunque a veces se piensa en el pecado, se desea y
aun se comete, este desacuerdo no viene del buen entendimiento, ni tal deseo nace de la buena voluntad,
ni de una buena obra nace otra mala, sino de la flaca*
60 *condición humana que existe en todo hombre: que no
es posible escapar de pecado. Pues dice Catón:* Nemo
sine crimine vivit (10). *Y lo dice Job:* Qui potest face-
re mundum de inmundo conceptum semine? (11).
Como si afirmase: Nadie, salvo Dios. Y viene también
65 *de la mengua del buen entendimiento, pues de éste ca-
rece el hombre cuando piensa vanidades de pecado. De
tal pensamiento dice el salmista:* Cogitationes hominum
vanae sunt (12). *Y aconseja también a los muy disolu-
tos y de mal entendimiento:* Nolite fieri sicut equus et
70 mulus, in quibus non est intellectus (13). *Y afirmo
también que viene de la pobreza de la memoria, no
instruida por el buen entendimiento, de tal modo que
no puede amar el bien ni acordarse de él para practi-
carlo. Nace también de que la naturaleza humana está*

---

(10) Nadie vive sin pecado.
(11) ¿Quién puede convertir en limpio al que de inmunda simiente fue concebido? (*Job*, XIV, 4.)
(12) Los pensamientos de los hombres son vanidad.
(*Psal.* XCIII, 11.)
(13) No queráis hacer como el caballo y el mulo, que no
tienen entendimiento. (*Psal.* XXXI, 9.)

⁷⁵ *más aparejada e inclinada al mal que al bien, al pecado
que a la virtud: esto dice el Decreto.*

*Tales son algunas de las razones por las que se
escriben los libros de leyes y Derecho, de ejemplos,
costumbres y otras ciencias. Así se originan también*
⁸⁰ *la pintura y la escultura y las imágenes primeramente
halladas, a causa de que la memoria del hombre es
deleznable: esto dice el Decreto. Pues tener todas las
cosas en la memoria y no olvidar algo, más es cosa de
Divinidad que de humanidad: esto dice el Decreto. Y*
⁸⁵ *por esto es más apropiado a la memoria del alma, que
es espíritu de Dios, criado y perfecto, y vive siempre
en Dios. También dice David:* Anima mea illius
vivet (14): quaerite Dominum et vivet anima ves-
tra (15). *Y no es condición propia del cuerpo humano,*
⁹⁰ *que dura poco tiempo. Ya dice Job:* Breves dies homi-
nis sunt. *Y también:* Homo natus de muliere: breves
dies homini sunt (16). *Y dice sobre esto David:* Anni
nostri sicut arannea meditabuntur (17), *etc.*

Así yo, en mi poquilla ciencia y mucha y gran
⁹⁵ *rudeza, comprendiendo cuantos bienes hace perder el
loco amor del mundo al alma y al cuerpo y los muchos
males que les apareja y trae, hice esta chica escritura
en memoria de bien, escogiendo y deseando con buena
voluntad la salvación y gloria del Paraíso para mi*
¹⁰⁰ *alma, y compuse este nuevo libro en que van escritas al-
gunas maneras y maestrías y sutilezas engañosas del loco
amor del mundo, usadas por algunos para pecar. Le-
yéndolas y oyéndolas, el hombre o la mujer de buen entendimiento que se quiera salvar, escogerá su conducta*

---

(14) Y mi alma vivirá para El. (*Psal.* XXI, 31.)
(15) Buscad a Dios y vivirá vuestra alma. (*Psal.* LXVIII, 33.)
(16) El hombre nacido de la mujer. Breves son los días del
hombre. (*Job.* XIV, 1 y 5.)
(17) Nuestros años son considerados semejantes a la frágil
tela de araña. (*Psal.* LXXXIX, 9.)

105 *y podrá decir con el salmista:* Viam veritatis (18), *etc.*

Por otra parte, los de poco entendimiento no se perderán leyendo y observando el mal que hacen o tienen el propósito de hacer, y los reincidentes en malas mañas, al ver descubiertas públicamente las muy 110 *engañosas maneras que usan para pecar y engañar a las mujeres, aprestarán la memoria y no despreciarán su propia honra, pues muy cruel es quien su fama menosprecia, el Derecho lo dice, y preferirán amarse a sí mismos que amar al pecado, ya que la ordenada* 115 *caridad por uno mismo comienza, el Decreto lo dice, y desecharán y aborrecerán las maneras y malas mañas del loco amor que hace perder las almas y caer en la ira de Dios, acortando la vida y dando mala fama, deshonra y muchos daños a los cuerpos.*

120 *No obstante, puesto que es humana cosa el pecar, si algunos quisieran (no se lo aconsejo) usar del loco amor, aquí hallarán algunas maneras para ello. Y así este mi libro bien puede decir a cada hombre o mujer, al cuerdo y al no cuerdo, al que razone bien, escogiere* 125 *la salvación y obrare bien amando a Dios, y al que prefiera el amor loco en el camino que anduviere:* Intellectum tibi dabo, *etc.*

Y ruego y aconsejo a quien lo leyere o lo oyere que guarde bien las tres cosas del alma. Lo primero, 130 *que quiera bien comprender y bien juzgar mi intención, por qué hice el libro y la moraleja que de él se saca, no el feo sonido de las palabras, pues, según Derecho, las palabras sirven a la intención y no la intención a las palabras, y Dios sabe que mi intención no fue hacer-* 135 *lo para dar pauta de pecado ni por mal hablar, sino para despertar en toda persona la buena memoria del bien obrar y dar ejemplo de buenas costumbres y consejos*

---

(18) El camino de la verdad. (*Psal.* CXIX, 30.)

4. - Libro de Buen Amor.

*de salvación, y para que todos estén avisados y se
puedan mejor defender de tantas mañas como algunos*
140 *usan para el loco amor. Pues dice San Gregorio que
menos hieren al hombre los dardos si antes lo ha visto
venir y mejor nos podemos guardar de lo que de
antemano conocemos.*

Compúselo también para dar a algunos lección y
145 *muestra de metrificar, rimar y trovar, pues trovas y
notas y rimas y dictados y versos van hechos cumplidamente, según esta ciencia requiere.*

*Y como Dios y la fe católica son comienzo y fun-
damento de toda buena obra, según dice la primera*
150 *Decretal de las Clementinas, que comienza:* Fidei Ca-
tholicae fundamento, *y como donde este cimiento no
existe no se puede hacer obra firme ni firme edificio,
según dice el Apóstol, comencé mi libro en el nombre
de Dios y tomé el verso primero del salmo de*
155 *la Santa Trinidad y de la fe católica, a
saber:* Quicumque vult (19), *que
dice:* Ita Deus Pater, Deus
Filius, *etc.*

---

(19) Cualquiera que. (*Symbolum Athanasianum.*)

INVOCACION

¹¹ Dios Padre, Dios Hijo, Dios Espíritu Santo: *A Dios.*
El que nació de Virgen esfuerzo nos dé, tanto
que siempre le loemos, en prosa como en canto;
sea de nuestras almas la cobertura y manto.

¹² El Creador del cielo, de la tierra y del mar,
El me dé la su gracia y me quiera alumbrar;
y pueda de cantares un librete rimar
que aquellos que lo oyeren puedan solaz tomar.

¹³ Tú que al hombre formaste, ¡oh mi Dios y Señor!
ayuda al Arcipreste, infúndele valor;
que pueda hacer aqueste *Libro de Buen Amor*
que a los cuerpos dé risa y a las almas vigor.

¹⁴ Si quisiereis, señores, oir un buen solaz, *A los oyentes*
y lectores.
escuchad el romance; sosegaos en paz,
no diré una mentira en cuanto dentro yaz:
todo es como en el mundo se acostumbra y se haz.

¹⁵ Y porque mejor sea de todos escuchado,
os hablaré por trovas y por cuento rimado;
es un decir hermoso y es arte sin pecado,
razón más placentera, hablar más delicado.

¹⁶ No penséis que es un libro necio, de devaneo,
ni por burla toméis algo de lo que os leo,
pues como buen dinero custodia un vil correo
así, en feo libro está saber no feo.

¹⁷ El ajenuz, por fuera, negro es más que caldera
y por dentro muy blanco, más que la peñavera;
blanca, la harina yace so negra tapadera,
lo dulce y blanco esconde la caña azucarera.

18   Bajo la espina crece la noble rosa flor,
so fea letra yace saber de gran doctor;
como so mala capa yace buen bebedor,
así, so mal tabardo, está el Buen Amor.

19   Y pues de todo bien es comienzo y raíz
María, Virgen santa, por ello yo, Juan Ruiz,
Arcipreste de Hita, aquí primero hiz
un cantar de sus gozos siete, que así diz:

GOZOS DE SANTA MARIA

20   ¡Oh María!
luz del día
sé mi guía
toda vía.

21   Dame gracia y bendición,
de Jesús consolación,
que ofrezca con devoción
cantares a tu alegría.

22   El primer gozo se lea:
en ciudad de Galilea,
Nazaret creo que sea,
tuviste mensajería

23   del ángel, que hasta ti vino,
Gabriel, santo peregrino,
trajo mensaje divino
y te dijo: ¡*Ave María*!

24   Desde que el mensaje oiste,
humilde lo recibiste;
luego, Virgen concebiste
al hijo que Dios envía.

25   En Belén acaeció
el segundo; allí nació,
sin dolor apareció
de ti, Virgen, el Mesía.

26   El tercero es, según leyes,
cuando adoraron los Reyes
a tu hijo y tú lo vees
en tu brazo, do yacía.

27   Le ofreció mirra Gaspar,
Melchor fue el incienso a dar,
oro ofreció Baltasar
al que Dios y hombre sería.

28   Alegría cuarta y buena
fue cuando la Magdalena
te dijo —goza sin pena—
que el hijo, Jesús, vivía.

29   El quinto placer tuviste
cuando de tu hijo viste
la ascensión y gracias diste
a Dios, hacia el que subía.

30   Señora, es tu gozo sexto
el Santo Espíritu impuesto
a los discípulos, presto,
en tu santa compañía.

31   El séptimo, Madre santa,
la Iglesia toda lo canta:
subiste con gloria tanta
al Cielo y a su alegría.

32   Reinas con tu hijo amado,
Nuestro Señor venerado;
que por nos sea gozado
por tu intercesión un día.

33
Virgen del Cielo Señora
y del mundo mediadora,
dígnate oir al que implora;
sea en tus gozos ahora
mi prosa merecedora
de servirte.

34
Yo cantaré tu alegría,
mas te ruego todavía,
pecador,
no veas la culpa mía,
escucha sólo, María,
mi loor.

35
Tú siete gozos tuviste:
uno cuando recibiste
bendición
del ángel Gabriel; oíste
su saludo y concebiste
Salvación.

36
El segundo fue cumplido
cuando de ti fue nacido
sin dolor;
de los ángeles servido
fue luego reconocido
Salvador.

37
Sucedió el gozo tercero
cuando apareció el lucero
a mostrar
el camino verdadero
a los Reyes; compañero
fue al guiar.

38   Y fue la cuarta alegría
cuando te dijo, María,
San Gabriel
que Jesucristo vivía
y la señal que te envía
era él.

39   El quinto fue gran dulzor
cuando el Hijo Salvador
fue a subir
junto al Padre Creador;
anhelabas con ardor
a El ir.

40   No es el sexto de olvidar;
viste al Espíritu entrar
Sacrosanto,
estando tú en el lugar,
el cenáculo a alumbrar
con espanto.

41   No tiene el séptimo par;
cuando te mandó a buscar
Dios, tu Padre;
al Cielo te hizo elevar
y con El te hizo sentar
como a Madre.

42   Virgen, oye al pecador,
pues Jesús el Salvador
descendió
del Cielo, en ti morador
y tu Hijo, blanca flor,
se nos dio.

43   Al pecador compadece;
ser, por nosotros, merece
Madre de Dios.
Ante El, con nos, comparece,
a El las almas ofrece,
ruega por nos.

44   Palabras son del Sabio y díjolo Catón:
el hombre, entre las penas que tiene el corazón,
debe mezclar placeres y alegrar su razón,
pues las muchas tristezas mucho pecado son.

45   Como de cosas serias nadie puede reir,
algunos chistecillos tendré que introducir;
cada vez que los oigas no quieras discutir
a no ser en manera de trovar y decir.

46   Entiende bien mis dichos y medita su esencia
no me pase contigo lo que al doctor de Grecia
con su rival romano de tan poca sapiencia,
cuando Roma pidió a los griegos su ciencia.

47   Así, ocurrió que Roma de leyes carecía;
pidióselas a Grecia, que buenas las tenía.
Respondieron los griegos que no las merecía
ni había de entenderlas, ya que nada sabía.

48   Pero, si las quería para de ellas usar,
con los sabios de Grecia debería tratar,
mostrar si las comprende y merece lograr;
esta respuesta hermosa daban por se excusar.

49   Los romanos mostraron en seguida su agrado;
la disputa aceptaron en contrato firmado,
mas, como no entendían idioma desusado,
pidieron se dialogue por señas de letrado.

50   Fijaron una fecha para ir a contender;
los romanos se afligen, no sabiendo qué hacer,
pues, al no ser letrados, no podrán entender
a los griegos doctores y su mucho saber.

51   Estando en esta cuita, sugirió un ciudadano
tomar para el certamen a un bellaco romano
que, como Dios quisiere, señales con la mano
hiciese en la disputa y fue consejo sano.

52   A un gran bellaco astuto se apresuran a ir
y le dicen: —"Con Grecia hemos de discutir;
por disputar por señas, lo que quieras pedir
te daremos, si sabes de este trance salir".

53   Vistiéronle muy ricos paños de gran valía
cual si fuese doctor en la filosofía.
Dijo desde un sitial, con bravuconería:
—"Ya pueden venir griegos con su sabiduría".

54   Entonces llegó un griego, doctor muy esmerado,
famoso entre los griegos, entre todos loado;
subió en otro sitial, todo el pueblo juntado.
Comenzaron sus señas, como era lo tratado.

55   El griego, reposado, se levantó a mostrar
un dedo, el que tenemos más cerca del pulgar,
y luego se sentó en el mismo lugar.
Levantóse el bigardo, frunce el ceño al mirar.

56   Mostró luego tres dedos hacia el griego tendidos,
el pulgar y otros dos con aquel recogidos
a manera de arpón, los otros encogidos.
Sentóse luego el necio, mirando sus vestidos.

57   Levantándose el griego, tendió la palma llana
y volvióse a sentar, tranquila su alma sana;
levantóse el bellaco con fantasía vana,
mostró el puño cerrado, de pelea con gana.

58   Ante todos los suyos opina el sabio griego:
—"Merecen los romanos la ley, no se la niego".
Levantáronse todos con paz y con sosiego,
¡gran honra tuvo Roma por un vil andariego!

59   Preguntaron al griego qué fue lo discutido
y lo que aquel romano le había respondido:

—"Afirmé que hay un Dios y el romano, entendido,
tres en uno, me dijo, con su signo seguido.

60   "Yo: que en la mano tiene todo a su voluntad;
él: que domina al mundo su poder, y es verdad.
Si saben comprender la Santa Trinidad,
de las leyes merecen tener seguridad".

61   Preguntan al bellaco por su interpretación:
—"Echarme un ojo fuera, tal era su intención
al enseñar un dedo, y con indignación
le respondí airado, con determinación,

62   "que yo le quebraría, delante de las gentes,
con dos dedos los ojos, con el pulgar los dientes.
Dijo él que si yo no le paraba mientes,
a palmadas pondría mis orejas calientes.

63   "Entonces hice seña de darle una puñada
que ni en toda su vida la vería vengada;
cuando vio la pelea tan mal aparejada
no siguió amenazando a quien no teme nada".

64   Por eso afirma el dicho de aquella vieja ardida
que no hay mala palabra si no es a mal tenida,
toda frase es bien dicha cuando es bien entendida.
Entiende bien mi libro, tendrás buena guarida.

---

64 d. Las razones que da el Prof. Reckert en su artículo "*Avrás
dueña garrida*" (que no pude consultar para la primera edición
del presente libro), me inducen a aceptar la modificación que propone, tanto para este verso como para el 1317c que decía, siguiendo el mss. S, "*alguna tal garrida*". Reckert se funda en las variantes de los mss. G y T (más antiguos que S), en el hecho de que
serían éstas las dos únicas veces que Juan Ruiz empleara el vocablo
garrida, e incluso en el mejor sentido de las estrofas; en este
verso 64d, *garrida* suponía, en verdad, un quiebro de pensámiento,
explicado hasta ahora como uno más de los desconcertantes con-
trastes del Arcipreste.

65   La burla que escuchares no la tengas por vil,
la idea de este libro entiéndela, sutil;
pues del bien y del mal, ni un poeta entre mil
hallarás que hablar sepa con decoro gentil.

66   Hallarás muchas garzas, sin encontrar un huevo,
remendar bien no es cosa de cualquier sastre nuevo:
a trovar locamente no creas que me muevo,
lo que Buen Amor dice, con razones te pruebo.

67   En general, a todos dedico mi escritura;
los cuerdos, con buen seso, encontrarán cordura;
los mancebos livianos guárdense de locura;
escoja lo mejor el de buena ventura.

68   Son, las de Buen Amor, razones encubiertas;
medita donde hallares señal y lección ciertas,
si la razón entiendes y la intención aciertas,
donde ahora maldades, quizá consejo adviertas.

69   Donde creas que miente, dice mayor verdad,
en las coplas pulidas yace gran fealdad;
si el libro es bueno o malo por las notas juzgad,
las coplas y las notas load o denostad.

70   De músico instrumento yo, libro, soy pariente;
si tocas bien o mal te diré ciertamente;
en lo que te interese, con sosiego detente
y si sabes pulsarme, me tendrás en la mente.

---

65 cd. La manera de entender estos versos, que figuraban ya
así cuando mi versión apareció en 1954, es la misma que propuso
después Thomas R. Hart (*La Alegoría en el Libro de Buen Amor*.
Madrid, 1959, p. 27).

71 Aristóteles dijo, y es cosa verdadera,
que el hombre por dos cosas trabaja: la primera,
por el sustentamiento, y la segunda era
por conseguir unión con hembra placentera.

72 Si lo dijera yo, se podría tachar,
más lo dice un filósofo, no se me ha de culpar.
De lo que dice el sabio no debemos dudar,
pues con hechos se prueba su sabio razonar.

73 Que dice verdad el sabio claramente se prueba;
hombres, aves y bestias, todo animal de cueva
desea, por natura, siempre compaña nueva
y mucho más el hombre que otro ser que se mueva.

74 Digo que más el hombre, pues otras criaturas
tan sólo en una época se juntan, por natura;
el hombre, en todo tiempo, sin seso y sin mesura,
siempre que quiere y puede hacer esa locura.

75 Prefiere el fuego estar guardado entre ceniza,
pues antes se consume cuanto más se le atiza;
el hombre, cuando peca, bien ve que se desliza,
más por naturaleza, en el mal profundiza.

76 Yo, como soy humano y, por tal, pecador,
sentí por las mujeres, a veces, gran amor.
Que probemos las cosas no siempre es lo peor;
el bien y el mal sabed y escoged lo mejor.

77   Hace tiempo, una dama me tenía prendado,
      todo mi amor le di, rendido, entusiasmado;
      ella hablaba y reía conmigo, de buen grado;
      otra cosa jamás conseguir me fue dado.

78   Era una dama en todo y de damas señora,
      no podía estar solo con ella ni una hora;
      de los hombres se guardan allí donde ella mora
      cual la ley de Moisés el judío atesora.

79   De la seda y el oro conoció la nobleza,
      aunque rica de bienes, su apostura es llaneza;
      es de buenas costumbres, tranquila su belleza;
      no mella la moneda su digna fortaleza.

80   Le envié esta cantiga que aquí luego va puesta,
      con una mensajera que tenía dispuesta,
      mas, dice bien el cuenta: que la mujer compuesta,
      si no aprecia el recado, no da buena respuesta.

81   Dijo la dama cuerda a la mi mensajera:
      —"A muchas otras veo que convences parlera
      y se arrepienten luego; yo escarmiento, a manera
      de la aguda raposa, en ajena mollera.

82   "Dicen que enfermo estaba el león, con dolor:
      los animales fueron a ver a su señor.
      Animóse con ellos y sintióse mejor,
      alegráronse todos demostrándole amor.

83   "Por hacerle servicio y por más le alegrar
      convidáronle todos para darle a yantar;
      le rogaron señale a quien sacrificar;
      mandó matar un toro, que podría bastar.

La dama cuenta a la mensajera del Arciprest- te la fábula del reparto que mandó hacer el león y de la zorra escarmentada.

84   "Partidor hizo al lobo; mandó que a todos diese:
éste apartó el menudo, para que lo comiese
el león, a quien ruega la mesa bendijese;
para sí, la canal, lo mejor que pudiese.

85   "—Señor, tú estás enfermo; esta carne liviana
cómela tú, Señor, te será buena y sana;
a nosotros nos basta la canal, parte vana.
El león se enfurece: de comer tiene gana.

86   "Alzó el león la mano, como si bendijera,
y al lobo en la cabeza golpeó, de manera
que una oreja del casco casi le arranca entera.
Luego ordenó a la zorra que la carne partiera.

87   "La raposa, ladina, obedeció asustada;
todo el toro al león ofreció la taimada.
A los demás, las tripas y bofes, sin más nada.
Del león la raposa fue muy fecilitada.

88   "—¿Quién os enseñó, amiga, a hacer la partición
tan buena, equitativa y llena de razón?
—En cabeza del lobo aprendí la lección,
del lobo tomé ejemplo para mi decisión.

89   "Por tanto, yo te digo, vieja, pero no amiga,
que jamás a mí vengas con cuentos, enemiga;
de cómo el león avisa no hagas que te diga;
del mal ajeno, el propio escarmiento se siga."

90   Jesucristo nos dice que no hay cosa escondida
que en el paso del tiempo no sea conocida;
mi secreta pasión de todos fue sabida;
a la dama llevaron lejos de mí en seguida.

91   Nunca, desde esa hora, yo más la puede ver.
Envióme un recado: que procurase hacer
alguna canción triste que pudiera aprender
y cantar con tristeza al ausente querer.

92   Por cumplir su deseo de manera mejor,
compuse un cantar triste como este triste amor;

cantábalo la dama, creo que con dolor,
¡Jamás podré yo ser su digno trovador!

93   Dice el proverbio antiguo: quien matar quiere al can
inventa que está enfermo para no darle pan;
quienes de separarnos tenían tanto afán
al engaño acudieron, razón tuvo el refrán.

94   Que me alababa de ella como de buena caza,
que me burlaba de ella cual si fuera zaraza;
dijo entonces, sañuda: —"No hay paño sin hilaza,
el amigo leal no existe en toda plaza".

95   Cuando ya una persona ha sido dominada,
es fácil, con palabras, mantenerla engañada;
la dama, con los chismes, seguía despechada
y decía: —"Los novios prometen sin dar nada".

96   Tenía mi señora la mente esclarecida,
sutil y muy letrada, aguda y entendida:
al recibir visita de la vieja, en seguida
le recitó una historia, en Esopo aprendida:

97   —"El que quiere casar con mujer muy honrada
promete y habla mucho, y al tenerla lograda,
de cuanto le promete da poco o no da nada;
hace como la tierra, cuando estaba preñada.

98   "Ocurrió que la tierra empezó a bramar
estaba tan hinchada cual si fuera a estallar,
a todo el que la oía conseguía espantar;
como mujer en parto comenzóse a quejar.

99   "La gente, que bramidos tan atroces oía,
la creía preñada, pues tanto se dolía;
creyeron que gran sierpe o dragón pariría
que, destrozando el mundo, al fin lo engulliría.

100   "Cada vez que bramaba intentaban huir,
mas, cuando hubo llegado el tiempo de parir,
parió mezquino topo: rompieron a reir,
en burlas los espantos fuéronse a convertir.

La dama lamenta la vanidad de las promesas de los hombres y cuenta la fábula del parto de los montes.

101   "Lo mismo aconteció a muchos y a tu amo:
prometen mucho trigo y dan paja sin grano;
muchos con viento ciegan, vánse a dar con mal ramo.
¡Vete; que no me quiera porque yo no le amo!"

102   No suele hacer gran cosa quien es de mucho hablar;
chica cosa es dos nueces y hacen ruido al chocar,
a veces, lo mezquino se hace mucho pagar,
lo ruin y despreciable caro llega a costar.

103   Por cosa tan pequeña mi dama fue enojada
y apartóse de mí: me falló la jugada;
el burlado fui yo y no ella engañada,
compuse, sobre aquesto, una copla amargada.

104   Hice luego cantares de verdadera salva
mandé que se los diesen por la noche o al alba;
no los quiso tomar y me dije: —"¡Muy mal va!
¡con el tiempo se encoge mejor la hierba malva!"

VANIDAD DE LAS COSAS DEL MUNDO
Y
ELOGIO DE LA MUJER

105 Dícenos Salomón y dice la verdad,
que las cosas del mundo todas son vanidad,
todas perecederas que se van con la edad;
salvo el amor de Dios, todas son liviandad.

106 Cuando vi que la dama estaba tan cambiada,
"querer si no me quieren —dije— es buena bobada,
contestar si no llaman ·es simpleza probada;
apártome también, si ella está retirada."

107 Bien sabe Dios que a ésta y a cuantas damas vi
siempre supe apreciarlas y siempre las serví;
si no pude agradarlas, nunca las ofendí,
de la mujer honesta siempre bien escribí.

108 Muy villano sería y muy torpe payés
si de la mujer noble hablase de través,
pues en mujer lozana, placentera y cortés
reside el bien del mundo y todo placer es.

109 Si, después de crear al hombre, Dios supiera
que la mujer sería su mal, no se la diera
creada de su carne y como compañera;
si para bien no fuere, tan noble no saliera.

110 Si no quisiera bien el hombre a la mujer
el Amor no podría tantos presos tener;
por muy santo o muy santa que se suponga ser
nadie sin compañía quiere permanecer.

111 Hay un refrán que afirma lo que yo os digo ahora:
Un ave, si está sola, ni bien canta ni llora;
el mástil, sin la vela, no puede ir toda hora;
la berza, con el agua de la noria, mejora.

112   Yo, como estaba solo, sin tener compañía,
codiciaba la que otro para sí mantenía:
eché el ojo a una dama, no santa; yo sentía
y cruciaba por ella, que de otro era baldía.

113   Y como, así las cosas, yo con ella no hablaba,
puse de mensajero, por ver si la ablandaba,
a un compañero mío; ¡buena ayuda me daba!
él se comió la carne en tanto yo rumiaba.

114   Hice, con el disgusto, esta copla cazurra;
si una dama la oyere en su enojo no incurra,
pues debieran llamarme necio cual bestia burra
si de tan gran escarnio yo no trovase a burla.

Copla cazu-   115   Mis ojos no verán luz
rra de Cruz   pues perdido he a Cruz.
cruzada.

116   Cruz cruzada, panadera,
quise para compañera:
senda creí carretera
como si fuera andaluz.

117   Con una embajada mía
mandé a Fernando García

---

112 d.   Rectifico mi anterior versión a fin de mantener el verbo
cruciar, deliberadamente empleado por Juan Ruiz para jugar con
el nombre de la dama. El Prof. Linton L. Barrett echaba de menos,
con razón, tan expresiva palabra. Nuestro diccionario actual no
incluye el verbo *cruciar*; el inglés, en cambio, posee *excruciate* =
atormentar, (latín, *cruciare* y *excruciare*), pero el Arcipreste lo
usa con el significado de sufrir, penar (lat. *cruciare se*), no con
el de hacer sufrir o penar a otro.

le rindiese pleitesía
y me sirviese de dux.

118   Dijo lo haría de grado:
de Cruz llegó a ser amado,
me obligó a rumiar salvado
y él se comió el pan más duz.

119   Le ofreció, por mi consejo,
mi trigo, que ya era añejo,
y él le regaló un conejo
¡el traidor, falso, marfuz!

120   ¡Dios confunda al mensajero
tan astuto y tan ligero!
¡Dios no ayude al conejero
que la caza no me aduz!

121   Cuando la Cruz veía, yo siempre me humillaba;
me santiguaba siempre, cuando me la encontraba;
mi amigo, más de cerca a la Cruz adoraba.
¡Traición en tal cruzada yo no me recelaba!

122   Del escolar goloso, rival de mi cucaña
escribí esta otra copla; que no os parezca extraña,
pues ni antes ni después encontré yo en España
nadie que me jugase una burla tamaña.

123   Los astrólogos sientan, en el razonamiento
sobre la Astrología, este conocimiento:
todo hombre que nace, desde su nacimiento,
bajo un signo respira, hasta el último aliento.

124   Lo dice Tolomeo y dícelo Platón,
otros muchos maestros tienen esta opinión:
que según sea el signo y la constelación
del que nace, así luego su vida y hechos son.

125   Muchos hay que desean seguir la clerecía,
estudian mucho tiempo, gastan en gran cuantía
y, al cabo, saben poco, pues su hado les guía;
no pueden combatir contra la Astrología.

126   Otros, frailes se hacen para salvar sus almas;
otros quieren, por fuerza, ejercitar las armas;
otros sirven señores con sus manos entrambas,
pero muchos fracasan, dando en tierra de palmas.

127   No perseveran frailes, ni se hacen caballeros,
ni de sus amos logran mercedes ni dineros:
pues, si tal acontece, estimo verdaderos,
según naturaleza, a aquellos estrelleros.

Horóscopo
del hijo del
Rey Alcaraz.

128   Para mostrar lo cierto de pronósticos tales,
os contaré el juicio de cinco naturales
que juzgaron a un niño por seguras señales
y predijeron luego fuertes y graves males.

129   Erase un rey de moros, Alcaraz nombre había;
nacióle un hijo bello, único que tenía;
mandó venir los sabios, preguntarles quería
el signo y el planeta del hijo que nacía.

130 Entre los estrelleros que vinieron a ver,
cinco de ellos había de cumplido saber:
al conocer el día en que hubo de nacer,
un maestro sentencia: —"Apedreado ha de ser".

131 Juzgó el segundo y dijo: —"Este ha de ser quema-
Dijo el tercero: —"El niño ha de ser despeñado". [do".
Dijo el cuarto: —"El infante habrá de ser colgado".
Dijo el quinto: —"En el agua perecerá ahogado".

132 Al ver el rey que había juicios no acordados
mandó que los maestros fuesen encarcelados;
los hizo meter presos en sitios apartados:
estimó sus juicios como engaños probados.

133 Una vez ya el infante a buena edad llegado,
a su padre pidió que le fuese otorgado
de ir a correr monte, cazar algun·venado;
el rey le respondió aprobando de grado.

134 Tuvieron día claro al salir a cazar;
ya llegados al monte se empezó a levantar
repentino nublado: comenzó a granizar;
pasado poco tiempo ya era apedrear.

135 Acordándose el ayo de aquello que juzgaron
los sabios estrelleros que el hado examinaron:
—"Señor —dijo— guardaos, por si los que estudiaron
vuestro signo dijeron la verdad y acertaron".

136 Pensaron en seguida dónde se guarecer,
mas, como en todo caso tiene que suceder
que lo que Dios ordena como tiene que ser,
siguiendo normal curso, no se puede torcer,

137 en medio del pedrisco el infante aguijó;
cuando pasaba un puente, un gran rayo cayó,
horadándose el puente, allí se despeñó;
en un árbol del río de sus ropas colgó.

138 Estando así colgado donde todos lo vieron,
que se ahogase en el agua evitar no pudieron;

las cinco predicciones todas bien se cumplieron
y los sabios astrólogos verdaderos salieron.

139   Tan pronto como el rey conoció este pesar
mandó a los estrelleros de la prisión soltar,
hízoles mucho bien y mandóles usar
la ciencia de los astros, de que no hay que dudar.

140   Los astrólogos, creo, predicen realmente
pero Dios, que creó natura y accidente
puede mudar el rumbo y obrar distintamente;
según la fe católica; yo de esto soy creyente.

141   Creer en la natura no es una mala usanza,
si se confía en Dios con muy firme esperanza;
y para que no tengas en mí desconfianza
pruébolo brevemente con esta semejanza.

142   Es cierto que el rey tiene, en su reino, poder
de dar leyes y fueros y derechos hacer;
con ellos manda libros, códigos componer,
señalando al delito qué pena ha de tener.

143   Ocurre que algún hombre comete gran traición
y la ley le condena a morir, con razón;
pero si hay personajes que sus amigon son
y ante el rey interceden, consigue su perdón.

144   Otras veces, el hombre que el crimen cometió,
al rey, en algún caso, de tal modo sirvió
que el rey, agradecido, a piedad se movió
y a los yerros pasados cumplido perdón dio.

145   Y así, aunque por fuero tenía que morir,
el mismo autor del fuero no quiere consentir;
le dispensa del fuero, le permite vivir;
quien puede hacer las leyes, puede contra ellas ir.

146   También el Papa puede sus decretales dar
y manda que sus súbditos las han de respetar,
mas de su cumplimiento les puede dispensar,
por gracia o por servicio les puede exceptuar.

147   Vemos cómo a diario ocurre esto, de hecho,
pero, a pesar de ello, las leyes, el Derecho
y aun el fuero escrito no resulta deshecho,
antes bien, se confirma y con mucho provecho.

148   Así, pues, el Señor cuando el Cielo creó
puso en él sus señales, planetas ordenó,
poderes e influencia a todos otorgó,
pero poder más grande para sí reservó.

149   Es decir, por ayuno, limosna y oración
y por servir a Dios con mucha contrición
se deshace el mal signo y su constelación;
el poder de Dios rompe toda tribulación.

150   No son los estrelleros, por tanto, mentirosos;
juzgan según natura, por sus cuentos hermosos;
ellos y sus estudios son ciertos, no dudosos,
mas ante Dios se humillan y no son poderosos.

151   Yo no sé Astrología, ni en ella soy maestro,
ni sé del astrolabio más que buey de cabestro,
mas como cada día veo que ocurre esto
por eso os lo repito. Y también veo aquesto:

152   Bajo el signo de Venus muchos nacen: su vida
es amar las mujeres, nunca se les olvida;
trabajan y se afanan sin tregua, sin medida
y los más no consiguen la prenda tan querida.

El Arcipreste nació bajo el signo de Venus.

153   En este signo tal creo que yo nací;
procuré servir siempre a las que conocí,
el bien que me causaron no desagradecí
y a muchas serví mucho y nada conseguí.

154   Puesto que he comprobado ser mi destino tal,
es servir a las damas mi aspiración total;
aunque comer no pueda la pera del peral
el sentarse a la sombra es placer comunal.

155   Muchas noblezas tiene quien sirve a la mujer,
lozano y hablador y sincero ha de ser;

Elogio del Amor.

quien es bueno no debe a las damas temer,
que, si causan pesares, también nos dan placer.

156   Amor hace sutil a quien es hombre rudo;
convierte en elocuente al que antes era mudo,
quien antes fue cobarde, después todo lo pudo;
al perezoso obliga a ser presto y agudo.

157   Al joven le mantiene en fuerte madurez;
disimula en el viejo mucho de su vejez,
hace blanco y hermoso al negro como pez;
el Amor da prestancia a quien vale una nuez.

158   Aquel que tiene amores, por muy feo que sea,
y lo mismo su dama, adorada aunque fea,
el uno como el otro no hay cosa que vea
que tan bien le parezca ni que tanto desea.

159   El babieca y el torpe, el necio y el muy pobre
a su amiga parece muy bueno y rico hombre,
más noble que los otros; por tanto, todo hombre
cuando pierda un amor, otro en seguida cobre.

160   Pues aunque esté sujeto a un signo de natura
igual a la del mío, afirma una escritura
que buen esfuerzo vence a la mala ventura
y a toda pera verde el tiempo la madura.

161   Una falta le hallo al Amor poderoso
la cual a vos, señoras, descubrirla no oso;
mas, para que no digan que soy hombre miedoso,
aquí está: que el Amor es un gran mentiroso.

162   Pues según os he dicho en anterior conseja,
lo torpe, con amor, a todo bien semeja,
parece cosa noble lo que vale una arveja,
lo que parece no es: aplica bien la oreja.

163   Si las manzanas siempre tuvieran tal sabor
por dentro como tienen por fuera buen color,
no habría entre las plantas fruta de tal valor.
Se pudren en seguida, pero ¡dan buen olor!

164   Lo mismo es el Amor; con su palabra llena
cualquier cosa que diga siempre parece buena;
no siempre es un cantar el ruido que suena,
por advertiros esto, señoras, no os dé pena.

165   Dicen que la verdad rompe las amistades,
pero por no decirla nacen enemistades;
entended del proverbio las sabias claridades;
lisonja de enemigo no guarda lealtades.

166 Como ya dijo el Sabio, es cosa dura y fuerte
vencer a la costumbre, al hado y a la suerte;
la costumbre es como otra natura, ciertamente,
apenas se abandona hasta llegar la muerte.

167 Y como es la costumbre de mancebos usada
que no les falte nunca alguna enomarada
por tener solaz bueno del amor con la amada,
busqué una nueva amiga, una dama encerrada.

168 Mujer de buen linaje y de mucha nobleza,
las artes femeniles sabe con sutileza;
cuerda, de muy buen seso, no conoce vileza;
a otras ya entendidas enseña con destreza.

169 De talle muy apuesta y de gesto amorosa,
atrayente, lozana, placentera y hermosa,
cortés y mesurada, halagüeña, donosa,
graciosa, mereciente de amor en toda cosa.

170 Por amor de esta dama hice trovas, cantares,
¡sembré avena loca a orilla del Henares!
Los refranes antiguos resultan ejemplares:
quien arenales siembra no trilla pegujares.

171 Procurando sacarla de entre aquellas benditas,
regalos no faltaron de cosas infinitas:
ni telas, ni collar, ni sortija, ni mitas,
con ellos estas coplas que abajo van escritas.

172 No quiso recibirlas, huyó de la vileza,
me dejó boquiabierto diciendo: —"Sin pereza
los hombres dan muy poco por tomar gran riqueza;
devolvedlo y decidle que comprar no es largueza.

173   "Yo no perderé a Dios ni el bello Paraíso
      por pecado fugaz como sombra de aliso;
      que no soy tan sin seso para tal compromiso,
      quien toma ha de dar algo, dícelo el sabio aviso".

174   Así la noble dama me supo contestar,
      como el perro al ladrón cuando entraba a robar:
      allí había un mastín que comenzó a ladrar;
      por robar, el ladrón, comenzóle a halagar.

Fidelidad de la dama hacia Dios y fábula del perro fiel y el ladrón.

175   Medio pan lanzó al perro; lo traía en la mano
      relleno de cristales; olfateó el alano
      y dijo: —"Mal bocado, no me sería sano;
      por el pan de una noche perderé cuanto gano.

176   "Por el poco alimento que ahora comería
      no perderé la carne y el pan de cada día;
      si tu mal pan comiese con él me ahogaría,
      robarías tranquilo, yo gran traición haría.

177   "Al señor que me cuida no haré tal falsedad:
      entregarte la hacienda que dejó a mi lealtad;
      tú te aprovecharías, yo haría gran maldad.
      ¡Vete de aquí, ladrón, no quiero tu amistad!"

178   Comenzó a ladrar mucho el mastín leal y fiero,
      tanto siguió al ladrón que éste huyó del granero;
      así nos pasó a mí y a mi buen mensajero
      con esta mujer cuerda y con la otra primero.

179   Fueron dones en balde y el que los da se humilla:
      de un modo piensa el bayo y de otro quien lo ensilla.
      Abandoné a la dama, pensé en la frasecilla:
      por lo que hayas perdido no estés mano en mejilla.

180   Pues, como ya os he dicho, de tal manera soy
      que, no sé si es mi sino o mala traza doy,
      pero nunca consigo el final a que voy;
      así, a veces, en lucha con el Amor estoy.

181   Una noche sostuve combate peregrino:
      pensaba yo en mi suerte, furioso (y no de vino),
      cuando un hombre alto, hermoso, cortésmente a mí
                                                  [vino.
      Le pregunté quién era; dijo: —"Amor, tu vecino"

Comienza el   182   Con enojo muy grande le empecé a denostar;
alegato del   le dije: —"Si Amor eres, no puedes aquí estar,
Arcipreste   eres falso, embustero y ducho en engañar;
contra el   salvar no puedes uno, puedes cien mil matar.
Amor.

      183   "Con engaños, lisonjas y sutiles mentiras
            emponzoñas las lenguas, envenenas tus viras,
            hiere a quien más te sirve tu flecha cuando tiras;
            separas de las damas a los hombres, por iras.

      184   "Enloquecidos trae a muchos tu saber;
            les estorbas el sueño, el comer y el beber,
            haces a muchos hombres a tanto se atrever
            por ti, que cuerpo y alma llegarán a perder.

      185   "No tienes regla fija ni te portas con tiento:
            a veces arrebatas con ímpetu violento,
            a veces, poco a poco, con maestrías ciento;
            en cuanto yo te digo tú sabes que no miento.

      186   "Cuando a uno aprisionas, no le alivias con nada,
            hoy y mañana humillas su vida acongojada;
            el que te cree, preso gemirá en tu mesnada
            y por placer poquillo andará gran jornada.

      187   "Eres tan enconado que al que hieres de golpe
            no sana medicina, emplasto ni jarope;

no hay hombre recio y fuerte que contigo se tope
que por diestro que sea no se haga blando y torpe.

188   "De cómo debilitas a todos y los dañas
muchos libros se han hecho; de cómo los engañas
con tus muchas zalemas y con tus malas mañas;
siempre vences al fuerte; se cuenta en tus hazañas.

189   "Erase un joven loco, mancebo muy valiente,
no quería casar con una solamente,
sino con tres mujeres, tal pensaba su mente;
discutió sobre esto con él toda la gente.

*Fábula del
mozo que
quería casar
con tres mu-
jeres.*

190   "Su padre con su madre y su hermano mayor
porfiáronle mucho que, al menos por su amor,
con sólo dos casase: primero la menor
y de allí a un mes cumplido, tomase a la mayor.

191   "Hízose el casamiento con esta condición;
el primer mes pasado, alguien le dió razón
de que su otro hermano con una, con más no,
deseaba casarse a ley y a bendición.

192   "Aconsejó el casado que tal cosa no hiciesen;
que él tenía mujer con la que ambos tuviesen
casamiento bastante: que tal razón le diesen
y en casarlo con otra que no se entrometiesen.

193   "El labrador honrado, padre de aqueste necio,
un molino tenía con gran muela de precio;
el mozo, de soltero, era tan fuerte y recio
que frenaba la rueda con el pie, sin esfuerzo.

194   "Este alarde tan grande, esta gran valentía
cuando no era casado muy ligero la hacía;
cuando ya de la boda un mes pasado había
quiso probar como antes y al molino fué un día.

195   "Probó a frenar la muela, como era acostumbrado,
cayó piernas arriba, se golpeó el costado;
levantándose el necio deseóle mal hado:
—*¡Ay molino valiente, te vea yo casado!*

196 "A la mujer primera tanto y tanto la amó
que a la otra doncella ya nunca la tomó;
no paró más la muela ni aun en ello pensó;
así aquel devaneo al gran loco domó.

197 "Eres padre del fuego, pariente de la llama,
más arde y más se quema aquel que más te ama;
Amor, a quien te sigue le quemas cuerpo y alma,
destrúyeslo del todo como el fuego a la rama.

198 "Los que no te probaron en buen día nacieron,
vivieron sin cuidados, nunca se entristecieron;
desde que te encontraron, todo su bien perdieron,
como pasó a las ranas cuando un rey exigieron.

Fábula de 199 "Las ranas en un lago cantaban y jugaban,
las ranas   ningún temor tenían, bien tranquilas estaban;
que pidieron   hicieron caso al diablo, muy mal se aconsejaban;
rey a Júpi-   pidieron rey a Júpiter, mucho se lo rogaban.
ter.

200 "Envióles don Júpiter la viga de un lagar,
la más grande que pudo; cayó en aquel lugar;
hizo el golpe del fuste a las ranas callar,
mas ven pronto que no era rey para dominar.

201 "Se suben a la viga cuantas pueden subir,
dijeron: —*No es buen rey para nos lo servir.*
Pidieron a don Júpiter cual solían pedir.
Don Júpiter, con ira, túvolas que oir.

202 "Como rey envióles cigüeña carnicera
que recorría el lago por toda su ribera;
andando pico-abierta y con gran tragadera,
de dos en dos las ranas comía muy ligera.

203 "Quejándose a don Júpiter dieron voces las ranas:
—¡Señor, Señor, socórrenos, tú que matas y sanas!
el rey que tú enviaste por nuestras voces vanas
nos da muy malas tardes y peores mañanas.

204 "*Su vientre nos sepulta, su pico nos estraga;*
de dos en dos nos come, nos abarca y nos traga.

¡Defiéndenos, Señor; Señor, tu ira apaga!
¡Otórganos tu ayuda, acabe ya esta plaga!
205   "Respondióles don Júpiter: —*Tenéis lo que pedis-*
                                                  [*teis;*
el rey tan reclamado por cuantas voces disteis
vengue vuestra locura, pues en poco tuvisteis
la libertad tranquila; sufrid, pues lo quisisteis.

206   "Quien tiene lo bastante, dese por bien pagado;
el que puede ser libre no quiera estar atado;
no dese inquietudes quien vive sosegado;
ser libre, independiente, no es con oro comprado.

207   "Así acontece siempre a todos tus vencidos;
eran de sí señores y están por ti oprimidos;
tú, después, sólo piensas en que estén sometidos;
sus cuerpos y sus almas serán por ti sorbidos.

208   "Te suplican en vano, no te apiadas de nada
y, tan presos los tiene tu cadena pesada,
que no pueden huir de esa vida amargada.
¡Responde a quien te llame! ¡Vete de mi posada!

209   "No quiero tu visita; ¡vete de aquí, varón!,
das al cuerpo miseria, trabajo, desazón;
de día y por la noche eres fino ladrón,
al hombre descuidado húrtasle el corazón.

210   "Al punto que lo robas, al punto lo enajenas;
lo das a quien no lo ama; tortúrasle con penas;
va el corazón sin cuerpo, gimiento en tus cadenas,
pensando y suspirando por las cosas ajenas.

211   "Hácesle andar volando como la golondrina;
a menudo, confuso, su daño no adivina;
ora piensa en sus males, ya piensa en Mergelina;
de diversas maneras le acribilla tu espina.

212   "Pones su pensamiento a jornadas trescientas,
recorre todo el mundo siempre que tú le tientas,
le dejas solo y triste en medio de tormentas;
a aquella que no le ama tú siempre se la mientas.

213   "Varón, ¿por qué me buscas?, ¿qué es lo que te
                                             [adeudo?
      ¿Para qué me persigues? Viénesme manso y quedo,
      nunca me hace una seña tu ojo ni tu dedo;
      hiéresme el corazón; triste vuelves al ledo.

214   "No te puedo coger, ¡tal es tu maestría!,
      y aunque yo te apresara, nunca te mataría;
      mas tú, cuando me coges, tal es tu altanería,
      que, sañudo, me matas sin piedad, noche y día.

215   "¿Qué te hice? ¿Por qué no me diste la dicha
      en ninguna que amé ni en la dama bendicha?
      De cuanto imaginé, siempre salió desdicha;
      en mal día te vi; la hora fue maldicha.

216   "Cuanto más aquí estés, más contigo me ensaño,
      más hallo que decirte al pensar cuánto daño
      siempre de ti me vino con tu sutil engaño;
      andas urdiendo siempre, cubierto en tu mal paño.

El Arcipres-   217   "Contigo traes siempre los mortales pecados:
te acusa al   con la mucha codicia, los hombres engañados
Amor de ser   desean siempre más y se atreven, osados,
causa de los   contra los mandamientos que por Dios fueron dados.
pecados ca-
pitales.   218   "De todos los pecados es raíz la codicia,
Codicia.   es tu hija mayor; mayordoma es la ambicia
Ejemplo del   y tu alférez también, la que tu casa oficia;
perro y el   ella destruye al mundo, soborna a la justicia.
trozo de car-
ne reflejado   219   "La soberbia y la ira, que jamás son saciadas,
en el agua.   avaricia y lujuria, ardiendo apasionadas;
                       gula, envidia, pereza, cual lepra propagadas,
                       de la codicia nacen, en ella originadas.

220   "En ti hacen morada, alevoso, traidor:
      con palabras muy dulces, con gesto engañador,
      hacen grandes promesas quienes hablan de amor
      y el ansia de cumplirlas les lleva a lo peor.

221   "Codician las haciendas que ellos no ganaron
      por cumplir lo ofrecido cuando se enamoraron;

muchos, por tal codicia, de lo ajeno robaron
y por ello sus almas y cuerpos condenaron.

222   "De muerte repentina, por sus hurtos, murieron
arrastrados vilmente, en horca perecieron;
tu maña y picardía de nada les sirvieron:
la codicia y el mal, como siempre, mintieron.

223   "Por codicia obligaste a Troya destruir;
manzana es cuya historia no se debió escribir
la que Paris dio a Venus, a fin de conseguir
a Elena, a quien amaba y quería servir.

224   "Por la mala codicia los de Egipto murieron;
los cuerpos se agotaron, las almas se perdieron;
caen en ira de Dios cuantos en ti creyeron,
por mucho desear poca parte tuvieron.

225   "Por la codicia pierde el hombre el bien que tiene,
quiere poseer mucho, más de lo que conviene;
lo que quieren no alcanzan, lo suyo no mantienen;
lo que aconteció al perro a éstos bien les viene.

226   "Alano carnicero en un río andaba,
una pieza de carne en la boca pasaba;
con la sombra del agua, doble le semejaba,
codicióla pescar: cayó la que llevaba.

227   "Por reflejo engañoso y por su anhelo vano,
la carne que tenía desperdició el alano,
no logró lo que quiso, no fue deseo sano,
pensó ganar; perdió lo que tenía en mano.

228   "Al codicioso ocurre a diario cosa tal;
piensa ganar contigo y pierde su caudal.
Es esta raíz mala de donde nace el mal,
¡es la mala codicia un pecado mortal!

229   "Lo más y lo mejor y lo que es más preciado,
cuando el hombre lo tiene seguro y ya ganado
nunca debe dejarlo por un vano cuidado;
dejar lo que se tiene no da buen resultado.

230   ”Mucha soberbia creas donde sin miedo estás,
piensas tranquilamente dónde conseguirás
joyas para tu amiga, con qué las comprarás;
así robas y hurtas, mas luego pagarás.

231   ”Haces con tu soberbia intentar malas cosas,
robar a viandantes las alhajas preciosas,
seducir a mujeres casadas, las esposas,
vírgenes y solteras, viudas, religiosas.

232   ”A quienes así obran la ley manda matar;
mueren de malas muertes, no les puedes librar,
el diablo los lleva por dejarse embaucar;
el fuego infernal arde donde vas tú a morar.

233   ”A muchos, por soberbia, los hiciste perder;
los ángeles primero, con ellos Lucifer,
por su mucha soberbia, por desagradecer,
de las sillas del Cielo hubieron de caer.

234   ”Aunque por su natura buenos fueron creados,
por su grande soberbia fueron y son dañados;
cuantos por la soberbia fueron y son dañados
no puede reseñarse ni en mil pliegos contados.

235   ”Cuantas hubo y habrá batallas y peleas,
injurias y reyertas y contiendas muy feas,
Amor, por tu soberbia se hacen, bien lo creas;
toda maldad del mundo está donde tú seas.

236   ”El hombre muy soberbio, altanero y osado,
el que a Dios no respeta, ni es hombre ponderado,
antes muere que otro débil o desgraciado,
como le ocurrió al asno con el caballo armado.

237   ”Iba a reñir en duelo un caballo vehemente
porque burló a una dama el su señor valiente;

---

234 c-d. *Fueron y son.* ¿Es una repetición intencionada o error
del copista? De este trozo sólo existe la redacción conservada en
el códice S.

lorigas ajustadas, arrogante se siente,
delante de él camina un asno muy doliente.

238 "Con los pies, con las manos y con el noble freno
gran alboroto causa, tan de soberbia lleno
que a otros animales espanta como trueno;
el asno, con el miedo, paró; no le fue bueno.

239 "Iba el asno arrastrando la carga y su cansera,
al caballo estorbaba con su lenta flojera;
derribóle el caballo en la misma ladera,
diciendo: —¡Don villano, buscad la carretera!

240 "Corcoveó en el campo, ligero, apercibido;
pensó ser vencedor mas resultó vencido,
fuertemente en el cuerpo de lanzada fue herido,
las entrañas le salen, estaba muy perdido.

241 "Desde entonces no vale ni una pera pequeña;
a arar le destinaron y a transportar la leña,
a veces a la noria, a veces a la aceña;
el soberbio pagó el amor de la dueña.

242 "Tenía desolladas del yugo las cervices;
de arrodillarse a veces, hinchadas las narices,
rodillas desolladas por preces infelices,
ojos hundidos, rojos como pies de perdices.

---

242 El manuscrito S, único que conserva esta estrofa, la presenta así:
     Tenia del grand yugo dessolladas las ceruiçes
del inogar avezes fynchadas las narizes
rrodillas desolladas, faziendo muchas prizes
ojos fondos bermejos como pies de perdizes.
A la palabra *prizes* se le viene dando tradicionalmente el significado de *preces*, respondiendo a la figura del caballo que se
arrodilla. No obstante, es notable que Juan Ruiz la utilice deliberada y excepcionalmente en una estrofa con rima en *ices* —ello
me ha hecho cambiar de lugar el vocablo e introducir *infelices*
para conservar la rima— siendo así que, cuando en otros lugares
habla de preces, escribe *preces* y no *prizes*. Las rodillas desolla-

243   "Los cuadriles salidos, sumidas las ijadas,
el espinazo agudo, las orejas colgadas;
le encontró el asno necio, rebuznó tres vegadas:
—*Compañero soberbio, ¿qué hay de tus empelladas?*

244   *"¿Dónde está el noble freno y tu dorada silla?*
¿dónde está tu soberbia?, ¿dónde está tu rencilla?
Vivirás achacoso y con mucha mancilla;
vengue la tu soberbia tanta mala postilla.

245   "Aquí tomen ejemplo y lección cada día
los que son muy soberbios con gran altanería;
que fuerza, edad y honra, salud y valentía
no pueden durar siempre, vanse con mocería.

Avaricia.   246   "Tú eres avariento y eres tacaño mucho;
Ejemplo del   tomar te regocija, pero en dar no estás ducho,
lobo atragan-   ni el Duero te saciara con todo su aguaducho;
tado con un   siempre me encuentro mal cada vez que te escucho.
hueso de ca-
bra, y la gru-   247   "Por la gran avaricia fue condenado el rico
lla.   que a San Lázaro, el pobre, no dio ni un mendruguico;
no remedias ni amas al pobre, grande o chico,
ni de los tus tesoros le quieres dar un pico.

248   "Aunque te está mandado por santo mandamiento
que vistas al desnudo y sacies al hambriento
y al pobre des posada, tanto eres avariento
que nunca diste a uno, pidiéndotelo ciento.

---

das, la existencia de *presa* en castellano con significado de coagu-
lada, cuajada (leche presa = leche cuajada), y el francés *faire*
prise = coagular me sugirieron la posibilidad de que *prizes*
sean aquí *costras* (sangre cuajada). Consideraciones paleográficas
y etimológicas, referentes al uso de *s* y *z*, parecen oponerse a
ello, aunque, por otra parte, la mezcla que se observa en la grafía
de la estrofa 744 (pelmaso, plazo, lazo, llumazo), da pie para no
rechazar por completo la idea. Dejo, pues, hecha la sugerencia
con toda clase de reservas e interrogantes, pero quede también
apuntada mi duda ante la interpretación *prizes* = *preces*.

249 "Mezquino, ¿qué harás tú el día de la afrenta,
cuando de tus caudales y de tu mucha renta
te demandare Dios una cumplida cuenta?
No te valdrán tesoros ni aun reinos cincuenta.

250 "Cuando tú estabas pobre y tenías dolencia
entonces suspirabas, hacías penitencia,
pedías que te diesen salud y mantenencia,
prometías curar del pobre la indigencia.

251 "Oyó Dios tus querellas y te dio buen consejo,
salud y gran riqueza y tesoro parejo,
mas cuando ves al pobre frunces el entrecejo,
haces como hizo el lobo doliente en el vallejo.

252 "Comiéndose una cabra un lobo carnicero
un hueso atravesado le quedó en el garguero;
a punto de ahogarse, sin su respiradero,
médicos y doctores pedía, lastimero.

253 "Prometió al que acertase tesoros y riquezas;
acercóse la grulla: desde su gran alteza
el hueso con el pico sacó con sutileza.
Quedó el lobo dispuesto a comer, sin pereza.

254 "Dijo la grulla al lobo le quisiera pagar.
El lobo dijo: —¡Cómo!, ¿no te pude segar
el cuello con mis dientes, si quisiera apretar?
Date por bien pagada; no te quise matar.

255 "Eso es lo que tú haces; ahora que estás lleno
de pan y de dineros que hurtaste de lo ajeno,
no quieres dar al pobre un poco de centeno;
así te secarás como rocío y heno.

256 "El hacer bien al malo no es cosa de provecho;
el ingrato no paga el bien que se le ha hecho,
el agradecimiento, para el malo, es desecho:
si un favor se le hace, dice ser su derecho.

257 "Siempre está la lujuria allí donde tú seas,
liviandad y adulterio de continuo deseas,

Lujuria.
Virgilio bur-

quieres pecar con todas, con cualquiera que veas;
por cumplir la lujuria guiñando las oteas.

258   "Hiciste, por lujuria, que el profeta David
asesinase a Urías, al que puso en la lid
en la primera línea, cuando le dijo: —*Id,*
llevad esta mi carta a Joab y venid.

259   "Porque amó a Betsabé, la mujer de Urías,
fue David homicida e hizo a Dios falsías;
el templo no acabó, por castigo, en sus días;
hizo gran penitencia, por las tus maestrías.

260   "Fueron, por la lujuria, cinco nobles ciudades
quemadas, destruidas; tres por iniquidades
y dos no por su culpa, sino por vecindades;
por malas vecindades se pierden heredades.

261   "No te quiero tan cerca, ni me vengas tan presto.
Al sapiente Virgilio, como dice en el texto,
engañólo la dama, colgándolo en un cesto
en que creyó subía hasta ella; por esto,

262   porque de él se burló y escarneció su ruego,
el gran encantador le hizo muy mal juego:
la lumbre de candela encantó y todo fuego
que en Roma ardía entonces, al punto murió luego.

263   "Y todos los romanos, hasta la criatura,
no conseguían fuego, por su mala ventura,
si no iban a encenderlo dentro de la natura
de la ruin mujercilla; ningún otro les dura.

264   "Si uno a otro entregaba el fuego o la candela
apagábase luego; todos iban a ella,
todos allí encendían, como en una centella;
así vengó Virgilio su afrenta y su querella.

265   "Después de esta deshonra y burla no pequeña,
por lograr su capricho Virgilio con la dueña
permitió ya que el fuego se encendiese en la leña
y obró otra maravilla como el hombre no sueña.

266   "Todo el cauce del río de la ciudad de Roma,
      Tíber, de gran caudal, que muchas aguas toma,
      recubriólo de cobre: reluce más que goma;
      tu lujuria a las damas de este modo las doma.

267   "Cuando al fin la logró, la dama escarnecida
      mandó hacer escalera en torno, guarnecida
      de navajas agudas, para que a la subida
      que subiese Virgilio acabase su vida.

268   "El supo lo ocurrido por un encantamiento;
      nunca más la buscó ni le hizo cumplimiento.
      Así, de la lujuria el acompañamiento.
      son escarnios y burlas y tristezas sin cuento.

269   "De muchos sé que matas, no sé de uno a quien
                                          [sanes;
      cuantos en tu lujuria son robustos jayanes
      se matan a sí mismos, locos pelafustanes;
      como al águila ocurre a los necios truhanes.

270   "El águila caudal, cantando sobre el haya,
      al resto de las aves desde arriba atalaya;
      no hay una de sus plumas que a tocar tierra vaya:
      arquero que la encuentra la aprecia más que saya.

271   "Las saetas, los dardos que trae bien afilados
      con las plumas del águila luce muy adornados;
      salió, como acostumbra a cazar los venados,
      al águila caudal hirió por los costados.

272   "Miraba hacia su pecho el ave malherida
      y se vio por sus propias plumas escarnecida,
      dijo contra sí misma una frase temida:
      —*De mí misma salió quien me quita la vida.*

273   "El loco, el insensato de salvarse no trata,
      usando tu locura que todo malbarata,
      aniquila su cuerpo, el alma propia mata
      y de sí mismo sale quien su vida desata.

274   "El hombre, ave o bestia a quien el amor tiente,
      cuando logra su intento muy luego se arrepiente,

entristécese al punto, pronto flaqueza siente,
acórtase la vida: quien lo dijo no miente.

275   "¿Quién podría decir cuántos lujuria mata?,
¿quién pintar tu lascivia, tu licencia insensata?
Aquel a quien tu loco encendimiento ata
el diablo lo lleva cuando no se recata.

Envidia. 276   "Eres la pura envidia, no hay en el mundo tanta,
Ejemplo de con los celos que tienes todo de ti se espanta;
la graja que si tu amigo insinúa una frase, ya ¡cuánta
se disfrazó tristeza, qué sospecha tu corazón quebranta!
de pavo real.

277   "Los celos siempre nacen de esa tu envidia pura,
pensando que a tu amiga fingen de amor locura,
por eso eres celoso y lleno de amargura,
siempre sufres por celos, nunca encuentras ventura.

278   "Cuando pasión de celos en ti llega a arraigar
suspiros y rencores te quieren ahogar;
ni de ti ni de nadie te puedes ya fiar,
el corazón te falta, no puedes descansar.

279   "Por celos y sospechas a todos aborreces,
suscitas las cuestiones, por celos enflaqueces,
buscas malas contiendas, hallas lo que mereces,
te acontece lo mismo que en la red a los peces.

280   "Entras en la pelea, ya no puedes salir,
quedas tan flaco y débil que temes sucumbir,
ves que vencer no puedes ni te es posible huir,
te estorba tu pecado, allí te hace morir.

281   "Por la envidia, Caín mató a su hermano Abel,
por ello fue arrojado dentro del Mongibel;
Jacob a Esaú —éste envidiaba a aquél—
le hurtó la bendición y fue odiado por él.

282   "La envidia rencorosa traicionó a Jesucristo,
Dios verdadero y hombre, hijo de Dios bienquisto;
por envidia fue preso y fue muerto y conquisto;
jamás en ti algún bien fue encontrado ni visto.

283   "Cada día los hombres por codicia porfían,
por envidia los hombres y bestias desconfían,
doquiera que tú estás, los celos desvarían;
la envidia los reparte, envidiosos los crían.

284   "Si tiene tu vecino más trigo que tú paja,
tu envidia exagerada con recelos le ultraja
y lo mismo te ocurre, por llevarle ventaja,
como con los pavitos aconteció a la graja.

285   "A un pavo real la graja vio desplegar su rueda;
dijo con gran envidia: —*Haré cuanto hacer pueda
para ser tan hermosa.* Con la idea se enreda;
la negra, por ser blanca contra sí se denueda.

286   "Peló todo su cuerpo, y su cara y su ceja;
con las plumas de un pavo vistió nueva pelleja,
hermosa por lo ajeno, se fue para la iglesia.
(Algunas hacen esto que hizo la corneja.)

287   "La graja empavonada, de pavo real vestida,
viéndose bien pintada, estaba enloquecida;
a quien vale más que ella fue desagradecida,
con los paveznos anda la muy desconocida.

288   "El pavo, de tal hijo espantado se hizo,
comprendió el mal engaño y su color postizo,
arrancóle las plumas, arrojóla al carrizo;
¡más negra parecía la graja que un erizo!

289   "Así, muchos, por celos se quieren superar;
pierden lo que ganaron por lo ajeno cobrar,
con la envidia se hinchan casi hasta reventar;
lo que se encuentra en ti sólo es el mal obrar.

290   "Quien desea lo ajeno y otro hombre parecer,
quien con lo que no es suyo llega a resplandecer,
lo suyo con lo ajeno acaba por perder;
aquel que se disfraza, loco es; va a perder.

291   "La golosina traes, goloso, laminero,
querrías cuantas ves gustarlas tu primero;

Gula.
Ejemplo del

león coceado
por el caba-
llo al cual
queria devo-
rar.

enflaqueces, pecado, pero tu tragadero
para recobrar fuerzas es lobo carnicero.

292   "Desde que te conozco nunca te vi ayunar;
almuerzas de mañana, no perdonas yantar,
sin medida meriendas, mejor quieres cenar
y, si algo queda, aún quieres de noche otro manjar.

293   "Con la carne y el vino crece mucho la flema,
te duermes con tu amiga, te ahoga la postema;
así te lleva el diablo, el infierno te quema,
pero al joven le dices coma bien y no tema.

294   "Adán, el nuestro padre, por gula y tragonía,
porque comió del fruto que comer no debía
le echó del Paraíso Dios en aquese día;
por ello, en el infierno, desque murió yacía.

295   "Mató la golosina muchos en el desierto,
muchos de los mejores que allí estaban, por cierto;
el profeta confirma la verdad de mi aserto.
Por comer y tragar siempre estás boquiabierto.

296   "Hiciste, por la gula, a Lot, noble burgués,
beber mucho y pecó con sus hijas; ve, pues,
lejos con tu impudicia; donde mucho vino es
cerca está la lujuria y todo mal después.

297   "Muerte muy desgraciada causa la golosina
al cuerpo muy goloso como al alma mezquina;
hay sobre esto un relato e historia peregrina,
la contaré muy pronto y te marchas aína.

298   "Un caballo muy gordo pacía en la dehesa;
quiere el león cazarlo, parece buena presa.
El león, muy goloso, al caballo sopesa:
—*Vasallo mío,* —dijo— *ven y mi mano besa.*

299   "Al león gargantero respondió aquel caballo.
Dijo: —"*Eres mi señor y yo soy tu vasallo;*
quiero besar tu mano, en eso yo me hallo,
mas no puedo acercarme, estoy en un mal fallo.

300 "*Ayer, cuando me herraba un herrero malvado,*
echóme en este pie clavo tan agarrado
que me hiere: Señor, con tu diente alabado
arráncalo y seré siempre tu fiel criado.

301 "Por darle algún alivio, el león se inclinó,
mas el caballo herrado las espaldas volvió;
las coces el caballo, muy fuerte le lanzó;
le acertó entre los ojos, difunto lo dejó.

302 "Con miedo huyó el caballo, cada vez más corría,
de hierbas indigestas mucho comido había,
corría muy cansado, adivas padecía;
así muere por gula quien te tiene por guía.

303 "El comer sin mesura y la gran golosina,
beber, henchir el vientre de vino, como tina,
mata más que cuchillo, Hipócrates opina.
Tú dices: —*Comer mucho es buena medicina.*

304 "Cual tu ira y soberbia no existe otra tamaña;
más orgullo y más brío tienes que toda España,
si no se hace lo tuyo te enfureces con saña;
enojo y malquerencia andan en tu compaña.

Ira. Ejemplo
del león que,
encolerizado,
se suicidó.

305 "Por la gran vanagloria, Nabucodonosor,
que era de Babilonia poderoso señor,
poco a Dios apreciaba ni tenía temor;
quitóle Dios su reino, poderío y honor.

306 "En muy vil fue cambiado, de las bestias igual,
como buey en el monte comió del herbazal,
de cabellos cubierto como todo animal,
uñas crió mayores que águila caudal.

307 "El rencor y homicidio criados tuyos son:
—¡Fijaos, soy Fulano, de jaques, jaquetón!
Dices muchos baldones, de pronto, de rondón;
por ti riñen los tontos si apareces, ¡follón!

308 "Por la ira Sansón la su fuerza perdió
pues su mujer Dalila los cabellos cortó

donde estaba su fuerza; cuando la recobró
a sí mismo, por ira, y a otros muchos mató.

309   "Con gran ira enojado Saúl, el rey primero
que fue de los judíos, según su ley, muy fiero
él mismo se mató con su espada; no quiero
fiarme yo de ti, pues eres traicionero.

310   "Quien bien te conociere de ti no fiará,
el que tus obras viere de ti se arredrará,
cuanto más te tratare, menos te apreciará,
cuanto más te probare, menos te amará.

311   "Por ira y vanagloria, el león orgulloso,
para todas las bestias cruel y muy dañoso,
a sí propio dio muerte, muy airado y furioso;
te contaré el ejemplo, séate provechoso.

312   "El león orgulloso, con ira y valentía
mientras era mancebo a las bestias corría;
a las unas mataba, a las otras hería,
mas vino la vejez y perdió la energía.

313   "Tales nuevas recogen las bestias noticieras;
se pusieron alegres, andaban placenteras,
contra él fueron todas por vengar sus denteras;
incluso el asno necio llegó en las delanteras.

314   "Todos en el león herían no poquillo;
el jabalí, sañudo, dábale del colmillo,
con los cuernos le herían el toro y el novillo,
el asno perezoso en él puso su sillo.

315   "Planta un gran par de coces en la frente al león;
la fiera, con gran ira, su propio corazón
se rasgó con las uñas, al sufrir tal baldón;
la ira y vanagloria fueron mal galardón.

316   "Hombre que tiene estado, honor y gran poder,
lo que para él no quiere no debe a otros hacer,
pues muy de prisa puede su posición perder
y lo que él hizo a otros le pueden devolver.

317 "De la incuria tú eres mesonero y posada,
nunca quieres que el hombre de provecho haga nada;
mas si lo ves ocioso le das vida penada,
en pecado nacida y en tristeza acabada.

318 "Nunca estás inactivo: a quien una vez atas
haces pensar engaños y muchas malbaratas;
deléitase en pecados, el seso le arrebatas;
con tus malos oficios almas y cuerpos matas.

319 "Al lado de la incuria viene la hipocresía;
andas con gran recato, como por cortesía,
parece que estás triste, tu ojo no se abría,
mas si ves a una hermosa, miras con raposía.

320 "De cuanto tú predicas no cumples ni una cosa,
engañas a la gente con tu palabra hermosa,
pretendes lo que el lobo quiso de la raposa;
¡mal abogado, escucha la historia provechosa!

321 "Hurtaba la raposa a su vecina el gallo;
el lobo la sorprende, mandábale dejarlo,
decíale: —*No debes, porque es ajeno, hurtarlo,*
y él mismo no veía la hora de tragarlo.

322 "De lo que él siempre hacía a otros acusaba,
a otros reprendía lo que en sí alababa;
lo que más le placía en otros censuraba,
decía que no hiciesen lo que él acostumbraba.

323 "Emplazóla en derecho el lobo a su comadre,
celebróse aquel juicio ante un sabio muy grande,
don Simio se llamaba, de Bujía era alcalde,
era sutil y sabio y nunca hablaba en balde.

324 "El lobo hizo su queja de muy buena manera,
apta y bien presentada, concreta y bien certera;
tenía buen letrado, ligero y sutil era:
el galgo, de raposas constante barredera.

325 "—*Ante vos, muy honrado, de gran sabiduría,
don Simio, el ordinario alcalde de Bujía,*

*P e r e z a .
Ejemplo del
pleito entre
el lobo y la
zorra ante el
mono, juez
de Bujía.*

yo el lobo me querello de la comadre mía
y a juicio someto toda su alevosía.

326 *"Digo que en esta fecha, en el mes de febrero,*
era de mil trescientos, en el año primero,
reinando nuestro rey el león carnicero
que a nuestra ciudad vino, llamado monedero,

327 *"a casa del cabrón, mi vasallo rentero,*
entró a robar de noche, por cima del humero;
consiguió hurtar el gallo, que es nuestro pregonero,
comióselo en el campo, tal fue su desafuero.

328 *"Aquesta es mi querella ante vos, buen varón,*
por sentencia condénala, de otra manera no;
a la horca llevada muera como ladrón;
probaré lo que digo, so pena de Talión.

329 *"Cuando fue la demanda en el juicio leída,*
contestó la vulpeja, sabia y apercibida:
—Señor —dijo— yo nunca he sido muy sabida;
señálame abogado que defienda mi vida.

330 *"El alcalde responde: —Vine recientemente*
a esta vuestra tierra; no conozco a la gente,
pero te doy un plazo: será de días veinte;
buscarás abogado, pasado el plazo, vente.

331 *"La sesión el alcalde levantó de juzgar:*
cada una de las partes cavilaba en buscar
qué dineros, qué prendas al abogado dar;
ya sabe la raposa quién la habrá de ayudar.

332 *"Llegó por fin el día; en el plazo asignado*
vino doña Raposa con un gran abogado:
un mastín ovejero, de carlancas cercado;
cuando el lobo lo vio quedó luego espantado.

333 *"Este gran abogado expuso por su parte:*
—Señor don Simio, alcalde, cuanto el lobo departe,
cuanto demanda y pide, todo lo hace con arte,
pues él es gran ladrón, no hay nada que le harte.

334   *"Y, por tanto, interpongo contra él excepción*
justa, buena y legítima, porque su petición
no debe ser oída y tal acusación
no puede hacer el lobo porque él mismo es ladrón.

335   *"Con él acontecióme muchas noches y días*
que llevaba robadas de las ovejas mías;
vi que las degollaba por esas praderías,
antes que las comiese yo las rescaté frías.

336   *"Muchas veces, por hurto, fue por juez condenado,*
por sentencia y también por derecho, infamado;
por tanto, nadie debe ser por él acusado,
ni él sea en vuestra audiencia oído ni escuchado.

337   *"También yo le recuso porque está excomulgado*
de excomunión mayor, por orden de Legado;
pública barragana sostiene y es casado,
la esposa es doña Loba que vive en Belorado.

338   *"Su amiga es la mastina que guarda las ovejas,*
por tanto, lo que dice no vale dos arvejas,
ni se debe hacer caso de sus malas consejas,
mi comadre sea libre, fuera de estas callejas.

339   *"El lobo y su abogado estaban encogidos,*
a la fuerza admitiéronlo todo, alicaídos.
Atacó la raposa: —Señor, sean tenidos
en prisión y que mueran sin haber sido oídos.

340   *"Adujeron razones con toda su porfía,*
pidieron al alcalde que señalase día
para dictar sentencia tal como a bien tendría:
él señaló de plazo hasta la Epifanía.

341   *"Don Simio fue a su casa; con él, mucha compaña;*
con él los litigantes, concejo de cucaña;
allí los abogados con toda su artimaña
para atraerse al juez, mas ninguno le engaña.

342   *"Las partes, cada una a su abogado escucha;*
regalaron al juez, quién salmón y quién trucha;

uno, copa; otro, taza, mas con reserva mucha;
ármanse zancadillas en la traidora lucha.

343   "Venido al fin el día para dar la sentencia,
ante el juez ambas partes estaban en presencia:
el buen alcalde dijo: —*Llegad a una avenencia
antes que yo sentencie; os otorgo licencia.*

344   "Luchan los abogados con todo su poder
por saber del alcalde qué se propone hacer,
qué sentencia daría o cuál podría ser,
mas no pudieron nada saber ni conocer.

345   "Lanzaban indirectas para hacerle decir
algo de la sentencia, su idea descubrir;
él mostraba los dientes, pero no era reir;
creían que jugaba, mas todo era reñir.

346   "Dijeron los contrarios a los sus abogados
que nunca llegarían a pensar acordados,
ni con una avenencia quedarían calmados;
piden que por sentencia salgan de allí librados.

347   "El alcalde, letrado y de muy buena ciencia,
usó bien de su oficio, guardó bien su conciencia;
habiéndose sentado en medio de su audiencia,
escrita por él mismo, leyó aquesta sentencia:

348   "—*En el nombre de Dios* —el juzgador decía—
*yo, don Simio, ordinario alcalde de Bujía,
vista ya la demanda con que el lobo acudía
en contra de la zorra, a quien de robo argüía;*

349   "*y vistas las excusas, como las defensiones
que puso la raposa en las sus excepciones
y vista la respuesta y las replicaciones
propuestas por el lobo en todas sus razones;*

350   "*y visto lo que pide en su reconvención
la comadre raposa sobre la conclusión,
visto todo el proceso, cuantas razones son;
y que sólo en sentencia se admite solución,*

351   *"y habiendo examinado todo el proceso hecho,*
tenido mi consejo, que me fue de provecho,
con hombres entendidos en fuero y en derecho,
con Dios ante mis ojos, imparcial, sin cohecho,

352   *fallo que la demanda del lobo está bien cierta,*
bien hecha y redactada, bien clara y bien abierta;
fallo que la raposa es, en parte, bien cierta,
con su fuerte defensa y excusa en la reyerta.

353   *"La primera excepción es, en sí, perentoria,*
pero la excomunión es aquí dilatoria;
os diré un poco de ello, pues tiene gran historia:
¡abogado inexperto, mantenlo en la memoria!

354   *"La primera excepción fue muy bien alegada,*
pero en la excomunión estuvo un poco errada;
la ley en que se funda debiera ser nombrada
y en plazo de días nueve ha de ser comprobada.

355   *"Por cartas o testigos o escrito fehaciente*
de público notario, debe cumplidamente
esta tal dilatoria probarse claramente:
si fuese perentoria, es cosa diferente.

356   *"Cuando por dilatoria la excomunión se pone,*
nueve días de plazo tiene; no, si se pone
por perentoria (oidme y que esto no os encone
pues por los abogados se olvida y se pospone),

357   *"Se estima perentoria la excomunión si es tal*
que va contra testigos de caso criminal
o contra el juez: su juicio en tal caso no val;
si contra otro se alega, se yerra, se hace mal.

358   *"Fallo que la vulpeja nada puede pedir;*
como en lo criminal no ha de reconvenir;
por excepción no puedo condenar ni punir
ni debe el abogado en tal cosa insistir.

359   *"Aunque contra la parte o contra el mal testigo*
la excepción sea probada, no puede haber castigo;

la demanda se anula pues no vale ni un higo;
por tal causa no habrá condena, yo os lo digo.

360   "Si el testigo intentase falsedad cometer
puede el alcalde, entonces, el tormento imponer,
mas no por excepción: tal cosa puede hacer
porque en lo criminal es mucho su poder.

361   "Por excepción podemos demandas desechar
y aún a los testigos rechazar y anular,
mas por ella no puedo condenar ni matar;
no puede más el juez que el Derecho mandar.

362   "Por lo que yo conozco, según la confesión
del lobo, ante mí hecha, no por otra razón,
veo que está probado cuanto la zorra pon
y así impongo silencio al lobo en tal sazón.

363   "Puesto que confesó ser su costumbre y uso,
manifiesto y probado, lo que la zorra puso,
fallo que la demanda que él hizo y propuso
no sea recibida, según dije de suso.

364   "Si admite el lobo hacer aquello de que acusa,
y a mí me consta en firme que tal cosa hacer usa,
no debe ser llamada a juicio la marfusa;
admito sus defensas como también su excusa.

365   "No diga el lobo ahora que con miedo y pavura
hizo la confesión, cogido en angostura,
pues su miedo era vano; tal cosa no es cordura;
donde juzga buen juez, la justicia es segura.

366   "Permito a la raposa que vaya a salvajina,
pero no le perdono el hurto tan aína;
le ordeno que no robe el gallo a la vecina.
Piensa ella: —Ya no tiene; le robaré gallina.

367   "No apelaron las partes, quedaron aplacadas
pues ni pagaron costas ni fueron condenadas;
ni fueron por las partes las costas reclamadas
porque no hubo condena y fueron excusadas.

368   "Pero los abogados murmuraron del juez
       que estaba equivocado y perdiera su prez,
       por lo que había hecho y juzgado esta vez:
       mas todo ello a don Simio no le importa una nuez.

369   "Díjoles de qué modo en su resolución
       cumplió lo que es derecho y de constitución
       porque de ajeno asunto no había hecho mención:
       de aquesto los letrados aprendieron lección.

370   "Le argüían también una aguda razón:
       que, en caso criminal, cuando ya hay conclusión,
       no es de ley dar permiso para composición;
       la sentencia es precisa, hecha la confesión.

371   "A esto dio el alcalde sólo una aclaración:
       que tenía poderes del rey, en comisión
       especial para ello, plena jurisdicción;
       para los abogados fue muy buena lección.

372   "Tal eres como el lobo; disculpas lo que haces,
       censuras en los otros el lodo en que tú yaces;
       eres mal enemigo; a todos cuantos places
       hablas con maestría para lograr enlaces.

373   "En obras de piedad tú nunca paras mientes,
       ni visitas a presos ni quieres ver dolientes,
       sólo libres y sanos, mancebos y valientes,
       si a las bellas encuentras, les hablas entre dientes.

374   "Rezas muy bien las Horas con gentes insensatas,   *Parodia de
       Cum his qui oderunt pacem el salterio rematas;   las Horas
       dices: —*Ecce quam bonum*, con bullas y sonatas,   Canónicas.*
       In noctibus extollite, los maitines ensartas.

---

374 a. *Horas*. Se refiere a las Horas Canónicas, "diferentes
partes del Oficio Divino que la Iglesia acostumbra rezar en distintas horas del día". (*Dic.*) Maitines, Laudes, Prima, Tertia,
Sexta, Nona y Vísperas. Al describir cómo emplea un día el
que gusta de galantear a las damas, el Arcipreste inserta, en cada
parte de la jornada, frases latinas tomadas de los correspondientes
textos que se recitan en el rezo canónico de la hora de que se

375   "Donde tu amiga mora te sueles levantar;
       Domine labia mea, en alta voz cantar,
       Primo dierum omnium, instrumentos tocar,
       Nostras preces ut audiat, háceslos despertar.

376   "Desde que tú la sientes el corazón espacias,
       de alborada *cantate* en frialdades lacias;
       Laudes aurora lucis, le das cumplidas gracias,
       con *Miserere mei* mucho te la congracias.

---

trate; la frase litúrgica toma así un desenfadado aire de picaresco
doble sentido. Otis H. Green echa de menos que yo no haya
intentado aquí una interpretación de la parodia de las Horas Canónicas. Olvidó, sin duda, que no me propongo interpretar a
Juan Ruiz, es decir, desentrañar lo que los intérpretes creen
—a veces acertadamente— que quiso decir, o dijo con disfraz,
o dijo sin querer. Mi intento es sólo acercar, en la medida de
mis modestísimas posibilidades, el castellano del Arcipreste al
nuestro para que el *Libro de Buen Amor* resulte inteligible a los
no especialistas. Como el latín no es castellano, respeté las incrus-
taciones que de esa lengua hizo Juan Ruiz (tanto aquí como en
otros lugares de la obra), y trasladé la traducción al pie de página. Aunque Green se permite estimar con ironía mi idea sobre el
lector medio, sigo creyendo que muchísimas personas de inteligencia, imaginación y cultura normales son capaces —sin necesidad de tocar el tuétano de todo con los dedos— de percibir
bastantes intenciones, significados y "connexions", siempre que el
lenguaje empleado sea asequible. Afortunadamente, además, para
este caso, Green ha publicado ya su ingeniosa interpretación del
pasaje en el estudio *On Juan Ruiz's Parody of the Canonical
Hours* (*Hispanic Review*, XXVI (1958), pp. 12-34).

374 b. *Cum his qui oderunt pacem*. (*Psal.* CXIX,, 7.) Con los
que aborrecieron la paz.

374 c. *Ecce quam bonum*. (*Psal.* CXXXII, 1.) Mirad cuán bueno.

374 d. *In noctibus extollite*. (*Psal.* CXXXIII, 2.) Por las noches, alzad.

375 b. *Domine labia mea*. (*Psal.* L, 17.) Señor, mis labios
(abrirás).

375 c. *Primo dierum omnium*. (*Himno* de San Gregorio.) El
primero de los días.

375 d. *Nostras preces ut audiat*. (*Himno* de San Gregorio.)
Para que oiga nuestros ruegos.

376 b. *Cantate*. (*Psal.* CXLIX, 1.) Cantad.

377 "Tan pronto sale el sol cuando tú, a prima hora,
Deus in nomine tuo, buscas encubridora
que la lleve por agua y consigues ahora
que vaya a verte, usando achaque de aguadora.

378 "Si es dama que no suele andar por las callejas,
que la lleve a las huertas por las rosas bermejas;
si cree la babieca sus dichos y consejas
quod Eva tristis trae *quicumque vult* redruejas.

379 "Pero si a tales cosas ella no se compone,
tu beata hallará modo que la trastorne;
Os, lingua, mens le invade; ardor al seso opone,
la dueña acude a tercia, caridad *legem pone*.

380 "Tu vas luego a la Iglesia, le das conversación;
no vas por oir misa, lograr de Dios perdón,
quieres misa de novios, sin gloria, sin función;
cojo para la ofrenda; para pedir, trotón.

381 "Acabada la misa, rezas también la sexta,
pues la vieja procura que tu amiga esté presta.
In verbum tuum comienzas en ocasión como ésta:
—*Factus sum sicut uter*, por la misa de fiesta.

382 "¡Ay! ¡*Quomodo dilexi* tu palabra, varona!
Suscipe me secundum, que ¡por la mi corona!

---

376 c. *Laudes aurora lucis.* (*Himno* de Pascua.) Alabarás el nacimiento de la luz.
376 d. *Miserere mei.* (*Psal.* L, 3.) Ten piedad de mí.
377 b. *Deus in nomino tuo.* (*Psal.* LIII, 3.) Señor, en tu nombre.
378 d. *Quod Eva tristis* (*Himno* de Laudes.) Lo que Eva triste.
378 d. *Quicumque vult.* (*Symbolum Athanasianum.*) Cualquiera que.
379 c. *Os, lingua, mens.* (*Himno* de tertia.) Boca, lengua, mente.
379 d. *Legem pone.* (*Psal.* XXVI, 11.) Prescribe.
381 c. *In verbum tuum.* (*Psal.* CXVIII, 81.) En tu palabra.
381 d. *Factus sum sicut uter.* (*Psal.* CXVIII, 83.) Estoy hecho como odre.
382 a. *Quomodo dilexi.* (*Psal.* CXVIII, 97.) Cuanto he amado.
382 b. *Suscipe me secundum.* (*Psal.* CXVIII, 116.) Ampárame según.

Lucerna pedibus meis parece tu persona.
Ella dice *¡quam dulcia!* que vuelvas a la nona.

383   "Vas a rezar a nona con la dueña lozana,
mirabilia comienzas, hablas de buena gana:
—*Gressus meos dirige.* Dice doña Fulana:
—*Iustus es Domine*, tañe a nona la campana.

384   "Nunca vi sacristán que tan listo se aplique,
todo instrumento tocas sin que nada te pique;
la que viene a tus vísperas, si escucha tu palique,
virgam virtutis tuae llevará buen repique.

385   "—*Sede a dextris meis*—, dices a la que viene.
Cantas: —*Laetatus sum*—, si a hablarte se detiene.
—*Illuc enim ascenderunt*—, al que allí se mantiene.
De seis capas la Pascua fiesta contigo tiene.

386   "Nunca vi cura de almas mejor en las completas;
vengan feas o hermosas, sean blancas o prietas,
—*Converte nos*—, te dicen; gustoso abres las puertas.
Después: —*Custodi nos*—, piden las encubiertas.

---

382 c. *Lucerna pedibus meis.* (Psal. CXVIII, 105.) Antorcha
para mis pies.
382 d. *Quam dulcia.* (Psal. CXVIII, 103.) ¡Cuán dulces!
383 b. *Mirabilia.* (Psal. CXVIII, 129.) Maravillosos.
383 c. *Gressus meos dirige.* (Psal. CXVIII, 133.) Endereza mis
pasos.
383 d. *Iustus es, Domine.* (Psal. CXVIII, 137.) Justo eres, Señor.
384 d. *Virgam virtutis tuae.* (Psal. CIX, 2.) El cetro de tu
poder.
385 a. *Sede a dextris meis.* (Psal. CIX, 1.) Siéntate a mi derecha.
385 b. *Laetatus sum.* (Psal. CXXI, 1.) Me he alegrado.
385 c. *Illuc enim ascenderunt.* (Psal. CXXI, 4.) Pues allá subieron.
386 c. *Converte nos.* (Psal. LXXXIV, 5.) Conviértenos.
386 d. *Custodi nos.* (Jeremías, XIV.) Guárdanos.

387   "Hasta el *quod parasti* no las quieres dejar,
       ante faciem omnium las sabes alejar;
       in gloriam plebis tuae las llegar a humillar;
       —*Salve, regina*—, dices si las oyes quejar.

388   "Con incuria acarreas estos pesares tantos,
       muchos otros pecados, fantasías y espantos;
       no te importan los hombres castos, dignos y santos,
       a los tuyos das obras de males y quebrantos.

389   "El que sigue tu norma es embustero puro,
       por cumplir tu deseo hácese hereje duro;
       el pobre necio cree tu elogio más seguro
       que no la fe de Dios; ¡Vete, yo te conjuro!

390   "Yo no te quiero, Amor, ni al suspiro, tu hijo,
       me haces andar en balde con *dijo, dijo, dijo...*
       tanto más me acongojas cuanto yo más aguijo,
       tu vanidad no vale un vil grano de mijo.

391   "Ni de rey ni de reina tienes vergüenza o miedo,
       vas donde se te antoja, nada te importa un bledo;
       huésped eres de muchos y nunca te estás quedo,
       cual candela recorres de vecinas el ruedo.

392   "Con tus muchas promesas a muchos socaliñas,
       acaban bien muy pocos de aquellos que tú aliñas;
       no te faltan lisonjas, más que hojas en las viñas,
       por tu causa hay más locos que piñones en piñas.

393   "Obras como bellaco en tu falsa manera;
       atalayas de lejos, cazas a la primera;
       al que quieres matar sácasle de carrera
       del lugar recogido para que salga fuera.

*Fin de las
invectivas
del Arcipres-
te al Amor.
Fábula del
sapo que se
fio de la
rana.*

---

387 a. *Quod parasti.* (*Lucas*, II, 31.) Lo que preparaste.
387 b. *Ante faciem omnium.* (*Lucas*, II, 31.) En presencia de
todos.
387 c. *In gloriam plebis tuae.* (*Lucas*, II, 32.) Para gloria de
tu pueblo.
387 d. *Salve, Regina.* Dios te salve, Reina.

394   "Tiene un hombre a su hija, de corazón amada,
        lozana y muy hermosa, de muchos deseada;
        con mimos ha crecido, vigilada y guardada.
        Cree el padre tenerla, no le sirve de nada.

395   "Piensan casarla bien, como las demás gentes,
        para honrarse con ella su padre y sus parientes:
        como la mula roma aguza rostro y dientes,
        mécese su cabeza, tiene al diablo en las mientes.

396   "Tú soplas en su oído y le das mal consejo:
        que cumpla tu mandato y siga tu festejo:
        los cabellos en rueda, el peine y el espejo,
        no hay nadie digno de ella, nadie es de ella parejo.

397   "Cambiasle el corazón de mil modos cada hora;
        si hoy casarla disponen, mañana a otro adora.
        Unas veces en saya, otras en alcandora,
        remírase la loca do tu locura mora.

398   "El que más en ti cree se convierte en tu esclavo;
        a ellos, como a ellas, a todos das mal cabo.
        De pecado dañino es de lo que te alabo,
        tus dones siempre son tristeza y menoscabo.

399   "Das muerte perdurable a las almas que hieres,
        das muchos enemigos al cuerpo que requieres,
        haces perder la fama a aquel a quien prefieres,
        de Dios huye y del mundo aquel a quien tú quieres.

400   "Destruyes las personas, las haciendas estragas;
        almas, cuerpos y bienes como averno las tragas,
        de todos tus vasallos haces necios baldragas;
        prometes grandes cosas, mas poco y tarde pagas.

401   "Eres muy gran gigante al tiempo de brindar,
        eres enano chico cuando tienes que dar;
        vuelves a las promesas, bien te sabes cambiar,
        das tarde y das sin gana, mas sabes reclamar.

402   "Haces que la lozana sea necia y muy boba;
        la obligas con tu fuego a hacer como la loba

a quien un lobo astroso el sentido le roba;
por él rechaza a otros, el más ruin la emboba.

403 "Así muchas hermosas que son por ti educadas
con el que se encaprichan se van enamoradas,
sea ruin, sea feo, no reparan en nada;
cuanto más en ti creen son más desatinadas.

404 "Por una mujer fea se pierde un hombre apuesto,
por hombre vil se pierde mujer de gran apresto;
te complace cualquiera, cuando el ojo le has puesto,
¡bien te puedo llamar antojo, por denuesto!

405 "Tienes raza de diablo, dondequiera que mores,
haces temblar al hombre, demudar los colores,
perder sentido y habla, sufrir muchos dolores,
vuelves ciegos a aquellos que escuchan tus loores.

406 "Al cazador semejas, cuando tañe su brete:
canta con dulce engaño, el ave se somete
y el hombre le echa el lazo tan pronto el pie allí mete.
Traidoramente matas ¡aparta de mí, vete!

407 "A diario acontece a los tuyos contigo
lo que aconteció al topo que quiso ser amigo
de la rana pintada que lo llevó consigo.
Entiende bien mi cuento y el porqué te lo digo.

408 "Tenía el ratón topo su cueva en la ribera;
el río creció tanto que maravilla era,
rodeóle la entrada, le impidió salir fuera.
Vino hasta él cantando la rana cantadera.

409 "—Señor enamorado —dijo al ratón la rana—,
yo quiero ser tu amiga, tu mujer, tu cercana;
a salvo he de sacarte ahora, de mañana.
Te pondré en el otero, cosa para ti sana.

410 "Yo sé nadar muy bien, ya lo ves por tu ojo,
ata el pie con el mío, apóyate en mi hinojo;
a salvo te pondré, no te causaré enojo,
te llevaré al otero, o a ese buen rastrojo.

411   "Bien cantaba la rana, con hermosa razón,
mas pensaba otra cosa dentro del corazón;
todo lo creyó el topo; juntos atados son.
Sus pies están unidos, sus voluntades no.

412   "No se quedó la rana en aquella postura:
en el agua saltó y sumióse en la hondura,
cuanto podía el topo tiraba hacia la altura:
él, subir; bajar, ella; la cuestión era dura.

413   "Un milano volaba, iba de hambre transido
en busca de comida; cuando el caso hubo oído,
descendió sobre ellos lanzando su graznido;
al topo y a la rana llevólos a su nido.

414   "Sin perder apetito, a los dos engulló,
A los locos así tu falsía trató;
aquellos que cazaste, los que tu red ató,
en enjambre perecen, tu maldad los mató.

415   "Los necios y las necias, cuando tú los enlazas,
de tal modo los trabas con tus fuertes mordazas
que de Dios no han temor, ni de sus amenazas;
el diablo los lleva presos en sus tenazas.

416   "Para unos y otros eres destruidor,
para el que es engañado, para el engañador;
como el topo y la rana perecen, o peor.
Eres mal enemigo, te finges amador.

417   "Toda maldad del mundo y toda pestilencia
está en la falsa lengua de engañosa apariencia:
decir palabras dulces que fingen avenencia
y hacer obras malvadas, conservar malquerencia.

418   "Quien mucho lisonjea y, a sabiendas, desdora
tiene corazón falso y lengua engañadora.
¡Confunda Dios el cuerpo donde tal alma mora!
¡Arranque Dios del mundo lengua tan destructora!

419   "No es digno de prudentes fiarse de ligero;
todo lo que se escucha medítese primero.

Tampoco es conveniente el ser muy lisonjero;
quien alaba, sea firme y sea verdadero.

420 "Bajo piel ovejuna tienes dientes de lobo,
aquel a quien atrapas te lo llevas en robo;
matas al que más quieres, del bien eres encovo;
pones en flaca espalda gran peso y gran agobio.

421 "Bien me alegro, te digo, de que nada te debo;
eres de cada día logrero de renuevo,
cazas la gran ballena con tu pequeño cebo.
Mucho más te diría, pero ya no me atrevo

422 "porque de muchas damas malquerido sería
y mucho joven loco de mí mal hablaría;
así, digo muy poco aunque mucho podría.
¡Cállate, pues, callemos! ¡Amor, sigue tu vía!"

423 El Amor con mesura dióme respuesta luego:
"Arcipreste, enojado no estés, yo te lo ruego:
no hables mal del Amor ni en serio ni por juego
porque a veces poca agua hace bajar gran fuego.

*El Amor con-
testa al Ar-
cipreste y le
da consejos.*

424 "Por una frasecilla se pierde un gran amor,
por pequeña pelea nace un fuerte rencor,
por un mal dicho pierde un vasallo el señor;
el buen hablar siempre hace de lo bueno, mejor.

425 "Escucha a la cordura pues dijiste baldón,
amenazar no debe el que quiere perdón;
puesto que te he escuchado, oye tú mi razón.
Si mis consejos sigues, nadie te dirá *no*.

426 "Si hasta ahora ninguna concesión alcanzaste
de damas y de otras a quienes adoraste,
échalo a culpa tuya, pues por ti fue que erraste
ya que a mí no viniste, viste ni consultaste.

427 "Quisiste ser maestro sin discípulo ser,
no conoces mis artes ni cómo has de aprender;
oye y lee mi aviso y sabrás cómo hacer,
recobrarás tu dama y otras sabrás traer.

⁴²⁸ "Ni a todas las mujeres tu devoción conviene,
ni debes perseguir a quien no te retiene,
eso es amor baldío, de gran locura viene;
siempre será mezquino quien amor vano tiene.

⁴²⁹ "Si leyeres a Ovidio, que por mí fue educado,
hallarás en él cuentos que yo le hube mostrado,
y muy buenas maneras para el enamorado;
Panfilo, cual Nasón, por mí fue amaestrado.

⁴³⁰ "Si quieres amar dueñas o a cualquiera mujer
muchas cosas tendrás primero que aprender
para que ella te quiera en amor acoger.
Primeramente, mira qué mujer escoger.

Condiciones ⁴³¹ "Busca mujer hermosa, atractiva y lozana,
que ha de que no sea muy alta, pero tampoco enana;
tener la mu- si pudieres, no quieras amar mujer villana,
jer para ser pues de amor nada sabe, palurda y chabacana.
bella.

⁴³² "Busca mujer esbelta, de cabeza pequeña,
cabellos amarillos, no teñidos de alheña;
las cejas apartadas, largas, altas, en peña;
ancheta de caderas, ésta es talla de dueña.

⁴³³ "Ojos grandes, hermosos, expresivos, lucientes
y con largas pestañas, bien claros y rientes;
las orejas pequeñas, delgadas; para mientes
si tiene el cuello alto, así gusta a las gentes.

⁴³⁴ "La nariz afilada, los dientes menudillos,
iguales y muy blancos, un poco apartadillos,
las encías bermejas, los dientes agudillos,
los labios de su boca bermejos, angostillos.

⁴³⁵ "La su boca pequeña, así, de buena guisa,
su cara sea blanca, sin vello, clara y lisa;
conviene que la veas primero sin camisa
pues la forma del cuerpo te dirá: ¡esto aguisa!

Necesidad de ⁴³⁶ "Si le envías recados, sea tu embajadora
una vieja una parienta tuya; no sea servidora

de tu dama y así no te será traidora:
todo aquel que mal casa, después su mal deplora.

mensajera y condiciones que ésta ha de tener.

437 "Procura cuanto puedas que la tu mensajera
sea razonadora, sutil y lisonjera,
sepa mentir con gracia y seguir la carrera,
pues más hierve la olla bajo la tapadera.

438 "Si parienta no tienes, toma una de las viejas
que andan por las iglesias y saben las callejas;
con gran rosario al cuello saben muchas consejas,
con llanto de Moisés encantan las orejas.

439 "Estas pavas ladinas son de gran eficacia,
plazas y callejuelas recorren con audacia,
a Dios alzan rosarios, gimiendo su desgracia;
¡ay! las pícaras tratan el mal con perspicacia.

440 "Toma vieja que tenga oficio de herbolera,
que va de casa en casa sirviendo de partera,
con polvos, con afeites y con su alcoholera
mal de ojo hará a la moza, causará su ceguera.

441 "Procura mensajera de esas negras pacatas
que tratan mucho a frailes, a monjas y beatas,
son grandes andariegas, merecen sus zapatas:
esas trotaconventos hacen muchas contratas.

442 "Donde están tales viejas todo se ha de alegrar,
pocas mujeres pueden a su influjo escapar;
para que no te mientan las debes halagar,
pues tal encanto usan que saben engañar.

443 "De todas esas viejas escoge la mejor,
dile que no te mienta, trátala con amor,
que hasta la mala bestia vende el buen corredor
y mucha mala ropa cubre el buen cobertor.

444 "Si dice que tu dama no tiene miembros grandes,
ni los brazos delgados, tú luego le demandes
si tiene pechos chicos; si dice *sí*, demandes
por su figura toda, y así seguro andes.

Continúa la descripción de las cualidades que ha

de tener la
mujer bella.
445   "Si tiene los sobacos un poquillo mojados
      y tiene chicas piernas y largos los costados,
      ancheta de caderas, pies chicos, arqueados,
      ¡tal mujer no se encuentra en todos los mercados!

446   "En la cama muy loca, en la casa muy cuerda;
      no olvides tal mujer, sus ventajas recuerda.
      Esto que te aconsejo con Ovidio concuerda
      y para ello hace falta mensajera no lerda.

447   "Hay tres cosas que tengo miedo de descubrir,
      son faltas muy ocultas, de indiscreto decir:
      de ellas, pocas mujeres pueden con bien salir,
      cuando yo las mencione se echarán a reir.

448   "Guárdate bien no sea vellosa ni barbuda
      ¡el demonio se lleve la pecosa velluda!
      Si tiene mano chica, delgada o voz aguda,
      a tal mujer el hombre de buen seso la muda.

449   "Le harás una pregunta como última cuestión:
      si tiene el genio alegre y ardiente el corazón;
      si no suda, si pide de todo la razón
      si al hombre dice *sí*, merece tu pasión.

Condiciones
que ha de
tener el hom-
bre para bien
cortejar a
las mujeres.
450   "A ésta has de servir, tal mujer has de amar,
      mucho más grata que otras es para cortejar;
      si conoces alguna y la quieres lograr
      mucho habrás de esforzarte en decir y en obrar.

451   "Dale joyas hermosas cada vez que pudieres;
      cuando dar no te place o cuando no tuvieres,
      promete, ofrece mucho, aunque no se lo dieres:
      cuando esté confiada hará lo que quisieres.

452   "Sírvela, no te canses, sirviendo el amor crece;
      homenaje bien hecho no muere ni perece,

---

449 c. El original dice, en el primer hemistiquio: *si a sueras
frias*. Véase nota a 1340 d.

si tarda, no se pierde; el amor no fallece
pues siempre el buen trabajo todas las cosas vence.

453 "Agradécele mucho cuanto ella por ti hiciere,
ensálzalo en más precio de lo que ello valiere,
no te muestres tacaño en lo que te pidiere
ni seas porfiado contra lo que dijere.

454 "Busca muy a menudo a la que bien quisieres,
no tengas de ella miedo cuando tiempo tuvieres;
vergüenza no te embargue si con ella estuvieres:
perezoso no seas cuando la ocasión vieres.

455 "Si la mujer encuentra un haragán cobarde
dice luego entre dientes: —¡Fuera, que se hace tarde!
Si a una dama corteja, tu ropón no te enfarde,
que tu vestido airoso haga del talle alarde.

El enamorado no ha de ser perezoso. Ejemplo de los dos perezosos que querían casar con la misma mujer.

456 "La pereza excesiva es miedo y cobardía,
pesadez y vileza, suciedad y astrosía;
por pereza perdieron muchos mi compañía,
por pereza se pierde mujer de gran valía.

457 "Te contaré la historia de los dos perezosos
que querían casarse y que andaban ansiosos;
ambos la misma dama rondaban codiciosos.
Eran muy bien apuestos y ¡verás cuán hermosos!

458 "El uno tuerto era de su ojo derecho,
ronco era el otro, cojo y medio contrahecho;
el uno contra el otro tenían gran despecho
viendo ya cada uno su casamiento hecho.

459 "Respondióles la dama que quería casar
con el más perezoso: ese quiere tomar.
Esto dijo la dueña queriéndolos burlar.
Habló en seguida el cojo; se quiso adelantar:

460 "—Señora —dijo—, oíd primero mi razón,
yo soy más perezoso que este mi compañón.
Por pereza de echar el pie hasta el escalón
caí de la escalera, me hice esta lesión.

461   *"Otro día pasaba a nado por el río,*
pues era de calor el más ardiente estío;
perdíame de sed, mas tal pereza crío
que, por no abrir la boca, ronco es el hablar mío.

462   *"Luego que calló el cojo, dijo el tuerto: —Señora,*
pequeña es la pereza de que éste habló ahora;
hablaré de la mía, ninguna la mejora
ni otra tal puede hallar hombre que a Dios adora.

463   *"Yo estaba enamorado de una dama en abril,*
estando cerca de ella, sumiso y varonil,
vínome a las narices descendimiento vil:
por pereza en limpiarme perdí dueña gentil.

464   *"Aun más diré, señora: una noche yacía*
en la cama despierto y muy fuerte llovía;
dábame una gotera del agua que caía
en mi ojo; a menudo y muy fuerte me hería.

465   *"Por pereza no quise la cabeza cambiar;*
la gotera que digo, con su muy recio dar,
el ojo que veis huero acabó por quebrar.
Por ser más perezoso me debéis desposar.

466   *"—No sé —dijo la dueña— por todo lo que habláis*
qué pereza es más grande, ambos pares estáis;
bien veo, torpe cojo, de qué pie cojeáis;
bien veo, tuerto sucio, que siempre mal miráis.

467   *"Buscad con quien casaros, pues no hay mujer que*
                              [adore
a un torpe perezoso o de un vil se enamore.
Por lo tanto, mi amigo, que en tu alma no more
defecto ni vileza que tu porte desdore.

El galán ha
de ser un
tanto osado.

468   *"Haz a la dama un día la vergüenza perder*
pues esto es importante, si la quieres tener;
una vez que no tiene vergüenza la mujer
hace más diabluras de las que ha menester.

469   *"Talante de mujeres ¿quién lo puede entender?*
su maestría es mala, mucho su malsaber.

Cuando están encendidas y el mal quieren hacer
el alma y cuerpo y fama, todo echan a perder.

470   "Cuando el jugador pierde la vergüenza al tablero,
si el abrigo perdiere, jugará su braguero;
cuando la cantadora lanza el cantar primero
siempre los pies le bullen, mal acaba el pandero.

471   "Tejedor y coplera nunca tienen pies quedos,
en telar y en el baile siempre bullen los dedos;
la mujer sin pudor, ni aun por diez Toledos
dejaría de hacer sus antojos y enredos.

472   "No abandones tu dama, no dejes que esté quieta,
siempre requieren uso mujer, molino y huerta;
no quieren en su casa pasar días de fiesta,
no quieren el olvido; cosa probada y cierta.

473   "Es cosa bien segura: molino andando gana,
huerta mejor labrada da la mejor manzana,
mujer muy requerida anda siempre lozana;
con estas tres verdades no obrarás cosa vana.

El hombre ha de ser asiduo en el trato con la mujer a quien corteja. Fábula del pintor Pitas Payas.

474   "Dejó uno a su mujer (te contaré la hazaña;
si la estimas en poco, cuéntame otra tamaña);
Era don Pitas Payas un pintor de Bretaña,
casó con mujer joven que amaba la compaña.

475   "Antes del mes cumplido dijo él: —*Señora mía,
a Flandes volo ir, regalos portaría.*
Dijo ella: —*Monseñer, escoged vos el día,
mas no olvidéis la casa ni la persona mía.*

476   "Dijo don Pitas Payas: —*Dueña de la hermosura,
yo volo en vuestro cuerpo pintar una figura
para que ella os impida hacer cualquier locura.*
Contestó: —*Monseñer, haced vuestra mesura.*

475, 476. *Volo* = quiero; *portaría* = traería; *monseñer* =
señor. Vocablos introducidos para subrayar que el protagonista
del cuento es bretón.

8. - Libro de Buen Amor.

477   "Pintó bajo su ombligo un pequeño cordero
       y marchó Pitas Payas cual nuevo mercadero;
       estuvo allá dos años, no fue azar pasajero.
       Cada mes a la dama parece un año entero.

478   "Hacía poco tiempo que ella estaba casada,
       había con su esposo hecho poca morada;
       un amigo tomó y estuvo acompañada,
       deshízose el cordero, ya de él no queda nada.

479   "Cuando supo la dama que venía el pintor,
       muy de prisa llamó a su nuevo amador;
       dijo que le pintase, cual supiese mejor,
       en aquel lugar mismo un cordero menor.

480   "Pero con la gran prisa pintó un señor carnero,
       cumplido de cabeza, con todo un buen apero.
       Luego, al siguiente día, vino allí un mensajero:
       que ya don Pitas Payas llegaría ligero.

481   "Cuando al fin el pintor de Flandes fue venido,
       su mujer, desdeñosa, fría le ha recibido:
       cuando ya en su mansión con ella se ha metido,
       la señal que pintara no ha echado en olvido.

482   "Dijo don Pitas Payas: —*Madona, perdonad,
       mostradme la figura y tengamos solaz.*
       —*Monseñer* —dijo ella—, *vos mismo la mirad:
       todo lo que quisieres hacer, hacedlo audaz.*

483   "Miró don Pitas Payas el sabido lugar
       y vio aquel gran carnero con armas de prestar.
       —*¿Cómo, madona, es esto? ¿Cómo puede pasar
       que yo pinté corder y encuentro este manjar?*

484   "Como en estas razones es siempre la mujer
       sutil y mal sabida, dijo: —*¿Qué, monseñer?
       ¿Petit corder, dos años, no se ha de hacer carner?
       Si no tardaseis tanto aun sería corder.*

482, 483, 484.   *Madona* = señora; *corder* = cordero; *carner* =
carnero; *petit corder* = corderillo. Véase nota a 475-476.

⁴⁸⁵ "Por tanto, ten cuidado, no abandones la pieza,
no seas Pitas Payas y para otro se cueza;
incita a la mujer con gran delicadeza
y si promete al fin, guárdate de tibieza.

⁴⁸⁶ "Alza Pedro la liebre, la saca del cubil,
mas, si no la persigue, es un cazador vil;
otro Pedro la sigue, la corre más sutil
y la toma: esto pasa a cazadores mil.

⁴⁸⁷ "Medita la mujer: —*Otro Pedro es aqueste,
más apuesto y osado, mejor amante es éste;
comparado con él no vale el otro un feste,
con el nuevo iré yo, ¡Dios ayuda me preste!*

⁴⁸⁸ "Además, cuando vieres a quien trata con ella;
sea o no de familia, salúdale, por ella;
obséquiale, si puedes, jamás tengas querella
pues las delicadezas rendirán a la bella.

*El galán ha
de ser cortés
y generoso
Propiedades
que tiene el
dinero.*

⁴⁸⁹ "Por muy poquilla cosa de lo tuyo que dieres
te servirá lealmente, hará lo que quisieres,
hará por los dineros todo cuanto pidieres;
ya fuere mucho o poco, da siempre que pudieres.

⁴⁹⁰ "Hace mucho el dinero, mucho se le ha de amar;
al torpe hace discreto, hombre de respetar,
hace correr al cojo, al mudo le hace hablar;
el que no tiene manos bien lo quiere tomar.

⁴⁹¹ "Aún al hombre necio y rudo labrador
dineros le convierten en hidalgo doctor;
cuanto más rico es uno, más grande es su valor,
quien no tiene dineros no es de sí señor.

⁴⁹² "Si tuvieres dinero tendrás consolación,
placeres y alegrías y del Papa ración,
comprarás Paraíso, ganarás salvación:
donde hay mucho dinero hay mucha bendición.

⁴⁹³ "Yo vi en corte de Roma, do está la Santidad,
que todos al dinero tratan con humildad,

con grandes reverencias, con gran solemnidad;
todos a él se humillan como a la Majestad.

494 "Creaba los priores, los obispos, abades,
arzobispos, doctores, patriarcas, potestades;
a los clérigos necios dábales dignidades,
de verdad hace mentiras; de mentiras, verdades.

495 "Hacía muchos clérigos y muchos ordenados,
muchos monjes y monjas, religiosos sagrados,
el dinero les daba por bien examinados:
a los pobres decían que no eran ilustrados.

496 "Ganaba los juicios, daba mala sentencia,
es del mal abogado segura mantenencia,
con tener malos pleitos y hacer mala avenencia:
al fin, con los dineros se borra penitencia.

497 "El dinero quebranta las prisiones dañosas,
rompe cepos y grillos, cadenas peligrosas;
al que no da dinero le ponen las esposas.
¡Hace por todo el mundo cosas maravillosas!

498 "He visto maravillas donde mucho se usaba:
al condenado a muerte la vida le otorgaba,
a otros inocentes, muy luego los mataba;
muchas almas perdía, muchas almas salvaba.

499 "Hace perder al pobre su cabaña y su viña,
sus muebles y raíces, todo lo desaliña;
por todo el mundo anda su sarna y su tiña;
donde el dinero juega allí el ojo guiña.

500 "El hace caballeros de necios aldeanos,
condes y ricoshombres de unos cuantos villanos;
con el dinero andan los hombres muy lozanos,
cuantos hay en el mundo le besan hoy las manos.

501 "Vi que tiene el dinero las mayores moradas,
altas y muy costosas, hermosas y pintadas;
castillos, heredades y villas torreadas
al dinero servían, por él eran compradas.

502 "Comía los manjares de diversas naturas,
vestía nobles paños, doradas vestiduras,
muchas joyas preciosas, bagatelas y holguras,
ornamentos extraños, nobles cabalgaduras.

503 "Yo he visto a muchos monjes en sus predicaciones
denostar al dinero y a las sus tentaciones,
pero, al fin, por dinero otorgan los perdones,
absuelven los ayunos y ofrecen oraciones.

504 "Aunque siempre lo insultan los monjes por la plaza,
guárdanlo en el convento, en vasija y en taza,
tapan con el dinero los defectos, la hilaza:
más escondrijos tienen que el tordo y la picaza.

505 "Dicen frailes y clérigos que aman a Dios servir,
más si huelen que el rico está para morir
y oyen que su dinero empieza a retiñir,
por quién ha de cogerlo empiezan a reñir.

506 "Clérigos, monjes, frailes no toman los dineros
pero guiñan el ojo hacia los herederos
y aceptan donativos sus hombres despenseros;
mas si se dicen pobres ¿para qué tesoreros?

507 "Allí están esperando el más rico madero;
al que aun vive recitan responsos ¡mal agüero!
Cual los cuervos al asno le desuellan el cuero:
—¡*Cras, cras, le llevaremos, que ya es nuestro por*
[*fuero!*

508 "Toda mujer del mundo, aunque dama de alteza,
págase del dinero y de mucha riqueza,
nunca he visto una hermosa que quisiera pobreza:
donde hay mucho dinero allí está la nobleza.

509 "El dinero es alcalde y juez muy alabado,
es muy buen consejero y sutil abogado,

---

507 d. *Cras.* En latín: *mañana.* El Arcipreste juega con la onomatopeya del graznido del cuervo y el significado de la palabra
latina, resurso frecuentísimo en la época.

alguacil y merino, enérgico, esforzado;
de todos los oficios es gran apoderado.

510   "En resumen lo digo, entiéndelo mejor:
el dinero es del mundo el gran agitador,
hace señor al siervo y siervo hace al señor;
toda cosa del siglo se hace por su amor.

511   "Por dineros se muda el mundo y su manera,
toda mujer cuando algo desea es zalamera,
por joyas y dineros andará a la carrera;
el dar quebranta peñas, hiende dura madera.

512   "Deshace fuerte muro y derriba gran torre,
los cuidados y apuros el dinero socorre,
hace que del esclavo la esclavitud se borre;
de aquel que nada tiene, el caballo no corre.

513   "Las cosas que son graves hácelas de ligero;
por tanto, con la vieja sé franco y lisonjero,
ya sea poco o mucho, no vaya sin logrero:
no me pago de chanzas donde no anda el dinero.

514   "Si no le dieras nada, cosa mucha ni poca,
sé franco de palabra, sin decir frase loca;
si no hay miel en la orza, que la haya en la boca;
mercader que esto hace, vende bien y bien troca.

Conveniencia 515   "Si sabes instrumentos de música tocar,
de que el si eres hábil y diestro en hermoso cantar,
hombre luz- alguna vez y poco, en honesto lugar,
ca sus habi- do la mujer te oiga no dejes de probar.
lidades ante
la mujer a 516   "Por una sola causa la mujer no se muda,
quien corte- pero muchas unidas te prestarán ayuda;
ja. al saberlas, la dama alejará la duda
y no pasará el tiempo sin que al reclamo acuda.

517   "Con una flaca cuerda no alzarás gruesa tranca,
ni por un solo ¡arre! correrá bestia manca,
a la peña pesada no mueve una palanca,
con cuñas y con mazos, poco a poco, se arranca.

518   "Prueba a hacer ligerezas y a mostrar valentía,
       lo vea ella o no, ya lo sabrá algún día,
       no será tan esquiva que no hayas mejoría;
       no dejes de seguirla, vencerás su porfía.

519   "El que mucho la sigue y a hablarle se da traza   *El galán no*
       en su corazón vive, aunque ella lo rechaza;   *debe amila-*
       aunque se lo reprendan, aunque sufra amenaza,   *narse por las*
       siempre pensando en él estará la rapaza.   *negativas de*
                                                          la dama.

520   "Cuanto más despechada, cuanto más ofendida,
       cuanto más por un hombre humillada y herida,
       tanto más por él muere y anda loca perdida;
       ¡no ve llegar la hora de ir con él por la vida!

521   "Su amante madre piensa que con mucho burlar,
       avergonzar y herir y mucho amonestar
       la obligará a ser casta, a sosegada estar;
       pero son aguijones que más la harán saltar.

522   "Debe pensar su madre que, cuando era doncella,
       la suya de continuo le buscaba querella
       y así más la encendía; debería por ella
       juzgar a las muchachas, juzgar a su hija bella.

523   "Toda mujer nacida es hecha de tal masa
       que, si algo le prohiben, sobre el mandato pasa;
       aquello más le enciende, aquello la traspasa,
       lo que nunca le niegan la deja fría y laxa.

524   "La brava criatura con el tiempo se amansa,
       la cierva montaraz, perseguida, se cansa;
       cazador que la sigue cógela si descansa:
       a la mujer bravía el trato la hace mansa.

525   "Por una vez al día que el hombre amor le pida
       cien veces, por la noche, de Amor es requerida.
       Doña Venus aboga por él toda la vida;
       con tantas peticiones ella acaba encendida.

526   "Siendo muy blanda el agua, cuando da en piedra
                                              [dura
       muchas veces, acaba por hacer cavadura;

por constancia, el que es torpe sabe grande lectura;
la mujer muy seguida olvida la cordura.

*El hombre
no debe cor-
tejar a la
que le sirve
de mensajera
en amores.
Consejos
acerca de la
sobriedad y
buenas cos-
tumbres.
Ejemplo del
monje que,
por embria-
garse, llegó
a cometer
grandes deli-
tos.*

527   "Cuida de no envolverte con la casamentera,
no la cortejes nunca, porque es una manera
de perder para siempre a la tu entendedera:
una amante, de otra siempre tiene dentera.

528   "Buenas costumbres debes en ti siempre tener,
procura, sobre todo, poco vino beber;
el vino hizo a Lot con sus hijas caer
en vergüenza ante el mundo y a su Dios ofender.

529   "Hizo el alma y el cuerpo perder a un ermitaño
que nunca lo bebiera; probólo por su daño,
pues tentóle el demonio con su sutil engaño,
hízole beber vino; oye este ejemplo extraño.

530   "Erase un ermitaño; cuarenta años hacía
que en todas las sus obras en yermo a Dios servía
en tiempo de su vida nunca vino bebía,
en santidad y ayuno, en oración vivía.

531   "Tenía gran pesar el demonio con esto
y pensó si podría apartarle de aquesto,
un día visitóle con sutileza, presto:
¡Dios te salve, buen monje! —dijo con suave gesto.

532   "Maravillóse el monje, dijo: —¡A Dios me enco-
[miendo!
*Dime qué cosa eres, porque yo no te entiendo;
gran tiempo ha que aquí estoy a nuestro Dios sirviendo
y nunca he visto a nadie, ¡con la cruz me defiendo!*

533   "No pudiendo el diablo al monje se acercar,
por la cruz detenido, empezóle a tentar.
Dijo: —*El cuerpo de Dios que deseas gustar
yo te revelaré cómo lo has de tomar.*

534   "*Tú no puedes dudar que del vino se hace
la sangre verdadera de Dios; en ello yace.*

Sacramento muy santo, pruébalo si te place.
(Prepara el diablo al monje la trampa en que lo en-
[lace.)

535   "El ermitaño dijo: —*Yo no sé lo que es vino.*
Respondióle el diablo, derecho a lo que vino:
—*Aquellos camineros que van por el camino*
te darán lo bastante; ve por ello festino.

536   "Fue por el vino el monje y, cuando hubo venido,
díjole el diablo: —*Bebe, puesto que lo has traído;*
verás que mi consejo de mucho te ha servido.

537   "Bebió aquel ermitaño mucho vino, sin tiento;
como era fuerte y puro borró su entendimiento.
Cuando el diablo creyó que ya había cimiento
armó sobre él su casa y su aparejamiento.

538   "Dijo: —*Amigo, no sabes si es de noche o de día,*
cuál es la hora cierta, cómo el mundo se guía;
toma un gallo que cante las horas cada día,
con él alguna hembra; así mejor se cría.

539   "Germinó el mal consejo; ya el vino acostumbraba
y, estando embriagado, vio cómo se juntaba
el gallo con las hembras; verlo le deleitaba,
lujuria le invadía cuando se embriagaba.

540   "Fue con él la codicia, raíz de todos males,
la lujuria y soberbia, tres pecados mortales,
después el homicidio: estos pecados tales
trae el vino al que busca los excesos sensuales.

541   "Descendió de la ermita y forzó a una mujer,
que, gritando, no pudo, al fin, se defender;
cuando pecó con ella, temió acusado ser
y matóla el mezquino: se acabó de perder.

542   "Como dice el proverbio y palabra es muy cierta,
siempre en contra se torna toda cosa encubierta;
fue su malvada acción al punto descubierta,
en seguida fue el monje en prisión y en reyerta.

543   "Confesó cuanto mal por el vino había hecho,
pronto fue ajusticiado, como era de derecho;
perdió el cuerpo y el alma el cuitado maltrecho,
en beber demasiado hay todo mal provecho.

Invectiva 544   "La vista debilita, disminuye la vida,
contra el   piérdese fuerza toda al beber sin medida;
vino.   hace temblar los miembros, todo seso se olvida;
es, con el mucho vino, toda cosa perdida.

545   "Hace oler el aliento, repugnante basura,
huele muy mal la boca, no hay para esto cura;
abrasa las entrañas, el hígado tritura,
¡si quieres amar dueñas, de beber vino abjura!

546   "Los hombres que se embriagan, en seguida enve-
[jecen,
hacen muchas vilezas, todos los aborrecen,
en su color no están, sécanse y enflaquecen,
a Dios ofenden mucho, del mundo desmerecen.

547   "Donde el vino ha vencido al seso en dos miajas
alborotan los ebrios como puercos y grajas,
de allí salen las muertes, contiendas y barajas;
¡el mucho vino es bueno en cubas y tinajas!

548   "Es el vino excelente en su misma natura,
muchas bondades tiene, bebido con mesura;
mas, quien en él se excede pierde toda cordura,
toda maldad del mundo hace y toda locura.

Otros conse- 549   "Por eso, huye del vino y cuida de tus gestos;
jos del Amor.   al hablar con la dama di requiebros compuestos,
Gestos y len-   ten los dichos hermosos para decir bien prestos,
guaje, es-   háblale suspirando, ojos en ella puestos.
plendidez,
mesura, jue- 550   "No charles muy de prisa, pero no seas lento,
go, riñas, va-   no muy arrebatado, tampoco macilento;
nidad, celos,   si puedes obsequiarla, no seas avariento
preferencias,   y a lo que prometieres da siempre cumplimiento.
veracidad,
discreción, 551   "A quien habla de prisa ninguno le comprende
limpieza, se-   y el que habla muy quedo enoja al que le atiende:

el muy arrebatado a la locura tiende;
de la calma excesiva, torpeza se desprende.

*renidad, ve-
leidades y
reserva.*

552 "Nada al hombre tacaño le resulta ligero,
no logra lo que quiere, si le ven cicatero;
a quien dilata plazos le llaman embustero,
a quien promete y da alaban el primero.

553 "En todo lo que hagas y en tu palabra usual
escoge la mesura y lo que es natural,
pues así como en todo agrada lo normal
también, en lo excesivo, todo parece mal.

554 "No quieras jugar dados, ser tahur gananciero,
pues es mala ganancia, peor que de usurero;
el judío, por año, da tres por cuatro, pero
el tahur en un día dobla su mal dinero.

555 "Desde que están los hombres en el juego encen-
[didos
se arruinan por dados, los dineros perdidos;
a la casa de juego van haciendas, vestidos;
no les pica y se rascan los que pierden, dolidos.

556 "El vicio de los dados, dice maestro Roldán,
con sus habilidades y los trucos que han,
consume más graneros, aunque no come pan,
que corderos la Pascua y ansarones San Juan.

557 "No trates con bellacos, ni seas peleador,
no quieras ser cazurro, ni seas burlador;
no seas de tus hechos ni de ti alabador,
si lo haces, te conviertes en tu denostador.

558 "No seas maldiciente ni seas envidioso;
con la mujer sensata no te muestres celoso,
si no tienes razones, no seas despechoso;
de lo suyo no seas pedigüeño, ambicioso.

559 "No alabes, ante ella, de otra el buen parecer,
pues con ello en seguida la harás entristecer,
pensará que a la otra querrías tú tener;
tal conducta podría tu pleito entorpecer.

560 "Con ella no hables de otra, alaba sólo a ella,
ovillo en cesto ajeno no lo quiere la bella,
di que cual su hermosura ninguna otra destella;
quien obre contra esto en amor no hará mella.

561 "No le digas mentiras, muéstrate verdadero,
cuando juegues con ella no seas muy parlero,
si te hablase de amor, escucha placentero,
pues quien calla y escucha aprende a ser artero.

562 "No la mires de cerca delante de la gente,
no le hagas muchas señas, ni seas imprudente,
que otros que antes lo hicieron te observan ten pre-
[sente;
los ardores, de lejos, mas, de cerca, contente.

563 "Sé como la paloma, muy limpio y mesurado;
sé como el pavo real, lozano, sosegado,
sé cuerdo, no iracundo, triste o malhumorado;
debe esmerarse en esto quien anda enamorado.

564 "Guárdate de una cosa cuando amares a alguna:
no averigüe que amas a otra mujer ninguna,
si no, todo tu afán será sombra de luna,
será como quien siembra en río o en laguna.

565 "Piensa si aguantaría tu caballo tal freno:
tolerar que tu dama amase a fray Moreno;
pues fíjate en ti mismo, examina tu seno
y, por tu corazón, juzgarás el ajeno.

566 "Sobre todas las cosas ensalza su bondad;
de su amor no te alabes, sería vanidad;
muchos pierden la dama por esta necedad,
a lo que te conceda no des publicidad.

567 "Si fueres reservado, haré mucho por ti;
donde hallé discreción, buen compañero fui,
con hombres charlatanes yo nunca departí;
a muchos, por tal cosa, de su amor desuní.

568 "Cual tu estómago guarda en sí mucha vianda,
guarda tú los secretos, cosa mucho más blanda;
Catón, sabio romano, en su libro lo manda,
dice que la lealtad en buen amigo anda.

569 "Por herir con sus dientes se descubre la zarza
y de huertas y viñas el hombre la rechaza;
alzando el largo cuello descúbrese la garza,
por bien callar, cien sueldos se paga en cualquier plaza.

570 "A muchos hace daño el hombre palabrero,
a muchos perjudica y a sí mismo el primero;
recelan de él las damas creyéndole parlero,
por una ligereza pierde todo el tablero.

571 "Porque un ratón pequeño comió un poco de queso
a todos los ratones se atribuye el suceso;
¡mala suerte acompañe al que habla con exceso,
al que a sí mismo y a otros perjudica sin seso!

572 "De tres cosas que pidas a una dama hechicera,
te dará la segunda si callas la primera;
si estas dos no publicas, tuya es la tercera:
sin mujer no te quedes por tu lengua parlera.

573 "Si en todas estas cosas haces lo que te digo,
mañana abrirá puertas quien hoy cierra el postigo;
la que hoy te rechaza te querrá por amigo,
aprecia el leal consejo, no halagos de enemigo.

574 "Mucho más te diría si aquí pudiera estar,
mas por el mundo hay muchos a quienes visitar;
les duele mi tardanza y yo no quiero holgar,
aprende practicando y podrás ayudar."

575 Yo, Juan Ruiz, sobredicho Arcipreste de Hita,
aunque mi corazón de trovar no se quita,
nunca encontré una dama como el Amor la pinta,
ni creo que la halle: en el mundo no habita.

576 Despidióse el Amor y me dejó dormir;
tan pronto vino el alba comencé a discurrir

sobre lo que me dijo, y, por verdad decir,
hallé que sus consejos supe siempre seguir.

577   Maravilléme mucho cuando en ello pensé:
nunca de cortejar mujeres me cansé,
muy discreto fui siempre, de ellas no me alabé,
¿cuál fue la causa negra de que no las logré?

578   Contra mi corazón yo mismo me torné
y, obstinado, le dije: —Ahora te pondré
en mujer placentera y esta vez creeré
que si ahora no triunfo, nunca ya triunfaré."

579   Mi corazón me dijo: —"Hazlo así y vencerás;
si hoy nada consigues, mañana insistirás
y lo que en muchos años alcanzado no has,
cuando menos lo pienses, de pronto lo tendrás."

580 Es cosa conocida, proverbio no engañoso:
más vale rato aprisa que día perezoso.
Alejé la tristeza, el anhelo engañoso,
busqué y encontré dama de que era deseoso.

581 De talle muy apuesta, de gestos amorosa,
alegre, muy lozana, placentera y hermosa,
cortés y mesurada, zalamera, donosa,
muy graciosa y risueña, amor de toda cosa.

582 La más noble figura de cuantas tener pud',
viuda, rica, moza llena de juventud
y bien acostumbrada: es de Calatayud.
Era vecina mía ¡mi muerte y mi salud!

583 En todo hidalga y noble, de muy alto linaje,
poco sale de casa, cual tienen por usaje;
acudí a Doña Venus para enviar mensaje,
pues ella es el principio y fin de aqueste viaje.

*El Arcipreste
acude a Ve-
nus en soli-
citud de con-
sejo.*

584 Es ella nuestra vida y ella es nuestra muerte;
del hombre recio hace hombre flaco e inerte,
por todo el mundo tiene poder muy grande y fuerte,
todo, con su consejo, a buen logro convierte.

585 —"Señora doña Venus, mujer de don Amor,
noble dueña, me humillo yo, vuestro servidor:
sois de todas las cosas vos y el Amor, señor;
todos os obedecen como a su creador.

586 "Reyes, duques y condes y toda criatura
os temen y obedecen, pues que son vuestra hechura;
cumplid los mis deseos, dadme dicha y ventura,
no me seáis tacaña, desdeñosa ni dura.

587   "No he de pediros cosa que no me podáis dar,
mas para mí, cuitado, difícil de lograr;
sin vos, yo no la puedo emprender ni acabar
y seré afortunado si queréisla otorgar.

588   "Estoy herido y llagado, por un dardo estoy per-
[dido,
en mi corazón lo traigo, encerrado y escondido;
quisiera ocultar mi daño, pero moriré si olvido,
ni aun me atrevo a decir quién es la que me ha herido.

589   "La llaga no me permite a mí ni mirar ni ver
y temo muchos peligros más de los que haya de haber;
temo que daños muy grandes me podrán acaecer,
médicos y medicinas no me pueden socorrer.

590   "¿Qué camino tomaré do no me haya de matar?
¡Cuitado yo! ¿Qué he de hacer si no la puedo mirar?
Justo mi lamento es, con razón me he de quejar
porque no encuentro remedio con que me pueda
[aliviar.

591   "Como son tantas las cosas que me embargan y
[entorpecen,
he de buscar ocasiones allí donde se me ofrecen;
mas las mañas que hoy ayudan, otras veces nos es-
[cuecen.
Por su maña viven muchos y otros, por ella, perecen.

592   "Si se descubre mi llaga, su origen y su lugar,
si yo digo quién me hirió sería mucho mostrar
y perdería el remedio por el ansia de curar;
a veces puede un alivio la curación retrasar.

593   "Mas si oculto por entero esta herida, este dolor
y si no demando ayuda para así curar mejor,
es posible que viniera otro peligro peor
y muy presto moriría, ¡nunca vi cuita mayor!

594   "Mejor es que muestre el hombre su dolencia y su
[quejura
al médico, al buen amigo; podrán darle, por ventura,

medicinas y consejos para conseguir holgura
y no caminar sufriendo hacia la muerte segura.

595 "Con más fuerza quema el fuego escondido y en-
[cubierto
que no cuando se derrama esparcido, descubierto;
y pues tal es el camino más seguro y el más cierto,
en vuestras manos entrego el mi corazón abierto.

596 "Doña Endrina, la que mora muy cerca, en mi
[vecindad,
en hermosura y donaire, por su talle y su beldad,
vence y sobrepasa a todas cuantas hay en la ciudad;
si el amor no me ha engañado, sólo digo la verdad.

597 "Ella es la que me ha herido con saeta envenenada
que me parte el corazón, en él la traigo clavada
y mi fuerza voy perdiendo, pronto quedará agotada;
la llaga más va creciendo, el dolor no mengua nada.

598 "En ninguno de este mundo me decido a confiar
pues la dama es de linaje y mujer de buen solar;
es de mejores parientes que yo, de mejor lugar
y a decirle mi deseo no me atrevo a aventurar.

599 "Con arras y con regalos le proponen casamientos,
en menos los tiene a todos que a dos ruines sarmientos;
donde existe gran linaje hay ensoberbecimientos,
allí do la hacienda es mucha suele haber desdeña-
[mientos.

600 "La mujer rica, aunque hija de algún porquerizo vil,
escogerá por marido al que quiere entre dos mil;
si yo conseguir no puedo a una dama tan gentil
la lograré por ingenio y con astucia sutil.

601 "Sus condiciones, sus prendas mucho me la hacen
[querer
y, por aquesto, con ella yo no me puedo atrever;
otro recurso no encuentro que me pueda socorrer
si no sois vos, doña Venus, que lo podéis resolver.

602   "Atrevíme con locura y con amor ahincado:
lo confesé muchas veces y quedé muy desdeñado.
No le satisface nada, muerto me tiene ¡cuitado!,
si no fuese mi vecina, no estaría tan penado.

603   "Pues cuanto más está el hombre a fuego grande
[arrimado,
mucho más se quema en él que si se encuentra alejado;
tal situación me trae muerto, perdido y atormentado.
¡Ay, señora doña Venus, sea de vos ayudado!

604   "Ya conocéis nuestros males y nuestras penas parejas,
conocéis nuestros peligros y sabéis nuestras consejas,
¿cómo no me dais respuesta?, ¿no oyen vuestras
[orejas?
Escuchad vos, mansamente, mis tristes y agudas quejas.

605   "¿Es que no ven vuestros ojos la mi triste catadura?
Quitadme del corazón tal dardo, tal apretura
y cicatrizad la llaga con halagos, con ternura;
¡no vuelva yo sin consuelo de mi llaga y amargura!

606   "¿Qué mujer hay en el mundo tan rigurosa y tan
[dura
que a su servidor doliente no contemple con blandura?
Os suplico con ahinco, con gran dolor y quejura;
amor tan grande me hace perder la salud y cura.

607   He perdido ya el color y mis miembros enflaquecen,
no tengo fuerzas, mis ojos hundidos desaparecen;
si vos no me socorréis, mis sentidos desfallecen."
Respondióme doña Venus: —"Quienes saben amar,
[vencen.

Consejos de   608   "Ya fuiste aconsejado por Amor, mi marido,
Venus: cons-   por él, de muchos modos tú fuiste apercibido;
tancia, maña,   mas, como te enojaste, su lección corta ha sido,
d u l z u r a,   y, en lo que él no te dijo, serás por mí instruido.
buen humor,
osadía, buena   609   "Si después, por ventura, lo que yo te he ordenado
p r e s e n c i a,   es lo que mi marido ya te hubo aconsejado,

estarás aun más cierto y más asegurado:
mejor es el consejo que por muchos es dado.

610   "A la mujer que gusta de mirar y es risueña
di sin miedo tus cuitas, no te embargue vergüeña;
si, entre mil, una niega, su repulsa desdeña,
te amará la mujer que en amor piensa y sueña.

611   "No te enoje servirla; cortejando, amor crece;
el servicio hecho al bueno, no muere ni perece,
tarde o temprano, gana; amor no empequeñece
y la constancia siempre todas las cosas vence.

612   "De Ovidio don Amor fue maestro en la escuela:
no hay mujer en el mundo, ni grande ni mozuela,
a quien ser cortejada no le sirva de espuela;
tarde o temprano habrá quien de tu amor se duela.

613   "No te asustes aunque ella te dé mala respuesta;
tu devoción, tu maña le harán seguir la apuesta
y siempre en tu cortejo la mente tendrá puesta:
cavando mucho el hombre la grande peña acuesta.

614   "Si la primera ola que la mar alza airada
espanta al marinero cuando viene tornada,
nunca entrará en la mar con la su nave herrada:
no te asuste la dama que una vez te es negada.

615   "Jura con mucho empeño el caro vendedor
no dar la mercancía sino por gran valor,
pero, regateando, el hábil comprador
llevará lo que quiere por un precio menor.

616   "Tú, con asiduo afán, sus desdenes aplaca
que can que mucho lame, sin duda sangre saca,
astucia y maestría a la fuerte hacen flaca,
el conejo mañoso seducirá a la vaca.

617   "La roca más pesada de la peña mayor
con arte y maestría arráncase mejor;
emplea tú la maña sutil en derredor,
rendiráse la dama al sagaz seguidor.

618   "Con arte se quebrantan los corazones duros,
      tómanse las ciudades, derríbanse los muros,
      caen las torres altas, álzanse pesos duros;
      por maña juran muchos, por maña son perjuros.

619   "Con arte, los pescados se cogen de las ondas
      y los pies bien enjutos corren las mares hondas,
      con arte y con oficio son las cosas abondas;
      con arte no habrá cosa a que tú no respondas.

620   "Hombre pobre, con maña, vive con chico oficio:
      con maña, el inculpado huye del maleficio,
      el que lloraba pobre canta su beneficio;
      un caballo consigue el peón, por servicio.

621   "Los señores airados por cualquier causa extraña,
      sirviéndoles, se aplacan y deponen su saña;
      con buen servicio vencen caballeros de España.
      ¡Dominar a una dama no es empresa tamaña!

622   "No se pueden legar y entregar como herencia
      profesiones y oficios ni saberes ni ciencia,
      ni por fuerza imponer amor y benquerencia;
      se consiguen con trato, tesón y vehemencia.

623   "Aunque ella se niegue y contigo se ensañe
      no dejes de servirla; tu obra no se dañe.
      Haciéndole servicio tu corazón se bañe;
      no puede quedar quieta campana que se tañe.

624   "Así te será fácil a tu amiga ablandar,
      la que era tu enemiga mucho te habrá de amar;
      por allí donde suele cada día pasar
      es por donde tú debes muy a menudo andar.

625   "Si vieres que hay lugar, dile cuentos graciosos
      y palabras pulidas con gestos amorosos;
      con palabras muy dulces, con decires sabrosos
      aumentan los amores y son más deseosos.

626   "Quiere la juventud mucho placer consigo,
      la mujer quiere al hombre alegre por amigo,

al huraño y al torpe no le aprecia ni un higo;
tristeza y mal humor crean al enemigo.

627   "La alegría hace al hombre más apuesto y hermoso,
más sutil, más osado, más franco y más donoso;
no olvides los suspiros, en esto sé engañoso,
mas no seas parlero, te creerán mentiroso.

628   "Por muy pequeña cosa pierde amor la mujer
y por pequeña tacha que en ti pudiera haber
tomará gran enojo, llegará a aborrecer;
lo que una vez pasó otra pudiera ser.

269   "Cuando hablares con ella, si vieres que hay lugar,
cual *sin querer queriendo,* no dejes de jugar;
muchas veces ansía lo que te ha de negar
y será generosa si sabes listo andar.

630   "Las mujeres prefieren al galán decidido,
más desean tal hombre que caudal muy cumplido;
tienen débil la mano, el calcañar podrido
y, al fin, aunque negando, su amor es concedido.

631   "Mejor quiere la dama verse un poco forzada
que decir: *lo que quieras,* como desvergonzada;
si un poquillo la obligan se cree disculpada,
esto en todo animal es cosa bien probada.

632   "Todas las hembras tienen semejantes maneras,
al comienzo del caso nunca son placenteras;
se fingen enojadas y son muy regateras,
sin herir, amenazan; en amor son arteras.

633   "Aunque sufra desdenes de aquella a quien desea,
el discreto amador nunca remolonea;
a la mujer esquiva, si el hombre bien guerrea,
los halagos la vencen por muy brava que sea.

634   "El miedo y la vergüenza hacen que las mujeres
nieguen lo que desean tanto cual tú lo quieres;
que no quede por ti; cada vez que pudieres,
toma, pues, de la dama lo que de ella quisieres.

635 "Con lo tuyo y lo ajeno preséntate adornado,
pero que ella no sepa que lo llevas prestado;
si tu vecino ignora lo que tienes guardado,
encubre tu pobreza con mentir colorado.

636 "El pobre con buen seso y con cara lavada
encubre su pobreza, su vida desgraciada;
sus lágrimas recoge en la boca cerrada
antes que lamentarse y no conseguir nada.

637 La mentira a las veces a muchos aprovecha,
la verdad, a otros tantos en desgracia los echa;
mucho camino ataja alguna senda estrecha,
antes llega a la cumbre que carrera derecha.

638 "Cuando vieres a alguno de los de su compaña,
hazle muchos cumplidos, háblale bien, con maña;
al saberlo la dama, su espíritu se baña;
servidor lisonjero a su señor engaña.

639 "Donde hubiere tizones y hubiere atizadores,
mayor se alzará el fuego, mayores los ardores;
si muchos le ponderan tus bienes y loores,
mayor será tu fuerza; sus deseos, mayores.

640 "Pues cuando ellos conversen, tus prendas alabando,
allí estará la dama, dentro de sí pensando
si ha de aceptarte o no; en esto está dudando:
cuando sepas que duda, procura irla afirmando.

641 "Si no pican espuelas al jaco dormilón,
ni cura su pereza ni valdrá un pepión,
asno cojo que duda corre con aguijón;
las dudas mujeriles disipará el varón.

642 "Cuando un hombre vacila sobre lo que ha de hacer
poco trabajo puede su corazón vencer;
torre alta, cuando tiembla, no hará sino caer,
mujer que está dudando es fácil de obtener.

643 "Si tiene madre vieja tu amiga de beldad
no dejará que te hable nunca en intimidad;

celos de juventud tiene la ancianidad,
es cosa que se sabe desde la antigüedad.

644 "Estas viejas gruñonas suelen ser maliciosas,
de las muchachas son guardadoras celosas,
sospechan y barruntan todas aquestas cosas;
¡bien conoce las trampas quien pasó por las losas!

645 "Por tanto, has de buscar muy buena medianera
que sepa sabiamente andar esta carrera,
que os conozca a los dos, vuestro genio y manera:
como don Amor dijo, ha de ser la trotera.

646 "No quieras que tu empresa vaya precipitada,
no hagas nada que deje a la dama asustada;
sin su gusto no sea ni cogida ni atada,
echándole buen cebo vendrá tranquilizada.

647 "Ya te dije bastante, no puedo más estar.
Al punto que la vieres, comiénzale a hablar,
mil tiempos y maneras después podrás hallar;
el tiempo toda cosa coloca en su lugar.

648 "Amigo, en este asunto, ¿qué más quieres que
[diga?
Sé sutil, sé constante y lograrás amiga;
no quiero detenerme, quiero seguir mi vía."
Me dejó doña Venus solo con mi fatiga.

649 Aunque confortan, no sanan al doliente los juglares,
el dolor crece, no mengua, oyendo dulces cantares,
consejos dió doña Venus mas no calmó mis pesares;
otra ayuda no me queda sino dichos y parlares.

650 Amigos, grande es mi pena, abandonado en la onda;
a la dama voy a hablar, quiera Dios bien me responda.
Me abandonó el marinero de repente en la mar honda
y dejóme solo, aislado, sin remos, con brava onda.

651 ¡Cuitado! ¿Podré escapar? Tengo miedo de ser
[muerto;

aunque miro a todas partes no consigo hallar un
[puerto.
La esperanza que me queda para ponerme a cubierto
reside en aquella sola que me trae penado y muerto.

652   He de razonar con ella y decirle mi quejura,
he de hacer que mis palabras la inclinen a la blandura;
hablándole de mis cuitas entenderá mi amargura:
a veces con chica frase se consigue gran holgura.

Primera en-   653   ¡Ay, Dios, cuán hermosa viene doña Endrina por
trevista del   [la plaza!
galán con   ¡Ay, qué talle, qué donaire, qué alto cuello de garza!
doña Endri-   ¡Qué cabellos, qué boquita, qué color, que buenan-
na.   [danza!
Con saetas de amor hiere cuando los sus ojos alza.

654   Pero aquel lugar no era para conversar de amores;
acometiéronme luego muchos miedos y temblores,
los mis pies y las mis manos no eran de sí señores,
perdí seso, perdí fuerza, mudáronse mis colores.

655   Unas palabras tenía pensadas para decir,
la vergüenza ante la gente otras me hace proferir;
apenas era yo mismo, sin saber por donde ir;
mis dichos a mis ideas no conseguían seguir.

656   Hablar con mujer en plaza es cosa muy descubierta
y, a veces, mal perro atado está tras la puerta abierta;
es bueno disimular, echar alguna cubierta,
pues sólo en lugar seguro se puede hablar cosa cierta.

657   —"Señora, la mi sobrina, la que en Toledo vivía
os recuerda con cariño, mil saludos os envía;
si hubiese lugar y tiempo, por cuanto de vos oía,
tendría placer en veros y conoceros querría.

658   "Deseaban mis parientes casarme en esta sazón
con una doncella rica, hija de don Pepión;
a todos di por respuesta que no la querría, no.
¡Mi cuerpo será de aquella que tenga mi corazón!"

659   Luego, hablando en voz más baja, dije que disi-
                                                    [mulaba
porque toda aquella gente de la plaza nos miraba;
cuando vi que se marchaban y que ya nadie quedaba
comencé a decir la queja de amor que me lastimaba.

660   [*Faltan, en los textos conocidos, los dos primeros
versos de esta copla*]
que nadie sepa lo hablado, este juramento hagamos;
si dos amigos se celan, serán más fieles entrambos.

661   "No existe nadie en el mundo a quien ame como a
                                                    [vos;
el tiempo va transcurrido de los años, más de dos,
que por vuestro amor padezco, pues os amo más que
                                                    [a Dios;
no quiero que otra persona medie entre nosotros dos.

662   "Con la gran pena que paso vengo a deciros mi
                                                    [queja:
vuestro amor y mi deseo que me hiere y que me
                                                    [aqueja;
no se alivia, no se marcha, no me suelta, no me deja,
tanto más me da la muerte cuanto más de mí se aleja.

663   "Recelo que no escucháis nada de lo que he hablado,
hablar mucho con un sordo es locura, error probado;
creedme; el amor que os tengo es mi único cuidado,
tan sólo por este amor estoy triste y amargado.

664   "Señora, yo no me atrevo a deciros más razones
hasta que vos respondáis a mis consideraciones;
decidme vuestro querer, veamos los corazones."
Ella dijo: —"Tal discurso no aprecio ni en dos piño-
                                                    [nes.

665   "Así es como engañan muchos a muchas otras En-
                                                    [drinas,
los hombres son engañosos y engañan a sus vecinas;
no penséis que estoy tan loca que escuche vuestras
                                                    [pamplinas.

Buscad a quien engañéis con vuestras falsas espinas".

666   Yo le dije: —"¡Oh, cruel, hablaremos con gracejos!
los dedos son de una mano mas no todos son parejos;
no todos los hombres somos de unos hechos y con-
                                                    [sejos.
De piel blanca y de piel negra hay, y todos son co-
                                                    [nejos.

667   "A veces son castigados los justos por pecadores,
muchos sufren perjuicios por los ajenos errores;
la culpa del malo daña a los buenos y mejores,
sobre éstos cae el castigo, no sobre los malhechores.

668   "El pecado que otro hizo no sea para mi mal.
Permitid que hable con vos allí, bajo aquel portal;
si os ven hablar en la calle, quizá alguno piense mal,
en cambio allí, sin rodeos, os diré mi amor leal".

669   Paso a paso, doña Endrina bajo el portal es entrada,
bien lozana y orgullosa, bien serena y sosegada,
los ojos bajó a la tierra, en el poyo fue asentada;
yo volví a la explicación que tenía comenzada.

670   —"Escúcheme, señora, la vuestra cortesía
un poquillo que os hable de amor y muerte mía;
pensáis que lo que os digo es engaño y folía
y ya no sé qué hacer contra vuestra porfía.

671   "A Dios juro, señora, y por aquesta tierra
que cuanto os tengo dicho es verdad que no yerra;
sois para mí más fría que nieve de la sierra
y vuestra juventud es cosa que me aterra.

672   "Os hablo a la ventana, por vuestra mocedad;
pensáis que sólo digo lisonja y vanidad,
no podéis entenderme, pues vuestra chica edad
prefiere la pelota a la formalidad.

673   "Aunque sea más propia para placentería
la juventud, que siempre al juego convendría,

la vejez en el seso lleva la mejoría;
para entender las cosas el tiempo es buena guía.

674 "La práctica consigue las cosas entender,
el arte y la costumbre enseñan el saber,
sin el uso y el arte todo va a perecer;
por el trato los hombres se pueden conocer.

675 "Id y venid para hablarme otro día, por mesura;
puesto que hoy no me creéis, o no es esa mi ventura,
id y venid para hablarme; esa creencia tan dura
con la costumbre de oirme entenderá mi amargura.

676 "Otorgadme ya, señora, aquesto, benevolente;
acudid a hablar conmigo otro día solamente,
yo pensaré en lo que hablemos, conoceré vuestra
                                          [mente;
no he de pedir otra cosa, venid sosegadamente.

677 "Conversando se conocen los más de los corazones;
yo sabré algo de vos, vos oiréis mis razones.
Id y venid a la charla, que mujeres y varones
se hacen buenos compañeros sólo por conversaciones.

678 "Pues aunque el hombre no coma ni aun muerda
                                          [la manzana
goza del color y aspecto de su pompa cortesana;
la vista y conversación de una mujer tan lozana
es el consuelo del hombre y satisfacción muy sana".

679 Me contestó doña Endrina, esta mujer singular:
—"Honra es y no deshonra cuerdamente conversar;
las señoras, las mujeres deben su respuesta dar
a quien con ellas hablare o quisiere razonar.

680 "Por tanto, eso os concedo como a todo el que
                                          [quisiere.
Hablad vos, salva mi honra, cuanto necesario fuere;
en cuanto a bromas y burlas, las diré si las oyere
y rechazaré el engaño cada vez que yo lo viere.

681   "Pero estar sola con vos es cosa que yo no haría;
la mujer no debe estar sola con tal compañía,
de eso nace mala fama que mi deshonra sería;
ante testigos que vean conversaremos un día".

682   —"Señora, por el favor que ahora me prometéis;
no puedo daros las gracias tantas como merecéis;
a la merced que ahora mismo con vuestra palabra
                                              [hacéis
con ningún otro favor ya jamás igualaréis.

683   "Pero yo confío en Dios y un día, tiempo vendrá
en que el verdadero amigo por sus obras se verá.
Quisiera algo más, vacilo, temo que os enojará".
Ella dijo: —"Pues decidlo y veré qué tal será".

684   "—Mi señora, prometedme de lo que de amor que-
                                              [remos
que, si hubiese tiempo y sitio, y cuando juntos estemos,
según mi deseo ardiente, vos y yo nos abracemos;
ya veis que no pido mucho, pues de esto no pasa-
                                              [remos".

685   Dijo a esto doña Endrina: —"Es cosa ya muy pro-
                                              [bada
que la mujer, por sus besos, siempre resulta engañada;
con mucho apasionamiento abraza el hombre a la
                                              [amada
y toda mujer se rinde si esta joya es otorgada.

686   "Tal cosa yo no concedo; charlaremos de ante-
                                              [mano.
Mi madre vendrá de misa, quiero marcharme tem-
                                              [prano;
que no sospeche de mí que pienso con seso vano.
Tiempo vendrá en que podamos hablarnos este ve-
                                              [rano".

687   Y siguió mi señora, después de hablar, su vía.
Desde que yo nací, nunca vi mejor día,

solaz tan placentero ni tan grande alegría.
¡Me quisieron guiar Dios y la suerte mía!

688 Los cuidados me inquietan y no encuentro consejo;
si hablo mucho con ella palabras de cortejo,
bien pudiera la fama llegar hasta el concejo:
perderé la mujer, se acabará el festejo.

689 Si no procuro hablarle, amor se perderá;
si cree que la olvido, a algún otro amará;
amor con trato crece, mas sin él menguará,
si a la dama abandonas, ella te olvidará.

690 Donde añadieres leña, crece, sin duda, el fuego,
si la leña retiras, el fuego mengua luego;
amor y benquerencia crecen siguiendo el juego,
si a la dama descuidas, no hará caso a tu ruego.

691 Muy opuestos cuidados vienen de cada parte,
en ideas contrarias mi corazón se parte
y, para mi desvelo, no sé consejo ni arte.
¡El amor, cuando es firme, todo miedo comparte!

692 Hay veces en que el hado con su fuerza y poder
a los hombres impide su propósito hacer;
y si es todo en el mundo levantar y caer,
Dios y constancia pueden al destino vencer.

693 La suerte siempre ayuda al que quiere guiar,
a muchos es contraria y les puede estorbar;
la constancia y la suerte suélense acompañar,
mas, sin Dios, nada de esto nos puede aprovechar.

694 Pues que sin Dios no vale cosa alguna que sea,
guíe Dios la mi obra, mi trabajo provea
para que el corazón logre lo que desea:
el que *amen* me dijere, lo que codicia vea.

695 De hermano o de sobrino no quiero yo la ayuda;
pues cuando el amor llega, todo corazón muda,
nadie a nadie conserva lealtad, todo es duda:
amistad, deudos, sangre, por la mujer se muda.

El galán bus-
ca una vieja
tercera: Tro-
taconventos.

696   El cuerdo con buen seso pensar debe las cosas,
escoja las mejores y deje las dañosas;
en cuestión de mensajes, personas sospechosas
nunca son para el hombre buenas ni provechosas.

697   Busqué trotaconventos, cual me mandó el Amor,
de entre las más ladinas escogí la mejor.
¡Dios y la mi ventura guiaron mi labor!
Acerté con la tienda del sabio vendedor.

698   Pude dar con la vieja que había menester,
astuta y muy experta y de mucho saber;
ni Venus por Panfilo más cosas pudo hacer
de las que hizo esta vieja para me complacer.

699   Era una buhonera de las que venden joyas;
éstas echan el lazo, éstas cavan las hoyas.
Son estos viejos sapos, con sus sabias tramoyas,
quienes dan el mazazo: te conviene que oigas.

700   Siguiendo su costumbre, estas tales buhonas
andan de casa en casa vendiendo muchas donas;
nadie sospecha de ellas, están con las personas,
mueven, con sus soplidos, molinos y tahonas.

701   Tan pronto fue a mi casa esta vieja sabida,
díjele: —"Buena madre, seáis muy bien venida,
en vuestras manos pongo mi salud y mi vida,
si no me socorréis, mi vida está perdida.

702   "Mucho bien de vos dicen, todo justificado,
de favores que hacéis al que os llama, ¡cuitado!,
del triunfo que consigue el por vos ayudado;
por esta vuestra fama, por esto os he llamado.

703   "Quisiera confesarme con vos, en confidencia,
toda cosa que os diga, oidla con paciencia;
que nadie más que vos conozca mi dolencia".
Dijo la vieja: —"Hablad, tened en mí creencia.

---

699 ᶜ. *Sapos.* Véase en el Vocabulario: *Troyas.*

704   "Conmigo, tranquilamente, el corazón destapad;
      haré por vos cuanto pueda, os guardaré lealtad.
      Oficio de recadera es de gran intimidad
      más tapadas encubrimos que mesón de vecindad.

705   "Si a cuantos en esta villa les vendemos sus alhajas
      supiesen unos de otros, habría grandes barajas;
      reacias bodas unimos en un quita allá esas pajas,
      muchos panderos vendemos sin que suenen las so-
                                              [najas".

706   Yo le dije: —"Amo a una dama más que a todas
                                              [cuantas vi.
      Ella, si es que no me engaña, parece que me ama a mí;
      para evitar mil peligros, hasta hoy mi amor escondí.
      Todo lo temo en el mundo y mucho siempre temí.

707   "De pequeña cosa nace rumor en la vecindad;
      ya nacido, tarde muere, aunque no sea verdad,
      y crece de día en día con la envidia y falsedad;
      poco le importa al mezquino lo que sea mezquindad.

708   "Aquí vive, es mi vecina; os ruego que allá vayáis
      y que habléis con ella a solas lo que mejor entendáis;
      encubrid este negocio todo lo más que podáis,
      esmeraos en el acierto cuando nuestro amor veáis".

709   Dijo: —"Acudiré a la casa donde mora la vecina;
      le hablaré con tal encanto, con labia tan peregrina,
      que sanará vuestra llaga gracias a mi medicina.
      Decidme quién es la dama". Yo le dije: —"Doña En-
                                              [drina".

710   Dijo serle conocida la dama, según su cuenta.
      Yo dije: —"¡Por Dios, amiga! no provoquéis la tor-
                                              [menta".
      Dijo ella: —"Si fue casada no dudéis de que consienta,
      ya que no hay mula de albarda que la alforja no con-
                                              [sienta.

---

705 c. *Reacias*. Véase en el Vocabulario: *Arrepintajas*.

711 "La cera, que es cosa dura, muy desabrida y helada,
después de que, entre las manos, mucho tiempo es
[amasada,
cederá con poco fuego, cien veces será doblada;
toda mujer se doblega cuando está bien hechizada.

712 "Acordaos, buen amigo, de lo que decirse suele:
si el trigo está en el molino, quien antes llega, antes
[muele.
Mensaje que mucho tarda, a muchos hombres de-
[muele;
el hombre que bien razona, tanto tiempo no se duele.

713 "No hay que dormir, buen amigo; la dama de quien
[habláis
otro quiere desposarla y ruega lo que rogáis;
es hombre de buen linaje, intenta lo que intentáis.
Haced que antes que sus ruegos lleguen los que vos
[hagáis.

714 "Para él seré un estorbo, a su ayuda no me aplico
porque es hombre muy avaro a pesar de que es muy
[rico;
me dio para el guardarropa una piel y un pellico
mas fue regalo tan justo que no está grande ni chico.

715 "Regalo que se da pronto, cuando tiene gran valor,
quebranta leyes y fueros, es del derecho señor;
de muchos es gran ayuda; de otros, perturbador;
hay momento en que aprovecha, hay momento en que
[es peor.

716 "Esta dama de que habláis yo la tengo en mi poder,
si no es por mí ningún hombre del mundo la ha de
[tener;
conozco bien sus costumbres y, lo que ha de resolver,
mas lo hace por mi consejo que por solo su querer.

717 "No he de daros más razones, pues bastante os he
[hablado;
yo vivo de aqueste oficio y no tengo otro cuidado.

Muchas veces me entristezco porque el trabajo pasado
no me ha sido agradecido ni me ha sido bien pagado.

718 "Si me diereis una ayuda para que viva un poquillo,
a esa y a otras mocetas de las de cuello blanquillo
haría que con mi labia viniesen, paso a pasillo;
en aqueste mi cedazo las traeré al zarandillo."

719 —"Madre, señora —le dije—, no dejaré de pagar;
toda mi hacienda y mi casa están a vuestro mandar.
Tomad, por lo pronto, un manto; partid, no hay que
　　　　　　　　　　　　　　　　　　[demorar;
mas antes de que marchéis, de algo os quiero informar.

720 "Que todo vuestro cuidado se ponga en aqueste
　　　　　　　　　　　　　　　　　　[hecho;
trabajad bien: es el modo de que tengáis más pro-
　　　　　　　　　　　　　　　　　　[vecho.
De todo vuestro trabajo será el pago satisfecho;
pensad en lo que hablaréis, con sentido y con derecho.

721 "Desde el comienzo hasta el fin pensad lo que habéis
　　　　　　　　　　　　　　　　　　[de hablar;
hablad tanto y de tal cosa que no haya que lamentar,
puesto que en el resultado va el honrar o el deshonrar;
cuando acaban bien las cosas ya se pueden alabar.

722 "Mejor cosa es para el hombre, bien entendido y
　　　　　　　　　　　　　　　　　　[agudo,
callar, aunque charlar pueda, y que le llamen sesudo
que hablar lo que no conviene cuando estar callado
　　　　　　　　　　　　　　　　　　[pudo;
o piensa bien lo que hablas o calla, fíngete mudo."

723 La buhona con su cesto va tañendo cascabeles
y revolviendo sus joyas, sus sortijas y alfileres.
Decía: —"¡Llevo toallas! ¡Compradme aquestos
　　　　　　　　　　　　　　　　　　[manteles!"
Cuando la oyó doña Endrina, dijo: —"Entrad, no
　　　　　　　　　　　　　　　　　　[receledes."

*Primera en-
trevista de
Trotaconven-
tos con doña
Endrina.*

Trotaconven-
tos inicia su
tercería con
doña Endri-
na.

724   Una vez la vieja en casa le dijo: —"Señora hija,
para esa mano bendita aceptad esta sortija
y, si no me descubrís, os contaré la pastija
que esta noche imaginé." Poco a poco, así la aguija.

725   —"Hija, a toda hora estáis en casa, tan encerrada
que así, sola, envejecéis; debéis ser más animada,
salir, andar por la plaza, pues vuestra beldad loada
aquí entre estas paredes, no os aprovechará nada.

726   "En aquesta villa existe juventud, cortesanía,
mancebillos muy apuestos y de mucha lozanía;
en toda buena costumbre progresan de día en día,
en ningún tiempo se ha visto tanta noble compañía.

727   "Muy bien me reciben todos en esta mi mez-
[quindad;
el más noble y el mejor en linaje y en beldad
es don Melón de la Huerta, caballero de verdad:
a los demás aventaja en hermosura y bondad.

728   "Todos cuantos en su tiempo en esta tierra nacieron,
en riqueza y cualidades tanto como él no crecieron;
con los locos se hace loco, los cuerdos le enaltecieron,
es manso más que un cordero, pelear nunca le vieron.

729   "El sabio que vence al necio razonando, no hace
[poco;
bueno es con cuerdos ser cuerdo y con los locos ser
[loco.
El que es cuerdo no enloquece cuando de chanza
[habla un poco.
Yo lo pienso en mi pandero, muchas veces que lo toco.

730   "Mancebillo parecido aquí no se encontrará,
no malgasta lo que gana, sino que lo guardará;
me parece que tal hijo al padre semejará:
en el becerrillo vemos la clase de buey que hará.

---

729 c *Chanza.* Véase en el Vocabulario: *Rozapoco.*

731   "De cómo ha de ser el hijo es el padre buena prueba
pues semejar hijo al padre no resulta cosa nueva;
el corazón de los hombres por el corazón se prueba,
el gran amor, como el odio, no existe sin que se mueva.

732   "Es hombre de buena vida y está bien acostumbrado,
creo que se casaría con vos, y de muy buen grado;
si le conocierais bien, cómo es y cuán preciado,
consentiríais en esto de que yo os he hablado.

733   "A veces largo discurso obtiene chico provecho,
quien mucho habla, mucho yerra; esto confirma el de-
                                                    [recho.
En un comienzo muy chico se funda granado hecho;
a veces, cosa muy chica produce muy gran despecho.

734   "A veces pequeña frase, bien dicha y un chico ruego
en los hechos obran mucho, consiguen el triunfo
                                                    [luego;
de chica centella nace la grande llama de fuego,
grandes peleas resultan, a veces, de chico juego.

735   "Siempre fue la mi costumbre, y también mis pen-
                                                    [samientos,
trabajar en estos casos y arreglar los casamientos;
dispongo, como por juego, mis ocultos movimientos
hasta que comprendo bien por dónde van los intentos.

736   "Ahora, señora hija, diga vuestro corazón
si esto de que os he hablado os complace, sí o no;
guardaré vuestro secreto, celaré vuestra razón,
hablad sin miedo, conmigo, todas cuantas cosas son."

737   Respondióle la señora, muy sosegada y muy bien: *Doña Endri-*
—"Buena mujer, explicadme cómo es ese hombre,   *na pregunta*
                                                    [quién,   *quién es el*
por qué tanto le alabáis y las haciendas que tien'.   *galán.*
Yo meditaré sobre ello por si para mí convien'."

738   Le dijo Trotaconventos: —"¿Que quién es? Hija,   *Trotaconven-*
                                                    [señora,   *tos da el*
es regalo preparado que Dios os concede ahora,   *nombre del*

galán: don Melón de la Huerta.
adecuado mancebillo, en el barrio vuestro mora:
es don Melón de la Huerta, ¡queredlo, pues, en buena
[hora!

739 ”Creedme, señora hija, que de cuantos os amaron,
al igual que este mancebo, en prendas, nunca llegaron;
el día en que vos nacisteis, blancas hadas os hadaron,
que para esta gran suerte, para tal cosa os guardaron.”

Doña Endrina expone sus recelos.
740 Contestó doña Endrina: —”Cesad de predicar,
porque ya ese parlero me ha intentado engañar;
en muchas ocasiones me ha venido a tentar,
mas de mí no os podréis vos ni él alabar.

741 ”La mujer que os escucha las mentiras hablando,
la que cree a los hombres embusteros jurando,
retorcerá sus manos, su corazón rasgando,
¡mal lavará su cara, con lágrimas llorando!

742 ”Déjame de tus ruidos; yo tengo otros cuidados,
que nacen de mi hacienda, de mis bienes mermados;
no quiero en mi cabeza esos malos tratados,
ni te conviene ahora traerme esos recados.”

Insiste Trotaconventos y cuenta la Fábula de la avutarda y la golondrina.
743 —”¡Claro! —dijo la vieja— sois viuda conocida,
sola, sin compañero, y ya no sois temida.
La viuda, aislada, es cual vaca corrida;
en cambio, aquel buen hombre os tendrá defendida.

744 ”Alejará de vos todos esos pelmazos,
los pleitos, los empeños, las vergüenzas, los plazos.
Dicen que muchos tratan de tenderos los lazos;
ni goznes en las puertas dejarán sus zarpazos.

745 ”Guardaos mucho de esto, señora doña Endrina,
o muy pronto estaréis angustiada y mohina
como aquella avutarda, cuando la golondrina
le daba buen consejo, como buena madrina.

746 ”Erase un cazador, muy sutil pajarero;
fue a sembrar cañamones a un campo placentero
para obtener las cuerdas y lazos del redero.
Andaba la avutarda muy cerca del sendero.

747 "Dijo la golondrina a tórtolas, pardales
y a la dicha avutarda, estas palabras tales:
—*Comed esta simiente de aquestos eriales*
que ha sido aquí sembrada para causarnos males.

748 "Hicieron gran escarnio de lo que les hablaba,
que se fuese, dijeron, que locura chirlaba.
Nacida la simiente, vieron como regaba
el cazador el cáñamo y no les asustaba.

749 "Volvió la golondrina y dija a la avutarda
que arrancase la hierba que ya veía alzada,
pues quien tanto la riega y quien tanto la escarda
para el mal de las aves lo hace, aunque se tarda.

750 "Contestó la avutarda: —*¡Sandia, alocada, vana!*
que siempre estás chirlando locuras, de mañana:
no quiero tu consejo, ¡márchate ya, villana!
Déjame en esta vega tan hermosa y tan llana.

751 "Fuese la golondrina cerca del cazador,
en su casa hizo el nido, cuanto pudo mejor;
como era muy alegre y muy gorjeador,
al cazador gustóle, que era madrugador.

752 "El cáñamo cogido y todo preparado,
fue el cazador de caza, como era acostumbrado;
atrapó a la avutarda y llevóla al mercado.
Dijo la golondrina: —*Ya vas hacia el pelado.*

753 "Pronto los ballesteros peláronle las alas,
no le dejaron plumas, sino chicas y ralas;
no quiso el buen consejo y cayó en fuertes palas.
¡Guardaos, doña Endrina, de semejanzas malas!

754 "Muchos hay que se juntan en el mismo consejo
para robaros todo con su mal aparejo;
a diario prometen llevaros al concejo
y, como a la avutarda, pelaros el pellejo.

755 "Pero él acabará con toda esta contienda;
conoce bien los pleitos, de las leyes la senda,

ayuda y acompaña a quien se le encomienda,
mas si él no os defiende, no sé quién os defienda."

756   Comenzaba sus artes el viejo carcamal:
—"Cuando el que en gloria esté pisaba este portal,
daba sombra a la casa, relucía la cal;
mas donde hombre no vive, la casa poco val.

757   "Así, hija, estáis vos, viuda y jovencilla,
sola, sin compañero, como la tortolilla
y, creo que por eso, amarilla y magrilla;
donde sólo hay mujeres, nunca falta rencilla.

758   "Dios bendijo la casa en que buen hombre cría,
allí es el bienestar, el placer, la alegría;
por eso aquel mancebo para vos yo querría
y antes de mucho tiempo vierais la mejoría."

Doña Endri-   759   Dijo la dama: —"Eso conmigo no se aviene;
na sigue ne-   casar antes del año a viuda no conviene,
gándose, pero   Hasta que pase un año de los lutos que tiene,
con escaso   no debe hacerlo; el luto con esta carga viene.
vigor y poca
convicción.   760   "Si yo antes casase, sería difamada,
perdería la herencia que me ha sido entregada;
del segundo marido sería despreciada,
¡no podría sufrirlo por larga temporada!"

Habla Tro-   761   —"Hija —dijo la vieja— el año ya ha pasado;
taconventos.   tomad este marido por hombre y por velado.
Tratémoslo, hablemos en sitio reservado;
¡hado bueno el que os tienen vuestras hadas hadado!

762   "¿Qué ventajas os vienen de vestir negro paño,
andar avergonzada y burlada, con daño?
Dejad, señora, el duelo y haced cabo de año;
nunca la golondrina habló mejor hogaño.

763   "Jergas por mal señor, luto por mal marido
caballeros y damas llevarán por vestido,
pero no mucho tiempo y con poco ruido;
gran placer, chico duelo, del hombre es preferido."

764   Respondió doña Endrina: —"¡Deja!, yo no osaría
hacer lo que me dices, hacer lo que él querría;
no me digas ahora más de esa letanía,
no me porfíes tanto en este primer día.

765   "Yo rechacé hasta ahora mucho buen casamiento;
de cuantos me rogaron conoces más de ciento,
mas, si ahora perturbas mi buen entendimiento,
[cobraré mala fama, tendré remordimiento.]

*Contesta do-
ña Endrina.
No desea ha-
blar más del
asunto aquel
primer día.*

....

765 d. Este verso es un suplemento propuesto por Tomás Antonio Sánchez. A continuación faltan seis cuartetas, una de las
cuales, según Sánchez Cantón (*RFE*, V, 43), podría ser la que
aquí va sin numerar, correspondiente a una réplica de Trotaconventos. Esta laguna comprende también el principio del nuevo
parlamento que atribuyo a doña Endrina, donde ésta comienza a
contar la fábula del lobo y el presagio: un lobo estornudó (el
Arcipreste habla de estornudo donde el cuento clásico menciona
otro sonido menos discreto) y tuvo el incidente por buen presagio; entonces, desprecia un trozo de tocino, convencido de que
pronto dispondrá de abundantes y preciosos manjares. Se disfraza de monje y sale decidido a ver confirmado el feliz augurio,
pero su ambición le hace ir de mal en peor. Castro Guisasola
(*Rev. de la Bibl., Arch. y Museo* del Ayuntamiento de Madrid,
VII, 124) estima que es Trotaconventos quien cuenta la fábula;
una atenta lectura parece confirmar que es doña Endrina quien
sigue contando. En efecto, la estrofa 780 es desconcertante pues,
si bien el verso b aconseja no rechazar aquello de que estamos
deseosos (consejo que estaría muy bien en boca de Trotaconventos), la moraleja final es que no debemos menospreciar lo que
ya poseemos por el afán de conseguir algo mejor que puede ser
peligroso, punto de vista que sostiene la recalcitrante viudita y
que debía de ser muy del gusto del Arcipreste, a juzgar por la
frecuencia con que vuelve sobre él: estrofas 206, 225, 995, 1309,
1385 (ésta dicha por la monja doña Garoza en parecidas circuns-
tancias a las de doña Endrina). Confesamos, sin embargo, nuestra
vacilación en atribuir el parlamento 766 y ss. a una u otra de ambas interlocutoras. L. G. Moffat (*Alvar Gómez de Castro's verses...*), pone el cuento en boca de la vieja; para mí, la duda
sigue en pie.

*Trotaconven-
tos reprocha
a doña En-
drina su du-
reza.*

—"Amiga, no tenéis de carne el corazón
sino de hueso duro, más fuerte que un león;
por mucho que yo os digo, siempre respondéis *no*.
Si mujer sois tan dura, ¿qué seríais varón?"
....

*Doña Endri-
na, para con-
firmar su
idea de que
es peligroso
no confor-
marse con la
propia suer-
te, cuenta la
fábula del
lobo que cre-
yó haber te-
nido un buen
presagio.*

766   —"Allí sentóse el lobo y se quedó atendiendo;
los carneros, valientes, acudieron corriendo
y cogieron al lobo en medio, en él hiriendo;
él cayó quebrantado, ellos fueron huyendo.

767   "Ya pasado un buen rato, levantóse aturdido.
Dijo: —*Cosa del diablo fue el extraño ruido.
El agüero fue bueno: Dios lo había cumplido,
mas desprecié el tocino y soy escarnecido.*

768   "Saliendo de aquel prado corrió lo más que pudo
y vio, en unos hornachos, retozar a menudo
a cabritos y cabras, mucho cabrón cornudo.
—*¡A fe!* —pensó— *ahora se cumple el estornudo.*

769   "Cuando vieron al lobo, quedaron espantados,
salen a recibirle los más espabilados.
—*¡Ay, mi señor prior!*—dijeron los barbados;
¡bienvenido seáis junto a vuestros criados!

770   "*Pensábamos ir cuatro para vos convidar;
que nuestra santa fiesta nos vinierais a honrar,
diciendo buena misa, comiendo buen yantar;
puesto que Dios os trajo, queredla hoy cantar.*

771   "*De seis capas la fiesta y de grandes clamores
hacemos hoy, bien grande, sin perros ni pastores;
cantad vos en voz alta, responderán cantores;
se ofrendarán cabritos, los más y los mejores.*

772   "Creyóles el muy necio y comenzó a aullar;
los cabrones y cabras en voz alta a balar;
oyeron los pastores el ruido y el clamar,
con palos y mastines los vienen a buscar.

773   "Escapó más que a paso: pronto estuvo en retorno,
pues pastores y perros rodeáronle en torno,

de palos y pedradas padeció gran trastorno.
Dijo: —¡Cosa del diablo fue cantar misa en horno!

774 "Fuese más adelante, donde había un molino,
encontró allí una puerca con mucho buen cochino.
—¡Ea!, —se dijo— de ésta el buen día me vino;
ahora sí que acierta el mi buen adivino.

775 "Luego el lobo a la puerca dijo en seguida así:
—Dios os dé paz, comadre, que por vos vine aquí.
Vos y vuestros hijuelos, ¿qué buscáis por ahí?
Mandad vos y haré yo, confiad siempre en mí.

776 "La puerca, descansando so los sauces lozanos,
al lobo replicó, dijo dichos no vanos;
—Señor abad, compadre, con esas santas manos
bautizad a mis hijos y que mueran cristianos.

777 "Después que vos hayáis hecho este sacrificio,
os los daré yo luego, en gracias y en servicio,
y con ellos haréis asalto sin bullicio,
comeréis a la sombra y tendréis beneficio.

778 "El lobo se inclinó debajo de aquel sauce
a coger el cochino que con su madre yace;
golpeóle ella el rostro, arrojóle en el cauce,
al canal del molino cayó, mal que le place.

779 "Mucho le zarandea la rueda del molino,
salió mal quebrantado, manchado y mortecino;
mejor le fuera al lobo el torrezno mezquino
que sufrir tantos males y perder el tocino.

780 "El que es cuerdo no quiera beneficio dañoso,
no deseche la cosa de que está deseoso,
de aquello que posee no sea desdeñoso,
con lo que Dios le diere páselo bien hermoso.

781 "Algunos, que en sus casas pasan con dos sardinas
en ajenas posadas demandan golosinas,
desechan el carnero, piden las adafinas;

que no han de comer —dicen— tocino sin gallinas."
....

Segunda en-
trevista de
don Melón
con Trota-
conventos.
782   —"Hijo, el mejor camino de cuantos vos teneis
es olvidar aquello que tener no podéis,
lo que no puede ser, nunca lo porfiéis,
por lo que pueda hacerse, por eso trabajéis."

783   —"¡Ay de mí! ¡Con qué encargo tan malo me vi-
                                                [nisteis!
¡qué noticias tan malas, tan tristes me trajisteis!
¡Ay, vieja mata-amigos!, ¿por qué me lo dijisteis?
¡Nunca el bien será tanto como el mal que me hi-
                                                [cisteis!

784   "¡Ay, viejas pitofleras, malhadadas seáis!
El mundo revolviendo a todos engañáis,
mintiendo, calumniando, vanidades habláis;
mentiras por verdades a los necios contáis.

785   "¡Ay, que mis miembros tiemblan de tanto pa-
                                                [decer!
Mi fuerza y mi sentido y todo mi saber,
mi salud y mi vida y todo mi entender,
por esperanza vana todo se va a perder.

786   "¡Ay corazón doliente, cosa desatinada!
¿Por qué matas el cuerpo, do tienes tu morada?
¿Por qué quieres a aquella que no te aprecia nada?
Corazón, por tu culpa tendrás vida penada.

787   "Corazón que quisiste ser preso, ser tomado.
por mujer que te tiene por demás olvidado,
te encerraste en prisión; suspiros y cuidado
penarás, corazón, olvidado, penado.

---

781 d.   Faltan a continuación treinta y dos cuartetas no conservadas en ninguno de los códices conocidos. Sería el final de la
primera entrevista de Trotaconventos con doña Endrina y el
comienzo de la segunda, entre la vieja y don Melón.

788   "¡Ay, ojos, los mis ojos!, ¿por qué iros a poner
en mujer que no quiere ni miraros ni os ver?
Ojos, por vuestra vista os fuisteis a perder,
¡penaréis, ojos míos!, ¡penar, desfallecer!

789   "¡Ay, lengua sin ventura!, ¿por qué quieres decir,
por qué quieres hablar, ni por qué departir
con mujer que no quiere ni escucharte ni oir?
¡Ay, cuerpo tan penado, cómo vas a morir!

790   "Mujeres alevosas, de corazón traidor,
que jamás tenéis miedo, mesura ni pavor
de cambiar a capricho el vuestro falso amor,
¡ay, muertas os veáis de rabia y de dolor!

791   "Pues si la mi señora con otro es desposada,
la vida en este mundo no quiero para nada,
que mi vida y mi muerte así está señalada:
si lograrla no puedo, mi muerte ya es llegada."

792   Dijo: —"Loco, ¿qué os pasa?, ¿por qué tanto os
                                          [quejáis?
Con sólo lamentaros así, nada ganáis;
templad con buen sentido la pena que tengáis
y secad vuestro llanto, pensad en lo que hagáis.

793   "Grandes artes demuestra el mucho menester,
pensando en los peligros os podéis precaver;
quizá el mucho trabajo puede favorecer,
Dios y constancia pueden nuestros hados torcer."

794   Yo le dije: "¿Qué arte, qué trabajo y sentido
sanará tan gran golpe, de tal dolor venido?
Pues si a la mi señora mañana dan marido,
todas mis esperanzas perecen, soy perdido.

795   "Hasta que su marido el cementerio aumente,
si casara conmigo, adulterio es patente;
mi largo padecer se perdió totalmente,
ya veo mi fracaso, la burla consiguiente."

796 Dijo la buena vieja: —"En hora muy chiquita
sana dolor muy grande y gran llaga se quita;
después de muchas lluvias viene el aura bendita;
después de gran nublado, gran sol, buena sombrita.

797 "Viene salud y vida después de gran dolencia,
vienen muchos placeres después de la indigencia.
Confortaos, amigo, tened buena creencia;
cerca están grandes gozos de la vuestra querencia.

798 "Doña Endrina ya es vuestra, cumplirá mi mandado;
ni quiere a otro nacido, ni enlace hay preparado
pues todo su deseo en vos está afirmado.
Por mucho que la améis, más sois por ella amado."

799 —"Señora madre vieja, ¿qué me decís ahora?
Hacéis como la madre cuando el chicuelo llora,
consigue con halagos que calle sin demora;
por eso me decís que es mía mi señora.

800 "Acaso, madre, así me tratáis, por ventura,
por borrar mi tristeza, mi dolor y amargura,
porque tome valor y para darme holgura.
¿Es que me habláis de broma?, ¿o me habláis con
[cordura?"

801 Dijo la vieja: —"Pasa lo mismo al amador
que al ave cuando escapa de uñas del azor:
piensa que en todas partes estará el cazador
deseando atraparla; siempre tiene temor.

802 "Creed que verdad digo, pues así lo veréis;
si verdad le dijisteis y si amor le tenéis,
ella verdad me dijo, quiere lo que queréis.
Perded esa tristeza; ya lo comprobaréis.

803 "El final muchas veces puede no coincidir
con el comienzo suyo; puede no le seguir.
El curso de los hados nadie puede decir;
sólo Dios, nadie más, conoce el porvenir.

804 "Estorba grandes hechos una chica ocasión;
desesperarse el hombre es perder corazón.
La constancia consigue cuantos deseos son,
muchas veces allega riquezas en montón.

805 "Todo nuestro trabajo, toda nuestra esperanza,
están en aventura, están en la balanza;
por buen comienzo el hombre espera bienandanza
y a veces la consigue, pero con su tardanza."

806 —"Madre, ¿vos no podríais conocer, barruntar
si la dama me quiere o si me querrá amar?
Que quien amores tiene no los puede ocultar,
en gestos o en suspiros, en color o al hablar."

807 —"Amigo —dijo ella—, en la dama lo veo
que os quiere y que os ama, tiene de vos deseo;
cuando de vos le hablo, mientras a ella oteo,
el color se le muda escucha con recreo.

808 "Yo, en algunos momentos, ya cansada, me callo;
ella dice que hable, que no quiera dejarlo;
hago que no me acuerdo, me ayuda a recordarlo,
me escucha dulcemente; ¡muchas señales hallo!

809 "En el mi cuello echa los sus brazos entrambos
y así, durante un rato, las dos juntas estamos,
sobre vos departimos, de otra cosa no hablamos
y, cuando alguno viene, a otra cosa pasamos.

810 "Los labios de su boca le tiemblan un poquillo,
el color se le muda, ya rojo, ya amarillo;
el corazón le salta, así a menudillo,
apriétame mis dedos con los suyos, quedillo.

811 "Siempre que vuestro nombre, al hablar, voy di-
[ciendo,
me mira suspirando, se queda discurriendo,
aviva más los ojos, está toda bullendo;
¡creo yo que con vos no ha de quedar durmiendo!

812   "Con estas y otras cosas yo voy viendo la trama:
ella no me lo niega y confiesa que os ama;
si vos no la dejáis, se bajará la rama
y vendrá doña Endrina, si esta vieja la llama."

813   —"Señora madre vieja, tan buena amiga mía,
por vos, mis esperanzas sienten ya mejoría,
por vuestra gran ayuda, aumenta mi alegría.
¡No os canséis ahora, madre, seguidla todavía!

814   "Impide muchos triunfos, a veces, la pereza,
a muchos aprovecha la aguda sutileza.
Acabad la tarea, la hazaña, con destreza;
perderla, por desidia, sería gran vileza."

815   —"Amigo, según creo, por mí tenéis consuelo,
también por mí andará vuestra dama al revuelo,
mas de vos no he tenido más pago que un mantelo;
si buen manjar queréis, pagad bien mi desvelo.

816   "Muchas veces no hacemos todo lo que decimos
y cuanto prometemos, quizá no lo cumplimos;
en ofertas, muy largos; en dar, tacaños fuimos,
y por vanas promesas trabajamos, servimos."

817   —"Madre, vos no temáis que con mentiras ande,
porque engañar al pobre es pecado muy grande,
yo no pienso engañaros, ¡Dios tal cosa no mande!,
y si yo os engañare, que Dios me lo demande.

818   "En lo que aquí tratamos, lealtad nos debemos,
en la firme palabra va la fe que tenemos;
si en algo nos faltamos de lo que prometemos,
será vergüenza y mengua, si cumplirlo podemos."

819   —"Esto —dijo la vieja— es dicho muy hermoso,
mas el pobre cuitado siempre está temeroso
de que cobre ventaja el rico poderoso:
por chica razón pierde el ruin menesteroso.

820   "El derecho del pobre se pierde muy aína;
al pobre, al desgraciado y a la pobre mezquina

el rico los destroza, su orgullo los domina;
no son más apreciados que una seca sardina.

821 "En todas partes anda mala fe, gran falsía,
hasta al fin disfrazadas con mañosa artería;
la suerte nunca tiene contra el hado valía,
el mar asusta a veces, aunque esté bueno el día.

822 "Lo que me prometisteis lo dejo a la ventura,
lo que yo os prometí tomad, tened holgura.
Voy a ver a la dama; pediré, por mesura,
que visite mi casa para hablaros segura.

823 "Si acaso a los dos solos os pudiese juntar,
os ruego que sepáis quedar en buen lugar,
pues el corazón suyo no sabe a otro amar;
os dará en poco tiempo lo que queráis tomar."

824 Fue a casa de la dama. Dijo: —"¿Quién vive aquí?"
Respondióle la madre: —"¿Quién es quien llama ahí?"
—"Señora doña Rama, yo. (Por mi mal os vi,
que la mi suerte negra no se aparta de mí.)"

Segunda entrevista de Trotaconventos con doña Endrina.

825 Díjole doña Rama: —"¿Por qué venís, amiga?"
—"¿Por qué vengo, señora? No sé como lo diga.
Voy corrida, amargada; me insulta y me fatiga
uno, no sé quién es, más grande que esa viga.

826 "Todo el día me tiene como a cierva, corriendo,
como el demonio al rico me viene persiguiendo;
que le compre un anillo que él andaba vendiendo.
Está lleno de doblas, ¡apenas si lo entiendo!"

827 En escuchando esto la recelosa vieja
dejóla con su hija y fuese a la calleja.
Comenzó la buhona la secreta conseja
y a lo que antes dijera le volvió la pelleja.

828 Dijo: —"¡Lleve el infierno a la vieja celosa,
que, por ella, con vos ningún hombre hablar osa!
Y qué, señora hija, ¿cómo está nuestra cosa?
Ya os veo muy lozana, muy gordita y hermosa."

829   Preguntóle la dama: —"¿Qué nuevas hay de aquél?"
La vieja dijo: —"¿Nuevas?, ¿qué sé yo lo que es
                                                [de él?
Mezquino y delgaducho, menos carne hay en él
que en un pollo invernizo después de San Miguel.

830   "El gran fuego no puede encubrir a la llama,
ni el muy enamorado ocultar lo que ama;
mas ya vuestro carácter entiéndelo mi alma,
mi corazón, con pena, sus lágrimas derrama.

831   "Porque veo y comprendo que sois, a cada instante,
con más pasión amada por aquel vuestro amante;
su color amarillo, demudado el semblante,
en todo cuanto hace siempre os tiene delante.

832   "Pero vos no tenéis pena ni compasión,
siempre decís que no, no prestáis atención
al recado que os traigo de aquel noble varón,
a quien muerto traéis, perdido de aflicción.

833   "Si anda o si se para, en vos está pensando,
los ojos hacia tierra, siempre está suspirando,
apretando los puños, entre sí murmurando.
¡Que rabiosa os veáis! ¡Por piedad!, ¿hasta cuándo?

834   "El infeliz va siempre colmado de tristeza.
¡Dios!, ¡tropezó en mal día con vuestra gran dureza!
Por la noche y de día se afana, sin pereza,
mas de nada le sirven arte ni sutileza.

835   "Si la tierra es muy dura no sale fruta buena,
¿quién, sino el insensato, hará siembra en la arena?
Saca galardón poco, gran trabajo y gran pena:
es como el devaneo del pez con la ballena.

836   "Primero, por el talle, él fue de vos prendado;
después, con vuestra charla, fue muy enamorado
y por esas dos cosas quedó muy engañado:
de lo que prometisteis, nada ha sido pagado.

837   "Desde que conversasteis más muerto lo traéis
y, aunque vos lo calláis, tanto como él ardéis;
descubrid vuestra llaga que, si no, moriréis,
pues el fuego encubierto os mata y sufriréis.

838   "Decidme toda entera la vuestra voluntad,
¿cuál es vuestro sentir?, decidme la verdad.
O vamos adelante o el asunto dejad;
si yo vengo a diario, ya no hay seguridad."

839   —"¡Ay!, el amor me mata con parecido fuego,
mas aunque tanto obliga y apremia con su ruego,
el miedo y la vergüenza me prohiben el juego;
¡para mi pena grande yo no encuentro sosiego!"

840   —"Hija, perded el miedo que nace sin razón;
en casaros los dos no hay ninguna traición.
Es este su deseo, tal es su corazón;
casarse con vos quiere, por ley y bendición.

841   "Comprendo su gran cuita en más de mil maneras.
Llorando viene a mí con frases lastimeras:
—*Doña Endrina me mata y no sus compañeras;
ella puede curarme, no me curan copleras.*

842   "Cuando veo que sufre y encomia su tristeza,
compadecida, lloro por calmar su flaqueza;
pero, en parte, me alegro dentro de mi cabeza
porque comprendo bien que os ama con certeza.

843   "Como en todo me fijo, más de lo que pensáis,
entiendo que uno al otro por igual os amáis,
con apasionamiento padecéis y penáis;
y si el amor lo quiere, ¿por qué, pues, no os juntáis?"

844   —"Aquello que me pides es lo que más codicio,
si el sentir de mi madre para ello es propicio;
sin eso, aunque queramos, por haceros servicio,
nunca lugar tendremos para placer y vicio.

845   "Muchas cosas haría por amor del de Hita,
mas guárdame mi madre, de mí nunca se quita."

11. - Libro de Buen Amor.

Dijo Trotaconventos: —"(Ay, la vieja pepita!
¡Así se la llevasen con cruz y agua bendita!)

846 "El amor codicioso quiebra encierros y puertas,
vence todas las guardas y las tiene por muertas,
aleja el miedo vano y sospechas inciertas;
las fuertes cerraduras están, para él, abiertas."

847 Contestó doña Endrina a la vieja pagada:
—"Mi sentimiento he dicho, mi deseo y mi llaga.
Ya ves mi voluntad, aconséjame qué haga;
por darme tu consejo, vergüenza en ti no haya."

848 —"Es maldad y falsía mujeres engañar,
gran pecado y deshonra es quererlas dañar;
si algo hacéis vergonzoso yo lo sabré callar,
pues la fama del hecho es lo que hace dudar.

849 "Mas el que contra mí, para acusarme venga,
me tome por palabra y a la peor se atenga;
aunque haga cuanto pueda y en ello se mantenga,
o callará vencido o ¡cuénteselo a Menga!

850 "Acérquese quien quiera conmigo a departir,
que diga lo peor que se pueda decir
y aquel noble mancebo, ¡dulce amor!, sin huir,
correrá en nuestra ayuda y lo hará desdecir.

851 "No habrá de sonar la fama, que yo la guardaré
                                                    [bien,
los murmullos, los ruidos no habrán de encontrar
                                                    [sostén;
en el caso no hay vergüenza, tenemos salidas cien,
¡maravíllome, señora, de lo que ahora os detién'."

852 —"¡Dios mío! —dijo la dama— ¡el corazón de
                                                    [amador
de cuántas maneras cambia con el miedo y el temor!,
acá y allá sacudido por el acuciante amor
y de los muchos peligros no sabe cuál es mayor.

853 "Dos penas contradictorias me atormentan noche
[y día;
aquello que amor desea, mi corazón lo querría,
pero gran temor lo impide, pues difamada sería.
¿Qué corazón, tan seguido, al final no cedería?

854 "Está sin saber qué hacer, siempre va descaminado,
pues pide, y pidiendo crece, la llaga de amor penado.
Con este amor angustioso hasta aquí he porfiado,
pero vence mi porfía, es más fuerte y más osado.

855 "Con aquestos pensamientos me tiene muy que-
[brantada,
sus quejas y su porfía me traen ya muy cansada;
me alegro con mi tristeza, rendida y enamorada,
¡prefiero morir su muerte a vivir vida penada!"

856 —"Cuantas más malas palabras dice uno y oye decir
más se irrita en la pelea y más se enciende el reñir;
cuantas más dulces razones de amor la dama ha de oir
más la enciende doña Venus, más inflama su sentir.

857 "Y puesto que no podéis ver vuestra llama apagada,
del amado que os reclama acudid a la llamada;
hija, la vuestra porfía os tiene muerta, agotada,
los placeres de la vida perdéis si no es sofocada.

858 "De noche como de día contempláis, yo bien lo
[digo,
en el vuestro corazón al hombre que es vuestro amigo
y él a vos también os lleva en el corazón consigo;
¡satisfaced los deseos que os matan como a enemigo!

859 "También a vos, como a él, el mismo temor aterra,
vuestras caras, vuestros ojos tienen el color de tierra,
a los dos han de mataros los deseos y la espera;
el que no crea mis dichos más se equivoca, más yerra.

860 "En verdad, señora hija, creo que lo que pensáis
es que daréis al olvido aquello que más amáis;
tal cosa nunca penséis, ni meditéis, ni creáis,
porque tan sólo la muerte borrará lo que sintáis.

861   "Sabido es que los placeres confortan las langui-
                                              [deces,
      por lo tanto, hija señora, visitadme algunas veces;
      jugaremos la pelota y con otras pequeñeces
      jugaréis y reiréis y, además, ¡veréis qué nueces!

862   "En mi tienda siempre hay fruta para dar a las
                                              [lozanas;
      peras y melocotones, ¡qué cidras y qué manzanas!,
      ¡qué castañas!, ¡qué piñones!, ¡muchísimas avellanas!
      Aquellas que más os gusten las hallaréis siempre sanas.

863   "Desde esta casa a mi tienda hay tan solo una
                                              [pasada;
      con vestidura ligera id, como en vuestra morada;
      todo está en el mismo barrio, con vecindad muy
                                              [poblada,
      poco a poco lograremos que no seáis vigilada.

864   "Id vos tan tranquilamente conmigo hasta la mi
                                              [tienda
      como en vuestra propia casa, a tomar buena merienda.
      Nunca Dios permita, hija, que de allí nazca contienda;
      iremos calla, callando, sin que nadie nos sorprenda."

865   Las personas, muchas veces, ante un gran reque-
                                              [rimiento,
      otorgan lo que no deben, se nubla su entendimiento,
      cuando ya está hecho el daño, viene el arrepenti-
                                              [miento;
      mujer requerida es ciega, no tiene seso ni tiento.

866   No hay liebre o mujer seguida que mucho tiempo
                                              [resista,
      pues pierde el entendimiento, ciega y se nubla su
                                              [vista;
      no ve redes ni ve lazos, en los ojos tiene arista,
      la buscan para burlarla y se cree amada, quista.

867   Prometióle doña Endrina que con ella iría a holgar,
      a comer de la su fruta y a la pelota jugar.

—"Señora —dijo la vieja—, mañana será el vagar;
a buscaros vendré yo cuando vea que hay lugar."

868   Vino a mí Trotaconventos, alegre con el recado.   *Tercera en-*
Dijo: —"Amigo, ¿cómo estáis?, id perdiendo ya el   *trevista de*
                                [cuidado;   *Trotaconven-*
¡el ladino encantador saca la sierpe de horado!   *tos con don*
Mañana hablará con vos; ya lo dejé asegurado.   *Melón.*

869   "Bien sé que dice verdad aquel vuestro refrán
                                   [chico:
peregrino porfiado siempre saca mendruguico.
Sed mañana todo un hombre, no os tenga por me-
                                  [drosico;
hablad, pero aprovechaos si yo me alejo un ratico.

870   "¡Cuidado con la pereza! Recordad la frasecilla:
cuando te den la cabrilla, ven pronto con la soguilla;

---

869 c. Dice el texto original, en el segundo hemistiquio: *non
vos tengan por tenico.* Ducamin, en su edición paleográfica del
Libro de Buen Amor, da la lectura *tenico,* sin variantes, para
los dos mss. S y G que conservan el pasaje. Cejador, en su edición, adopta *cenico.* Este último vocablo de 869 c no tiene interpretación segura. Por el contexto vemos que se trata de un término despectivo para calificar a un galán que no sabe mostrarse
osado. La Srta. Morreale estudió la palabra muy agudamente
(*Hispanic Review,* 1956, XXIV, 232-234) y sugiere la posibilidad
de identificarla con *ennico (ethnicus),* en el sentido de gentil o
bárbaro, gentes a quienes se atribuyó la condición de parleras
o charlatanas: "... *non fabledes mucho, assi como fazen los enni-
cos*" (Evangelio de San Mateo). En efecto, tal significado encaja
con los consejos que está dando Trotaconventos: parquedad de
palabras y eficacia en el resultado. Mas como la misma propo-
nente de la posible interpretación reconoce que ésta no puede
acogerse sin reservas, dejo el verso como estaba en mi primera
edición, ya que lo indudable es que este parlamento de la vieja
(869-870), puede reducirse a una palabra: ¡atrévete!
Me parece que tampoco puede adoptarse con seguridad la relación de este vocablo dudoso con algún diminutivo o derivado de
cieno, según sugiere Tatiana Fotitch (*Libro de Buen Amor,*
869 c).

conseguid lo que queréis, que no os tome por cestilla;
más vale vergüenza en rostro que en el corazón
[mancilla."

Segunda en-
trevista de
don Melón y
doña Endri-
na, esta vez
en casa de
Trotaconven-
tos.

871   Después que fue de Santiago el otro día siguiente,
a hora de mediodía, cuando comía la gente,
doña Endrina, acompañada de la mi vieja sapiente,
entró con ella en su casa, serena y tranquilamente.

872   Como la mi vejezuela me tenía aconsejado.
marché para allá en seguida y no me quedé parado;
aunque cerrada la puerta, la vieja me ha divisado.
—"¡Uy! —exclamó—, ¿qué es aquello?, ¿qué ruido
[es el que ha sonado?

873   "¿Alguien fue o ha sido el viento? ¡Creo que un
[hombre! ¡No miento!
¿Lo veis?, ¿lo veis cómo ronda el pecado carbo-
[niento?
¿Es aquél? ¡No, no es aquél! ¡El parece, yo lo siento!
¡A fe mía! ¡Es don Melón! ¡Lo huelo! ¡Qué
[atrevimiento!

874   "Es aquella la su cara, son sus ojos de becerro;
¡mirad, mirad cómo acecha! ¡Nos barrunta como un
[perro!
¡Ahora sí que rabiará con el cerrojo de hierro!
¡Pero va a romper las puertas! ¡Las sacude cual
[cencerro!

875   "¡Es seguro, quiere entrar! Pero, ¿por qué no le
[hablo?
¡Don Melón, marchad de aquí! ¿Es que os ha traído
[el diablo?
¡No me destrocéis las puertas, que del abad de San
[Pablo
las he conseguido y vos no habéis puesto aquí ni un
[clavo!

876   "¡Ya voy a abriros la puerta! ¡Esperad, que la
[rompéis!

Luego, con calma y sosiego nos decís lo que queréis;
después, marchad de mi puerta. ¡Por Dios, no os
[alborotéis!
Entrad muy enhorabuena, que yo veré lo que hacéis."

877 —"¡Mi señora doña Endrina! ¡Vos aquí, mi ena-
[morada!
Vieja, por eso teníais, para mí, puerta cerrada.
¡Qué día tan bueno es hoy, en el que hallé tal tapada!
¡Dios y mi buena ventura me la tenían guardada!"

....

878 —"Cuando yo salí de casa, si ya veíais las redes,   *Trotaconven-*
¿por qué quedasteis con él, sola entre aquestas pa-   *tos contesta*
[redes?   *a las quejas*
¡No me vengáis con regaños, hija, vos los mere-   *de doña En-*
[cedes!   *drina y le da*
Lo mejor que hacer podéis es que vuestro mal calledes.   *consejos.*

879 "Menos mal resultará que la cuestión ocultéis
que no que la descubráis y que el caso pregonéis;
si un casamiento se ofrece, así no lo perderéis,
mejor esto me parece que no que así os difaméis.

880 "Y puesto que confesáis que ya el daño ha sido
[hecho,
él os defienda y ayude, sea a tuerto o a derecho.
Hija mía, a daño hecho no hay más que paciencia y
[pecho.
¡Callad y guardad la fama, no salga de bajo el techo!

881 "Si no hablase la picaza más que habla la codorniz,
no la colgaran en plaza ni reirían lo que diz;
escarmentad vos, amiga, de otra tal infeliz,
pues todos los hombres hacen como don Melón
[Ortiz."

─────────────

877 d. Faltan aquí treinta y dos cuartetas no conservadas en
los códices conocidos.

Lamentos de
doña Endri-
na.

882 Doña Endrina dijo entonces: —"¡Ay, qué viejas
[tan perdidas!
A las mujeres traéis engañadas y vendidas;
ayer mil razones dabais, mil medios y mil salidas,
hoy, como ya estoy burlada, todas resultan fallidas.

883 "¡Ay, si las aves pudiesen bien saber y comprender
que se les preparan lazos, nos las podrían coger;
cuando perciben el lazo, ya las llevan a vender,
¡mueren por escaso cebo, sin poderse defender!

884 "Y los peces de las aguas, cuando al fin ven el
[anzuelo,
ya los lleva el pescador arrastrando por el suelo;
la mujer comprende el daño cuando ya llora su duelo
y no la quieren parientes, ni padre, madre o abuelo.

885 "Aquel que la deshonró, la deja, no la mantiene;
ha de perderse en el mundo, pues otro arreglo no
[tiene,
pierde su cuerpo y su alma, tal a muchos sobreviene;
si ya no tengo remedio, esto es lo que hacer conviene."

Trotaconven-
tos resuelve
la situación.

886 Los ancianos poseen el seso y la sapiencia,
en el tiempo residen el saber y la ciencia;
la mi vieja maestra tuvo clara conciencia
y dio para éste pleito una buena sentencia.

887 —"El cuerdo amargamente no se debe quejar
si sus lamentaciones nada pueden cambiar;
lo que ya no se puede reparar ni enmendar
débelo cuerdamente sufrir y soportar.

888 "Para grandes dolencias y para desventuras,
para las consecuencias de yerros y locuras,
debe buscar consejo, medicinas y curas;
el prudente se prueba en dolor y amarguras.

889 "La ira y la discordia quebrantan la amistad,
ponen sospechas malas en el cuerpo en que yaz;
tened entre los dos la concordia y la paz,
el pesar y el enojo tornadlo en buen solaz.

890   "Y si por mí, decís, vuestro daño ha venido,
      quiero que por mí sea vuestro bien conseguido;
      sed vos la mujer suya, sea él el marido
      y así, vuestro deseo, por mí, será cumplido."

891   Doña Endrina y don Melón en uno casados son;
      los invitados se alegran en las bodas, con razón.
      Si villanía encontráis, a todos pido perdón,
      pues lo feo de la historia es de Panfilo y Nasón.

Fábula del asno sin orejas ni corazón.

892   Mujeres, las orejas poned a la lección,
entended bien el cuento, guardaos del varón;
cuidad no os acontezca como con el león
al asno; sin orejas quedó y sin corazón.

893   Estuvo el león enfermo, dolíase la testa;
cuando la tuvo sana y la traía enhiesta,
todos los animales un domingo, en la siesta,
vinieron ante él a darle buena fiesta.

894   Presente estaba el burro; le nombraron juglar.
Como estaba muy gordo, comenzó a retozar
y, tocando el tambor, muy alto a rebuznar;
al león y a los otros les llegaba a atronar.

895   Con tal cazurrería el león fue sañudo,
en canal quiso abrirle, alcanzarle no pudo,
pues huyó el del tambor del caso peliagudo;
ofendióse el león con el gran orejudo.

896   El león dijo entonces que el perdón le daría;
mandó que le llamasen pues la fiesta honraría,
que cuanto le pidiese, tanto le otorgaría;
la zorra juglaresa dijo que le llamaría.

897   Fuese la raposilla a donde el asno estaba
paciendo en cierto prado y así lo saludaba:
—"Señor —dijo—, cofrade, vuestra alegría honraba
la reunión que ahora no vale lo que un haba.

898   "Más vale el alboroto de vuestro buen solaz,
vuestro tambor potente y el ruido que haz
que toda nuestra fiesta; al león mucho plaz
que volváis a tocarlo sin recelo y en paz."

899   Creyó vanos halagos; él escapó peor.
A la fiesta se vuelve bailando el cantador;
no conocía el burro las mañas del señor,
¡pagará el juglar necio el toque de tambor!

900   Como el león tenía sus monteros armados
prendieron a don Burro, como eran avisados.
Ante el león le trajeron: le abrió por los costados;
de su golpe certero son todos espantados.

901   Mandó el león al lobo, con sus uñas parejas,
que lo guardase entero, mejor que a las ovejas;
al marcharse el león por una o dos callejas,
el corazón el lobo se comió y las orejas.

902   Cuando volvió el león, ansioso del bocado,
al lobo reclamó el asno encomendado.
Sin corazón ni orejas lo trae, desfigurado;
el león contra el lobo se enojó muy airado.

903   Dijo el lobo al león que el asno así naciera,
pues, si de corazón y orejas dispusiera,
las mañas del león oyera y comprendiera,
pero no los tenía y por ello acudiera.

904   Así, señoras mías, entended el romance;
de amor loco guardaos, que no os coja ni alcance.
Abrid vuestras orejas, el corazón se lance
al amor de Dios, limpio, loco amor no lo trance.

905   La que, por desventura, es o ha sido engañada,
evite otra ocasión de caer en celada;
de corazón y orejas no quiera ser privada,
en ajena cabeza resulte escarmentada.

906   De las muchas burladas aviso y seso tome,
no quiera el amor falso, loca risa no asome.
Al asno confiado, el lobo, al fin, lo come;
(no me maldiga alguno; esto no se le encone).

907   De la charla peligrosa huya la niña hechicera,
pues de un granito de agraz resulta una gran dentera,

de una nuez muy chica nace gran árbol de gran
[noguera;
muchas espigas produce un grano de sementera.

908   Por todo el pueblo circulan sobre ella los decires,
muchos, después, la difaman con escarnios y reíres;
mujer, si te digo esto no te enojes ni te aíres,
mis cuentos y mis hazañas ruégote que bien los mires.

909   Aplícate bien la historia de la hija del endrino;
la conté por darte ejemplo, y no porque a mí avino.
Guárdate de vieja falsa, de bromas con mal vecino;
no estés con un hombre a solas ni te acerques al espino.

QUINTA DAMA: LA JOVENCILLA DELICADA QUE MURIO EN POCOS DIAS

910 Estando, después de esto, sin amor, desvelado,
vi una apuesta mujer reposando en su estrado.
Mi corazón, al punto llevóselo robado,
de todas cuantas vi nunca fui tan prendado.

911 Su talle era mejor que cuantos yo ver pud',
niña de pocos años, rica y de gran virtud,
hidalga, muy hermosa, de mucha juventud;
no vi otra como ésta, ¡que Dios me dé salud!

912 Muy apuesta y lozana y mujer de linaje,
pocas veces salía, huraña cual salvaje;
busqué trotaconventos que siguiera este viaje
pues ellas son comienzo para el santo pasaje.

913 Sabed que no busqué otro Fernán García,
ni lo pienso buscar, para mensajería;
jamás es conveniente la mala compañía.
Contra el mal mensajero, ¡valme, Santa María!

914 Aquesta mensajera fue vieja muy leal,
procuraba la charla diaria, aunque trivial;
en este cometido puso un interés tal
que cerca de la villa instaló el arrabal.

915 Luego, para empezar, escribí estos cantares
que le llevó la vieja, con dones singulares.
Dijo: —"Comprad, señora, aquestos almajares."
Contestóle: —"Lo haré cuando me los mostrares."

916 Comenzando a asediarla, dijo: —"Señora hija,
Mirad aquí, que os traigo esta hermosa sortija;

dadme vos esta [mano]". —(Poco a poco la aguija.)—
"Si no me descubrís, os diré una pastija.

917   "Yo sé de quien quisiera más el poderos ver
que ser dueño del pueblo y de todo su haber.
Señora, no queráis tan retraída ser;
salid al mundo donde Dios os hizo nacer."

918   La encantó de tal modo que bien la embeleñó,
entrególe mis versos, bien el lazo le echó;
al darle la sortija, el ojo le guiñó
y la sedujo tanto como bien lo aliñó.

919   Como dice el refrán que del sabio se saca;
el cedazuelo nuevo, tres días en estaca,
me dijo aquella vieja —tiene por nombre Urraca—
que no quería ser ni rapaz ni bellaca.

920   En broma, yo le dije: —"Tú, picaza parlera,
no tomes el sendero dejando carretera:
haz lo que te conviene, bien sabes la manera,
que no falta cabestro si hay buena sementera."

921   No me acordaba entonces de aquella frasecilla:
puede haber grave error en chanza menudilla.
Ofendióse la vieja tanto que, a maravilla
divulgó mi secreto extendiendo la hablilla.

922   Fue la dama guardada cuanto su madre pudo;
ya no podía verla así, tan a menudo;
de prisa yerra el hombre que no es de seso agudo,
o piensa lo que hablas o calla y hazte el mudo.

923   Lo comprobé en Urraca: si quieres ser discreto,
ni en público ni a solas olvides el respeto,
desde que en tu interior guardas algún secreto,
pues el mote veraz es el más indiscreto.

Diversos 924   A la tal mensajera nunca le llames maza;
nombres con gorjee bien o mal, no le llames picaza,
que son co- señuelo, cobertera, almádana, coraza,
nocidas las aldaba, recadera, cabestro ni almohaza.
alcahuetas.

925   Ni garabato, tía, cordel ni cobertor,
       ni tampoco escofina, cuerda ni rascador,
       ni pala, aguzadera, freno ni corredor,
       badila ni tenazas, ni anzuelo pescador.

926   Campana, taravilla, alcahueta ni porra,
       ni jáquima, adalid, guía ni corredora;
       no la llames trotera, por más que por ti corra;
       si este consejo sigues, la vieja te socorra.

927   Aguijón, escalera, abejorro ni losa,
       traílla ni trechón, ni registro ni glosa.
       Decir todos sus nombres sería fuerte cosa;
       artimañas y nombres tiene más que raposa.

928   Como dice un proverbio: para el pobre no hay ley,
       y, acuciándome Amor, mi señor y mi rey,
       me apenaba la dama, que estaría —pensé—
       triste y acongojada, como oveja sin grey.

929   No tuve otro remedio y supliqué a la vieja
       que otorgase el perdón y olvidase su queja;
       a la liebre, del hoyo saca la comadreja,
       al negro tornan blanco, cambiando su pelleja.

930   —"Arcipreste, a fe mía, vieja en apuros trota,
       os acordáis de mí porque no tenéis otra;
       conservad para vos la vieja que conforta,
       que mano besa el hombre que quisiera ver rota.

931   "No volváis a ofenderme y lo que yo he contado
       quedará desmentido y del todo borrado
       cual se deshace el lodo, entre los pies pisado;
       yo daré cima al caso; lo traeré rodado.

932   "No me llaméis con nombres que tengan fealdad,
       llamadme *Buen Amor* y os daré lealtad,
       que la buena palabra gusta a la vecindad
       y el buen decir no cuesta más que la necedad."

933   Por dar gusto a la vieja, por hablar con razón,
       Buen Amor llamé al libro y a la vieja en unión

y, desde entonces, ella me trajo mucho don;
no hay pecado sin pena, favor sin galardón.

934   Obró con maestría y sutil travesura:
fingióse loca pública, yendo sin vestidura.
Dijo luego la gente: —"¡Dé Dios mala ventura
a vieja de mal seso, capaz de tal locura!"

935   Dicen por las esquinas: —"¡Se vea condenado
quien a esa vieja loca crea lo que ha contado!"
El crédito lamentan que antes le habían dado.
¡Nunca mano de vieja con más gusto he besado!

936   Pasados pocos días apagóse la fama;
ya a la niña no guardan su madre ni su ama.
A la vieja volvíme como a la buena rama;
¡quien tal vieja tuviere, guárdela como al alma!

937   Hízose corredora, de las que venden joyas;
ya dije que preparan las trampas y las hoyas.
Tales caducos sapos, maestros en tramoyas,
saben dar el mazazo: te conviene que oigas.

938   También os tengo dicho que estas viejas buhonas
andan de casa en casa, vendiendo muchas donas,
sin que nadie sospeche están con las personas;
soplando, son capaces de que anden las tahonas.

939   La mi leal Urraca, ¡que Dios me la mantenga!
sostuvo su palabra ¡no lo hace toda Menga!
Dijo: —"Quiero hacer frente a todo lo que venga
y hacer que la pelota su rodar no detenga.

940   "Ahora es el momento, porque ya no la guardan
y, con mi compraventa, de mí no se resguardan.
Veréis como sus chismes en lamentar no tardan;
donde no riñen viejos, allí cuervos no graznan."

941   No sé si la hechizó o si le dio atincar,
o si le dio rainela, o le dio mohalinar,
o si le dio ponzoña, o algún don sigular;
muy de prisa la supo de su seso sacar.

942   De la misma manera que el señuelo al halcón,
así atrajo la Urraca a la dama al rincón;
amigos, yo lo digo: refranes, verdad son,
yo sé que perro viejo nunca ladra a un tocón.

943   Como es natural cosa el nacer y el partir,
llegó, por mala suerte, mi señora a morir.
Falleció a pocos días ¡no lo puedo decir!
¡Dios perdone su alma; quiérala recibir!

944   Con el triste quebranto y con el gran pesar,
enfermo estuve en cama y pensé peligrar;
transcurrieron dos días sin poder levantar.
Dije: —"¡Rico bocado, si no fuera el pagar!"

945   El mes era de Marzo, iniciado el verano,
vino a verme una vieja, me dijo de antemano:
—"¡Más vale que esté enfermo el bribón que no
[sano!"
La sujeté yo luego y hablé con seso vano.

946   Con disgusto, la vieja me dijo muchas veces:
—"Arcipreste, es mayor el ruido que las nueces".
Dije yo: —"¡Dióme el diablo estas ruines vejeces!
¡Cuando han bebido el vino, hablan mal de las heces!"

947   De todo este fastidio, de este tal moscardón
hice coplas cazurras de todo su sermón;
no se asusten las damas ni tengan desazón
pues cuantas las oyeron ríen de corazón.

948   A vos, señoras mías, por vuestra cortesía,
os demando perdón; sabed que no querría
provocar vuestro enojo, de pesar moriría;
dejad que entre lo serio pase una bobería.

949   Si me lo concedéis, sigo mi relación
de dichos y de hechos, con todo el corazón;
no hay quien no yerre en cuento de larga duración,
el oyente cortés tenga presto el perdón.

950   Probar todas las cosas el Apóstol lo manda;
quise probar la sierra, hice loca demanda,
pronto perdí la mula y no hallaba vianda;
el que no se conforma con pan, sin seso anda.

951   El mes era de marzo, día de San Meder,
al puerto de Lozoya fui el camino a emprender.
De nieve y de granizo no me pude esconder;
quien no ha perdido y busca, lo suyo ha de perder.

952   En la cima del puerto tuve sorpresa ingrata,
encontré una vaquera al lado de una mata.
Preguntéle quién era; respondióme: —"¡La chata!
Yo soy la chata recia, la que a los hombres ata.

953   "Yo guardo este pasaje y su portazgo cojo,
al que pago de grado, nunca le causo enojo;
al que pagar no quiere, bien pronto le despojo.
Págame tú o verás cómo trillan rastrojo."

954   Me cerraba el camino porque era muy estrecho,
era sendero angosto, por los vaqueros hecho.
Cuando me vi en apuros, aterido y maltrecho,
dije: —"Amiga, sin gana ladra el perro en barbecho.

955   "Déjame paso, amiga, darte he joyas de sierra;
si quieres, dime cuáles usan en esta tierra,
pues según dice el cuento, quien pregunta no yerra;
¡por Dios, dame posada! ¡el frío me echa en tierra!"

956   Respondióme la chata: —"El que pide no escoge;
ofrece alguna cosa y no hagas que me enoje.
Si das algo, no temas que la nieve te moje;
te aconsejo que aceptes antes que te despoje".

957   Ya la vieja lo dice, bebiendo su madeja:
comadre, el que no puede vivir, morir se deja;
así, muerto de frío, asustado y con queja,
ofrecíle aderezos y zurrón de coneja.

958   Echóme a su pescuezo por mis buenas respuestas
y a mí no me pesó que me cargara a cuestas;
excusóme pasar los arroyos y cuestas.
De lo que me ocurrió hice coplas; son estas:

Cantiga de la   959   Pasando yo una mañana
serrana de   el puerto de Malangosto
Malangosto.   asaltóme una serrana
                                 tan pronto asomé mi rostro.
                                 —"Desgraciado, ¿dónde andas?
                                 ¿Qué buscas o qué demandas
                                 por aqueste puerto angosto?

960   Contesté yo a sus preguntas:
—"Me voy para Sotos Albos".
Dijo: —"¡El pecado barruntas
con esos aires tan bravos!
Por aquesta encrucijada
que yo tengo bien guardada,
no pasan los hombres salvos."

961   Plantóseme en el sendero
la sarnosa, ruin y fea,
dijo: —"¡Por mi fe, escudero!
aquí me estaré yo queda;
hasta que algo me prometas,
por mucho que tú arremetas,
no pasarás la vereda."

962   Díjele: —"¡Por Dios, vaquera,
no pasarás la vereda."

---

957 a. "... bebiendo su madeja"; imagen sugerida por la acti-
tud de la vieja hilando en la rueca, que se ayuda con los labios
para humedecer y así estirar mejor el copo de lino o el vellón
de lana.

no me estorbes la jornada!
deja libre la carrera;
para ti no traje nada."
Me repuso: —"Entonces torna,
por Somosierra trastorna,
que aquí no tendrás posada."

963

   Y la chata endiablada,
¡que San Julián la confunda!
arrojóme la cayada
y, volteando su honda,
dijo, afinando el pedrero:
—"¡Por el Padre verdadero,
tú me pagas hoy la ronda!"

964

   Nieve había, granizaba,
hablóme la chata luego
y hablando me amenazaba:
—"¡Paga o ya verás el juego!"
Dije yo: —"¡Por Dios, hermosa,
deciros quiero una cosa,
pero sea junto al fuego!"

965

   —"Yo te llevaré a mi casa
y te mostraré el camino,
encenderé fuego y brasa
y te daré pan y vino.
Pero ¡a fe!, promete algo
y te tendré por hidalgo.
¡Buena mañana te vino!"

966

   Yo, asustado y arrecido,
le prometí una garnacha
y ofrecí, para el vestido,
un prendedor y una plancha.
Dijo: —"Yo doy más, amigo.
¡Anda acá, vente conmigo,
no tengas miedo a la escarcha!".

967
　　　Cogióme fuerte la mano
y en su pescuezo la puso;
como a algún zurrón liviano
llevóme la cuesta ayuso.
—"¡Desgraciado! no te espantes,
que bien te daré que yantes
como es en la sierra uso."

968
　　　Me hizo entrar mucho aína
en su venta, con enhoto;
y me dió lumbre de encina,
mucho conejo de Soto,
buenas perdices asadas,
hogazas mal amasadas
y buena carne de choto.

969
　　　De vino bueno un cuartero,
manteca de vacas, mucha,
mucho queso de ahumadero,
leche, natas y una trucha;
después me dijo: —"¡Hadeduro!
Comamos de este pan duro,
luego haremos una lucha."

970
　　　Cuando el tiempo fue pasando,
fuíme desentumeciendo;
como me iba calentando
así me iba sonriendo.
Observóme la pastora;
dijo: —"Compañero, ahora
creo que voy entendiendo".

971
　　　La vaqueriza, traviesa,
dijo: "Luchemos un rato,
levántate ya, de priesa;
quítate de encima el hato".
Por la muñeca me priso,
tuve que hacer lo que quiso,
¡creo que me fué barato!

972   Después de esta aventura, me fui para Segovia,
pero no a comprar joyas para la chata troya;
fui a ver una costilla de la serpiente groya
que mató al viejo Rando, según dicen en Moya.

973   En la ciudad estuve y gasté mi caudal,
no encontré pozo dulce ni fuente perenal;
dije, al ver que mi bolsa se encontraba muy mal:
mi hogar y mi casita más de cien sueldos val'.

974   Volví para mi tierra de allí al tercero día,
sin pasar por Lozoya, pues joyas no traía;
pensé tomar el puerto que llaman la Fuenfría
y equivoqué el camino, como quien no sabía.

975   Por el pinar abajo encontré una vaquera
que guardaba sus vacas en aquella ribera.
Dije: —"Ante vos me humillo, serrana placentera,
o me quedo con vos o mostradme carrera."

976   —"Me pareces muy sandio, pues así te convidas,
no te acerques a mí, antes toma medidas,
que si no, yo te haré que mi cayado midas:
si te cojo de lleno, verás que no la olvidas."

977   Aprenda este refrán quien del mal no se quita:
escarba la gallina y encuentra su pepita.
Cuando quise acercarme a la chata maldita,
de un golpe me dejó una oreja marchita.

978   Me empujó cuesta abajo y me quedé aturdido,
allí probé lo malo que es el golpe de oído.
—"¡Confunda Dios —me dije— tal cigüeña de ejido
que de tal modo acoge cigoñinos en nido!"

979   Después que en mí hubo puesto las sus manos
                                               [airadas,
dijo la condenada: —"No pises las aradas,
no maldigas el juego, porque en estas andadas
se conquistan a veces las buenas dineradas.

980   "Vamos a mi cabaña, sin que lo sepa Herroso,
te enseñaré el camino, comerás en reposo
y te irás a Cornejo; no seas rencoroso."
Cuando la vi contenta alcéme presuroso.

981   Me cogió de la mano y marchamos en uno;
eran las tres pasadas y yo estaba ayuno,
llegamos a la choza, no hallamos a ninguno;
me propuso jugar el juego por mal de uno.

982   —"¡Pardiez! —dije yo— amiga, más quisiera al-
                                               [morzar;
en ayunas y helado no, me puedo alegrar,
si antes no comiese no podría jugar."
No le gustó ese dicho, me quiso amenazar.

983   Cenamos los dos juntos. Dije yo: —"Así se prueba
que pan y vino valen más que camisa nueva".
Pagada la merienda me separé de Algueva,
le pedí me mostrase la senda, que era nueva.

984   Rogóme que pasase con ella aquella tarde
(es mala de apagar la estopa cuando arde).

---

983 ª. La frase inicial de este verso, en el único texto que conserva esta copla es: *Penso de mi e dellà*, de interpretación, para
mí, no clara dentro del texto.

983 c. J. E. Gillet, en "*Escote la meryenda e party me dalgueua*", (*Hispanic Review*, XXIV, 1956), estudió el problema que
presenta Algueva como posible nombre de lugar o de persona y
llegó a la conclusión de que es un derivado de Eva que Juan Ruiz'
quiso imponer a la serrana, coincidiendo así aquel investigador
con la versión que habíamos dado ya en la primera edición del
presente libro.

Dije yo: —"Tengo prisa, ¡así Dios me resguarde!"
Enfadóse conmigo, recelé y fuí cobarde.

985   Sacóme de la choza, llegóme a dos senderos,
los dos son muy usados y buenos camineros;
anduve cuanto pude, de prisa, los oteros,
llegué con sol, temprano, a la aldea de Herreros.

986   De esta burla pasada hice un cierto cantar,
que, si no es muy hermoso, tampoco es muy vulgar;
hasta que el libro entiendas no quieras censurar,
que una cosa es leer y otra interpretar.

987   Siempre me vendrá a la mente   *Cantiga de la*
            esta serrana valiente,   *serrana de*
            Gadea de Riofrío.   *Riofrío.*

---

985 a En la primera edición había yo empleado el verbo
llevar, para el segundo hemistiquio, a fin de hacer más actual
la expresión, pero rectifico ahora para redactar con más justeza
la presente nota. El verso queda igual al del Arcipreste (códice G), salvo la grafía: *ssacome de la choça llegome a dos senderos.*
Thomas R. Hart (op. cit., p. 78), propone que se lea esta línea
empleando la primera persona en ambos verbos, estimándolos
como usados en presente histórico: *Sácome de la choza e llégo-
me a dos senderos.* Le induce a ello la consideración de que
"es difícil ver por qué la *serrana* debería ser sujeto de *sacar* y
llegar. Este último verbo no se usa generalmente como tran-
sitivo; puede ser, desde luego, un error del copista por *llevar*".
No me resuelvo a compartir este criterio; creo que la serrana,
enfadada o satisfecha, pudo sacar de la choza al galán (zalamera
si estaba contenta; a empellones, si se había ofendido), llegándo-
lo (tr. *Dic.* 10), acercándolo, a los senderos por donde pudiera
seguir el camino perdido, ya por prestarle ayuda (si enamorada),
ya por apartarlo de sí cuanto antes (si furiosa). El presente histórico quebraría con excesiva brusquedad la línea continuada del
relato en pasado y es forma excepcional en el estilo de la obra.
El verso 985 b, que aduce Hart como apoyo, emplea el presente,
pero no se trata de presente histórico ya que los senderos, si bien
eran usados y camineros cuando el viajero dejó a la serrana, se
supone que lo seguían siendo en el momento de contar la aventura.

988
    Cuando salí de la aldea
(aquella que ya he nombrado)
encontréme con Gadea;
guarda vacas en el prado.
Dije: —"¡En buena hora sea
cuerpo tan bien aliñado!"
Ella me repuso: —"¡Ea!
que tu camino has errado
y vagas como erradío".

989
—"Errante ando, serrana
en esta gran espesura;
a veces, el hombre gana
y otras pierde, por ventura.
Pero yo, en esta mañana
no tengo, en andar, premura,
pues os he encontrado, hermana,
aquí en aquesta verdura,
en la ribera del río."

990
    ¡Qué risa! ¡cómo repuso
la serrana, muy ceñuda!
Descendió la cuesta ayuso;
como era muy sañuda,
dijo: —"¿No sabes el uso
de domar a la res muda?
Tal vez el diablo te puso
esa lengua tan aguda.
¡Si la cayada te envío...!"

991
    Arrójome la cayada,
dióme tras el pestorejo,
me hizo dar la costalada,
derribóme en el vallejo.
Me gritó la endiablada:
—"¡Así apiolan al conejo!
Yo te sobaré la albarda
si sigues con tu gracejo.
¡Anda, sandio, ve a tu avío!"

992
Hospedóme y dióme vianda
pero pagar me la hizo.
Como no cumplí su manda,
dijo: —"Ruin, gafo, cenizo!
¡Mal me salió la demanda!
¡Dejar por ti al vaquerizo!
Ya te diré, si no ablandas,
cómo se enrosca el erizo
sin que llueva y sin rocío."

NOVENA DAMA: LA SERRANA BOBA DE CORNEJO, MENGA LLORIENTE

993   Lunes, antes del alba, comencé mi camino
y, cerca de Cornejo, hallé, cortando un pino,
una serrana lerda; diré lo que me vino.
Pensó casar conmigo como con un vecino.

994   Preguntábame cosas; creyó que era pastor,
por escuchar bobadas, suspendió su labor,
pensó que me tenía loco a su alrededor;
olvidó la advertencia del buen consejador

995   cuando dice a su amigo queriendo aconsejar:
No dejes lo ganado por lo que has de ganar;
si dejas lo seguro por inseguro azar,
no tendrás lo que quieres, te podrás engañar.

996   De cuanto allí pasó hice un cantar serrano
que va escrito en el libro que tienes en la mano.
Hacía muy mal tiempo, aunque ya era verano;
al alba, pasé el puerto, por descansar temprano.

Cantiga de la   997   Por la venta del Cornejo,
serrana boba   primer día de semana,
del Cornejo,   a la mitad del vallejo,
Menga Llo-   encontréme una serrana
riente.   vestida de buen bermejo
y buen ceñidor de lana.
Dije: —"¡Dios te salve, hermana!"

998   —"¿Qué buscas por esta tierra?
¿cómo andas descaminado?"
Dije: —"Ando por esta sierra
do casaría de grado".

Ella dijo: —"Pues no yerra
quien es por aquí casado;
busca y hallarás tu agrado.

999
   "Mas antes, pariente, trata
de decir si sabes algo".
Dije: —"Bien sé guardar vacas,
la yegua en cerro cabalgo,
sé el lobo cómo se mata;
cuando yo detrás de él salgo,
antes lo alcanzo que el galgo.

1000
   "Sé muy bien tornear vacas
y domar bravo novillo,
sé batir y hacer las natas
y sé hacer un odrecillo;
con guita, coser abarcas;
tañer bien el caramillo
y montar bravo potrillo.

1001
   "Sé danzar el antibajo,
no hay baile en que yo esté quedo;
de que me venza alto o bajo
pienso que no tengo miedo.
Cuando a luchar me rebajo,
al que una vez coger puedo
derríbolo con denuedo. "

1002
   —"Aquí tendrás casamiento
tal como lo apetecieres.
Casaréme a mi contento
contigo; si algo me dieres,
tendrás buen entendimiento."
—"Pídeme lo que quisieres;
te daré lo que pidieres."

1003
   Dijo: —"Dame un prendedero
que sea de rojo paño,
regálame un buen pandero

y seis anillos de estaño;
un zamarrón disantero
y un jubón para entre el año
¡y no me hables con engaño!

1004   "Dame zarcillos y hebilla
de latón, bien reluciente
y dame toca amarilla,
listada sobre la frente;
botas hasta la rodilla,
y dirá toda la gente:
¡Bien casó Menga Lloriente!"

1005   Dije: —"Te daré esas cosas
y aún más, si más comides,
lozanas y muy hermosas.
A tus parientes convides;
hagamos luego las bodas,
de todo esto nada olvides,
que ya voy por lo que pides."

1006   Hace siempre mal tiempo en la sierra y la altura,
o nieva o está helando, no hay jamás calentura;
en lo alto del puerto sopla ventisca dura,
viento con gran helada, rocío y gran friúra.

1007   Como el hombre no siente tanto frío si corre,
corría la cuesta abajo, mas, si apedreas torre,
te cae la piedra encima, antes que salgas horre.
Yo dije: —"¡Estoy perdido, si Dios no me socorre!"

1008   Desde que yo nací, no pasé tal peligro:
llegando al pie del puerto encontréme un vestiglo,
el más grande fantasma que se ha visto en el siglo,
yegüeriza membruda, talle de mal ceñiglo.

1009   Con la cuita del frío y de la gran helada,
le rogué que aquel día me otorgase posada.
Díjome que lo haría si le fuese pagada;
di las gracias a Dios; nos fuimos a Tablada.

1010   Sus miembros y su talle no son para callar,
me podéis creer, era gran yegua caballar;
quien con ella luchase mal se habría de hallar,
si ella no quiere, nunca la podrán derribar.

1011   En el Apocalipsis, San Juan Evangelista
no vio una tal figura, de tan horrible vista;
a muchos costaría gran lucha su conquista,
¡no sé de qué diablo tal fantasma es bienquista!

1012   Tenía la cabeza mucho grande y sin guisa
cabellos cortos, negros, como corneja lisa,
ojos hundidos, rojos; ve poco y mal divisa;
mayor es que de osa su huella, cuando pisa.

1013   Las orejas, mayores que las de añal borrico,
el su pescuezo, negro, ancho, velludo, chico;
las narices, muy gordas, largas, de zarapico,
¡sorbería bien pronto un caudal de hombre rico!

1014   Su boca era de alano, grandes labios muy gordos,
dientes anchos y largos, caballunos, moxmordos;
sus cejas eran anchas y más negras que tordos.
¡Los que quieran casarse, procuren no estar sordos!

1015   Mayores que las mías tiene sus negras barbas;
yo no vi más en ella, pero si más escarbas,
hallarás, según creo, lugar de bromas largas,
aunque más te valdrá trillar en las tus parvas.

1016   Mas en verdad, yo pude ver hasta la rodilla,
los huesos mucho grandes, zanca no chiquitilla;
de cabrillas del fuego una gran manadilla,
sus tobillos, mayores que de una añal novilla.

1017   Más ancha que mi mano tiene la su muñeca,
velluda, pelos grandes y que nunca está seca;
voz profunda y gangosa que al hombre da jaqueca,
tardía, enronquecida, muy destemplada y hueca.

1018   Es su dedo meñique mayor que mi pulgar,
son los dedos mayores que puedes encontrar,
que, si algún día, ella te quisiere espulgar,
dañaran tu cabeza cual vigas de lagar.

1019   Tenía en el justillo las sus tetas colgadas,
dábanle en la cintura porque estaban dobladas,
que, de no estar sujetas, diéranle en la ijadas;
de la cítara al son bailan, aun no enseñadas.

1020   Costillas muy marcadas en su negro costado,
tres veces las conté, mirando acobardado.
Ya no vi más, te digo, ni te será contado,
porque mozo chismoso no hace bien el recado.

1021   De cuanto ella me dijo y de su fea talla
escribí tres cantigas, mas no logré pintarla;

dos de ellas, cancioncillas, otra para bailarla.
Si alguna no te gusta, léela, ríe y calla.

1022
Cerca de Tablada,
la sierra pasada,
me hallé con Aldara,
a la madrugada.

*Cantiga de la
serrana feu,
Aldara, de
Tablada.*

1023
En lo alto del puerto
temí caer muerto
de nieve y de frío
y de aquel rocío
y de gran helada.

1024
En la descendida,
eché una corrida;
hallé una serrana
hermosa y lozana
y muy colorada.

1025
Hablé yo con ella:
—"Humíllome, bella."
Dijo: —"Tú que corres
aquí no demores,
anda tu jornada."

1026
Dije: —"Frío tengo
y por eso vengo
a vos, hermosura;
quered, por mesura,
hoy darme posada."

1027
Díjome la moza:
—"Pariente, en mi choza,
aquel que allí posa
conmigo desposa
y me da soldada."

1028
Dije: —"De buen grado,
aunque soy casado
aquí en Herreros,
de los mis dineros
os daré, amada."

1029   Dijo: —"Ven conmigo."
Llevóme consigo,
dióme buena lumbre,
como es de costumbre
en sierra nevada.

1030   Y pan de centeno
tiznado, moreno;
dióme vino malo,
agrillo y ralo
y carne salada.

1031   Y queso de cabras.
—"Hidalgo —dijo— abras
ese brazo y toma
un trozo de soma
que tengo guardada.

1032   "Huésped —dijo— almuerza,
bebe y toma fuerza,
caliéntate y paga;
que mal no se te haga
hasta la tornada.

1033   "Quien dádivas diere
como yo pidiere,
tendrá buena cena,
tendrá cama buena,
sin que pague nada."

1034   —"Pues si eso decís,
¿por qué no pedís
la que daros haya?"
Ella dijo: —"¡Vaya,
aunque no sea dada!

1035   "Pues dame una cinta
bermeja, bien tinta
y buena camisa,
cosida a mi guisa,
con su collarada.

1036
      "Dame buenas sartas
de estaño; sean hartas.
Y una joya hermosa,
que sea valiosa
y una piel delgada.

1037
      "Dame buena toca
listada de cota
y dame zapatas
de caña, bien altas,
de pieza labrada.

1038
      "Con aquestas joyas,
quiero que lo oigas,
serás bien venido;
serás mi marido
y yo tu velada."

1039
      —"Serrana señora,
tanta cosa ahora
no traje a esta altura;
haré fiadura
para la tornada."

1040
      Contestó la fea:
—"Donde no hay moneda
no hay mercadería,
ni hay hermoso día
ni faz halagada.

1041
      "No hay mercadero
bueno sin dinero,
y yo no me fío
si no dan lo mío
ni doy la posada.

1042
      "No basta homenaje
para el hospedaje;
por dineros hace
hombre cuanto place,
es cosa probada."

1043 Santiago Apóstol dice que todo bien cumplido
y toda cosa buena, de Dios siempre han salido,
y yo, cuando salí de todo aquel ruido,
quise pedir a Dios que no me diese a olvido.

1044 Cerca de aquella sierra hay un lugar honrado,
muy santo y muy devoto, de la Virgen del Vado.
Hice allí una vigilia, como es acostumbrado,
a honra de María ofrecí este dictado.

*Salutación a
la Virgen.* 1045 A ti, noble Señora, tan llena de piedad,
¡luz luciente del mundo, del Cielo claridad!
mi alma con mi cuerpo, ante tu majestad,
ofrezco con mis versos y con gran humildad.

1046 El alma a ti se inclina, Madre del Salvador,
¡Virgen Santa, benigna, oye a mí, pecador!

1047 Mi alma te saluda, para tu alabanza,
de ti no se muda; eres mi esperanza.
Virgen, sé mi ayuda y sin más tardanza,
por mí ruega a Dios, tu hijo, mi Señor.

1048 Aunque de alta gloria gozas con placer,
yo, por tu memoria, algo quiero hacer;
la piadosa historia que a Jesús yacer
hizo en la prisión con pena y dolor.

*A la Virgen,
sobre la Pa-
sión de su
Hijo.* 1049 Miércoles, a tercia, el cuerpo de Cristo
Judea lo aprecia; a esa hora fue visto
en cuán poco precia a tu hijo bienquisto
Judas; lo vendió, ¡apóstol traidor!

1650 En treinta dineros quedó el vendimiento,
¡pagos cicateros de aquel noble ungüento!

Todos placenteros y con gran contento
dan lo estipulado al ruin vendedor.

1051 A hora de maitines dijo Judas: *¡Paz!*
Judíos golfines, como a hombre rapaz,
aquellos mastines allí, ante su faz,
sujétanle luego, de él en derredor.

1052 Tú con él estando, a hora de prima,
le viste llevando; ¡su aspecto lastima!
Pilatos, juzgando, escúpenle encima
de su faz tan clara, del Cielo fulgor.

1053 A la tercia hora, Cristo fue juzgado;
juzgólo la Tora. ¡Pueblo porfiado
que por esto mora a esclavitud dado!
¡Nunca saldrá de ella ni habrá salvador!

1054 Y dándole vaya, llévanlo a la muerte;
sobre la su saya echaron la suerte,
por ver quién la haya. ¡Qué pesar tan fuerte!
¿Quién dirá, Señora, cuál es el mayor?

1055 A hora de sexta fue puesto en la cruz.
¡Gran pena fue ésta para tu hijo duz!
mas fue bien dispuesta; nació allí la luz
resplandor del Cielo, siempre durador.

1056 A hora de nona murió, y sucedió
que, por su persona, el sol se ocultó;
al herir la ascona, la tierra tembló,
salió sangre y agua, del mundo dulzor.

1057 La tarde acabada, ya fue descendido;
la noche llegada, con ungüento ungido;
de piedra tallada en tumba metido,
un centurión puesto allí guardador.

1058 Por aquestas llagas de Santa Pasión,
a mis penas hagas dar consolación.
Tú, que a Dios halagas, dame bendición;
que sea yo tuyo siempre servidor.

Otra compo-
sición a la
Pasión de
Cristo.

1059   Los que la Ley tenemos,   de Cristo, que guardar,
de su muerte debemos   dolernos y acordar.

1060   Dijeron profecías   lo que se iba a cumplir;
primero, Jeremías,   que Él iba a venir;
dijo luego Isaías   que había de parir
la Virgen, que sabemos   Santa María estar.

1061   Dice otra profecía   de aquella vieja Ley
que el Cordero vendría   para salvar su grey;
Daniel ya lo decía   por Cristo, nuestro Rey,
en David lo leemos,   creo yo recordar.

1062   Como profetas dicen,   esto ya se cumplió:
vino de Santa Virgen   y de Virgen nació
el que todos bendicen,   quien por todos murió,
Dios y hombre que vemos   en el sagrado altar.

1063   Por salvar fue venido   al linaje humanal,
fue por Judas vendido   por muy poco caudal,
fue preso, escarnecido   de judíos, muy mal;
al Dios en quien creemos   hicieron azotar.

1064   En su faz escupieron,   del Cielo claridad;
espinas le pusieron   con mucha cruëldad,
en la cruz lo subieron   no tuvieron piedad;
de estas llagas tomenos   dolor y gran pesar.

1065   Con clavos enclavaron   manos y pies de Él
y su sed abrevaron   con vinagre y con hiel.
Llagas que le llagaron   son más dulces que miel
para los que en Él vemos   esperanza sin par.

1066   Por nos, en cruz fue muerto,   malherido y llagado,
y después le fue abierto   con lanza su costado;
por estas llagas, cierto,   es el mundo salvado.
A quienes lo creemos   Él nos quiera salvar.

1067   Acercándose viene un tiempo de Dios, santo;
        fuime para mi tierra a descansar un cuanto,
        de entonces a ocho días era Cuaresma, tanto
        que puso por el mundo gran miedo y gran espanto.

1068   Estando yo en la mesa con don Jueves Lardero,   *Desafío que*
        entregóme dos cartas un rápido trotero;   *la Cuaresma*
        diré lo que decían, mas no lo haré ligero   *hizo a don*
        pues las cartas, leídas, devolví al mensajero.   *Carnal.*

1069   *De mí, Santa Cuaresma, sierva del Criador*
        y por Dios enviada a todo pecador,
        a todos arciprestes y curas sin amor
        salud en Jesucristo, hasta Pascua Mayor.

1070   *Sabed que me dijeron que, hace cerca de un año,*
        se muestra don Carnal muy sañudo y huraño,
        devastando mis tierras, haciendo muy gran daño,
        vertiendo mucha sangre; con disgusto me extraño.

1071   *Y por esta razón, en virtud de obediencia,*
        os mando firmemente, so pena de sentencia,
        que por mí, por mi Ayuno y por mi Penitencia,
        vos le desafiéis con mi carta de creencia.

1072   *Decidle sin rodeos que de hoy en siete días,*
        la mi persona misma, con las mis compañías,
        iremos a luchar con él y sus porfías;
        temo no se detenga en sus carnicerías.

1073   *Devolved al trotero la carta ya leída;*
        que la muestre a la gente, no la lleve escondida;
        que no digan después que no fue conocida.
        Fechada en Castro Urdiales y en Burgos recibida.

¹⁰⁷⁴ Otra carta traía abierta y bien sellada,
una concha muy grande de la carta colgada,
que era el sello usual de la dama nombrada;
la nota es la que sigue, a don Carnal mandada:

¹⁰⁷⁵ *De mí, doña Cuaresma, justicia de la mar,*
alguacil de las almas que se habrán de salvar,
a ti, Carnal goloso, que nunca te has de hartar,
el Ayuno, en mi nombre, te va a desafiar.

¹⁰⁷⁶ *De hoy en siete días, a ti y a tu mesnada*
haré que en campo abierto batalla sea dada;
hasta el Sábado Santo habrá lid continuada,
de muerte o de prisión no tendrás escapada.

¹⁰⁷⁷ Leídas ambas cartas, comprendí lo ordenado,
vi que a mí me tocaba cumplir este mandado
pues no tenía amor ni estaba enamorado;
a mi huésped y a mí nos puso en gran cuidado.

¹⁰⁷⁸ Yo tenía a don Jueves por huésped a mi mesa;
alzóse bien alegre, de lo que no me pesa.
Dijo: —"Yo seré alférez contra la infeliz esa;
yo lucharé con ella pues me tienta la empresa."

¹⁰⁷⁹ Después de darme gracias por el mi gran convid,
fuese. Yo escribí carta y al Viernes dije: "Id
a ver a don Carnal, todo esto le decid;
que venga preparado el Martes a la lid.

¹⁰⁸⁰ Las cartas recibidas, don Carnal, orgulloso,
mostrábase esforzado, pero estaba medroso;
no quiso dar respuesta y vino presuroso
con una gran mesnada, pues era poderoso.

Ejército de ¹⁰⁸¹ Amaneciendo el día del plazo señalado,
don Carnal. acudió don Carnal, valiente y esforzado,
de gentes bien armadas muy bien acompañado;
Alejandro, ante ellas, mostraría su agrado.

¹⁰⁸² Puso en las avanzadas muchos buenos peones,
gallinas y perdices, conejos y capones,

ánades y lavancos y gordos ansarones;
allí se ejercitaban, cerca de los tizones.

1083   Traían buenas lanzas de peón delantero,
espetos muy cumplidos, de hierro y de madero,
escudábanse todos con el gran tajadero;
en perfecta comida, ellos vienen primero.

1084   Detrás de los citados, están los ballesteros,
los patos, las cecinas, costillas de carneros,
piernas de puerco fresco, los jamones enteros;
detrás de todos éstos vienen los caballeros.

1085   Las tajadas de vaca; lechones y cabritos
que por allí saltaban y daban grandes gritos.
Luego, los escuderos: muchos quesuelos fritos
que dan con las espuelas a los vinos bien tintos.

1086   Seguía una mesnada nutrida de infanzones:
numerosos faisanes, los lozanos pavones
ricamente adornados, enhiestos sus pendones,
con sus armas extrañas y fuertes guarniciones.

1087   Eran muy bien labradas, templadas y muy finas.
Ollas de puro cobre traen por capellinas;
por adargas, calderas, sartenes y cocinas.
¡Campamento tan rico no tienen las sardinas!

1088   Vinieron muchos gamos y el fuerte jabalí:
—"Señor, en esta guerra, no prescindas de mí,
puesto que muchas veces lidié con don Alí;
soy ducho en el combate y siempre en él valí."

1089   No había terminado de pronunciar su verbo,
cuando he aquí que viene, velocísimo el ciervo.
Dijo: —"Señor, me humillo ante ti, leal siervo;
para poder servirte, ¿no soy acaso ciervo?

1089 d. Juego de palabras entre ciervo y siervo: la pronuncia-
ción era, entonces, semejante.

¹⁰⁹⁰   A la revista acude, muy ligera, la liebre:
—"Señor, a la enemiga yo le causaré fiebre
con sarna y con diviesos y haré que no se acuerde
sino de mi pelleja cuando alguno le quiebre."

¹⁰⁹¹   Vino el chivo montés con corzas y torcazas,
profiriendo bravuras con muchas amenazas;
—"Señor —dijo—, si a ella conmigo la entrelazas
no te hará mucho daño, aun con sus espinazas."

¹⁰⁹²   Se acercó paso a paso el viejo buey lindero:
—"Señor —dijo—, a pastar me echa hoy el yuguero
porque ya no le sirvo en labranza o sendero,
pero te haré servicio con mi carne y mi cuero."

¹⁰⁹³   Estaba don Tocino con mucha otra cecina,
tajadillos y lomos, henchida la cocina,
todos muy bien dispuestos para la lid marina.
La Cuaresma, más lenta, demostró ser ladina.

¹⁰⁹⁴   Como es don Carnal muy grande emperador
y tiene por el mundo poder como señor,
las aves y las reses, por respeto y amor,
se presentan humildes, pero tienen temor.

¹⁰⁹⁵   Estaba don Carnal ricamente instalado
en mesa bien provista, sobre opulento estrado;
los juglares, ante él, cual señor venerado;
de todos los manjares estaba bien colmado.

¹⁰⁹⁶   Delante de sí tiene a su alférez humil,
hincada la rodilla, en la mano el barril
con que a menudo toca el son trompeteril;
hablaba mucho el vino, de todos alguacil.

¹⁰⁹⁷   Cuando vino la noche, ya después de la cena,
cuando todos tenían la talega bien llena,
para entrar en contienda con la rival serena,
dormidos se quedaron todos enhorabuena.

¹⁰⁹⁸   Esa noche, los gallos miedosos estuvieron,
velaron con espanto, ni un punto se durmieron

lo que no es maravilla, pues sus hembras murieron,
y así, se alborotaron del ruido que oyeron.

1099 Hacia la media noche, en medio de las salas,
entró doña Cuaresma, ¡Señor, Dios, Tú nos valgas!
Dieron voces los gallos y batieron sus alas;
a don Carnal llegaron estas noticias malas.

*Doña Cuares-
ma sorpren-
de dormidos
a don Car-
nal y a su
ejército.*

1100 Como había el buen hombre muy de sobra comido
y, con la mucha carne, mucho vino bebido,
estaba abotargado, estaba adormecido;
por todo el real suena de alarma el alarido.

1101 Todos amodorrados fueron a la pelea;
forman las unidades mas ninguno guerrea.
La tropa de la mar bien sus armas menea
y lanzáronse a herir todos, diciendo: —"¡Ea!"

1102 El primero de todos que hirió a don Carnal
fue el puerro cuelliblanco, y dejólo muy mal,
le obligó a escupir flema; esta fue la señal.
Pensó doña Cuaresma que era suyo el real.

*Combate en-
tre los ejér-
citos de am-
bos comba-
tientes y des-
cripción del
de doña Cua-
resma.*

1103 Vino luego en su ayuda la salada sardina
que hirió muy reciamente a la gruesa gallina,
se atravesó en su pico ahogándola aína;
después, a don Carnal quebró la capellina.

1104 Vinieron muchas mielgas en esta delantera,
los verdeles y jibias son, del flanco, barrera;
dura está la pelea, de muy mala manera,
caía en cada bando mucha buena mollera.

1105 De parte de Valencia venían las anguilas,
saladas y curadas, en grandes manadillas;
daban a don Carnal por entre las costillas,
las truchas de Alberche dábanle en las mejillas.

1106 Andaba allí el atún, como un bravo león,
encontró a don Tocino, díjole gran baldón;
si no es por la cecina que desvió el pendón,
a don Lardón le diera en pleno corazón.

1107   De parte de Bayona venían los cazones
que mataron perdices y castraron capones;
desde el río de Henares venían camarones,
hasta el Guadalquivir llegan sus tendejones.

1108   Allí, con los lavancos, lidiaban barbos, peces;
la pescada habla al cerdo: —"¿Do estás que no apa-
                                  [reces?
Si vienes ante mí, te haré lo que mereces.
Métete en la Mezquita, no vayas a las preces."

1109   Allí viene la lija, en aquel desbarato,
tiene el cuero muy duro, con mucho garabato;
a costillas y a piernas dábales muy mal rato,
enganchándose en ellas, como si fuera gato.

1110   Acudieron del mar, de pantanos y charcos,
especies muy extrañas y de diversos marcos,
traían armas fuertes y ballestas y arcos:
¡negra lucha fue aquesta, peor que la de Alarcos!

1111   De Santander vinieron las hermejas langostas,
muchas saetas traen en sus aljabas postas,
hacen que don Carnal pague todas las costas;
las plazas, que eran anchas, parecían angostas.

1112   Se había pregonado el año jubileo
y de salvar sus almas todos tienen deseo;
cuantos en el mar viven, venían al torneo;
arenques y besugos vinieron de Bermeo.

1113   Allí andaba la hurta, con muchos combatientes,
derribando y matando a las carnosas gentes;
matan a las torcazas las sabogas valientes,
el delfín al buey viejo arrancóle los dientes.

1114   Los sábalos y albures y la noble lamprea,
de Sevilla y Alcántara, entran en la pelea;
sus armas cada uno en don Carnal emplea
no le sirve de nada aflojar la correa.

1115   Muy bravo andaba el sollo, un duro zagalón,

en su mano traía gran maza de trechón;
dio en medio de la frente al puerco y al lechón,
mandó que los salasen con sal de Belinchón.

1116   El pulpo a los pavones no dejaba parar,
ni aun a los faisanes permitía volar,
a cabritos y gamos queríalos ahogar;
con tantas manos, puede con muchos pelear.

1117   Allí luchan las otras con todos los conejos,
con la liebre combaten los ásperos cangrejos;
de una y otra parte bien baten los pellejos,
de escamas y de sangre van llenos los vallejos.

1118   Allí combate el conde de Laredo, muy fuerte:
el congrio, seco y fresco, que trajo mala suerte
a don Carnal; le acucia y le empuja a la muerte.
Don Carnal está triste, inconsolable, inerte.

1119   Cobrando algún esfuerzo, levantó su pendón,
valiente y esforzado va contra don Salmón
el cual de Castro Urdiales llegaba a la sazón;
hizo frente el hidalgo, no le dijo que no.

1120   Porfían mucho tiempo, ambos pasan gran pena;
si a don Carnal dejaran, triunfara en la faena,
mas vino contra él la gigante ballena;
abrázase con él, derribólo en la arena.

1121   Casi toda su tropa estaba ya vencida,
parte de ella muriera, parte se dio a la huída,
pero, aun derrotada, siguió en la acometida;
peleó cuanto pudo, con mano enflaquecida.

1122   Ya conservaba pocas de sus muchas compañas;
el jabalí y el ciervo huyen a las montañas,
le van abandonando las otras alimañas,
las que con él quedaron no valen dos castañas.

1123   Si no es por la cecina con el grueso tocino
—que estaba ya amarillo, pasado y mortecino

y luchar no podía de gordo, sin el vino—,
se encontraría aislado, rodeado y mezquino.

*Victoria de
doña Cua-
resma y pri-
sión de don
Carnal.*
1124   La mesnada del mar reunióse en tropel,
picando las espuelas, dieron todos en él;
no quisieron matarle, tuvieron pena de él
y, junto con los suyos, le apresan en cordel.

1125   Trajéronlos atados, para que no escapasen,
ante la vencedora, antes que se librasen;
mandó doña Cuaresma que a don Carnal **guardasen**
y que a doña Cecina y al tocino colgasen.

1126   Mandó colgarlos altos, a modo de atalaya;
que, para descolgarlos, allí ninguno vaya.
Pronto los ahorcaron en una viga de haya;
el sayón va diciendo: —"Quien tal hizo, tal **haya.**"

1127   Al Ayuno ordenó a Carnal custodiar;
ordenó que ninguno le pueda visitar,
salvo que fuese enfermo o quiera confesar,
y que al día le dejen comer sólo un manjar.

*Penitencia de
don Carnal.*
1128   Vino después un fraile, para le convertir,
comenzó a amonestarle, de Dios a departir;
con ello, don Carnal tuvo de qué sentir
y pidió penitencia, con gran arrepentir.

*Considera-
ciones sobre
la Confesión
y su vali-
dez.*
1129   En carta, por escrito, entregó sus pecados,
con sellos de secreto cerrados y sellados;
dijo el fraile que así no eran perdonados
y sobre ello le dijo dichos muy bien pensados.

1130   No se hace penitencia por carta o por escrito
sino por boca misma del pecador contrito;
ni puede, por escrito, ser absuelto el delito;
es menester palabra del confesor bendito.

1131   Ya que de penitencia os he hecho mención,
repetiros quisiera una chica lección:
debemos creer firmes, con pura devoción,
que, por la penitencia, tendremos salvación.

1132 Y si la penitencia es cosa tan preciada,
no debemos, amigos, mantenerla olvidada;
meditar sobre ella es cosa muy loada,
cuanto más persistamos, mayor es la soldada.

1133 Es para mí muy grave de tal cuestión hablar,
es piélago profundo, más que toda la mar;
yo soy rudo y sin ciencia, no quiero aventurar,
tan sólo un poquitillo quisiera conversar.

1134 Sobre el tema que ahora me propongo escribir
tengo un miedo tan grande que no puedo decir;
con mi ciencia, tan poca, poco he de conseguir.
Vuestro saber, señores, mi falta ha de suplir.

1135 Escolar soy muy rudo, no sabio, ni doctor;
aprendí y sé muy poco para demostrador,
aquello que yo diga, entendedlo mejor,
a vuestras correcciones someto yo mi error.

1136 En el santo Decreto hay gran disputación
sobre si hay penitencia con sólo contrición,
pero, al fin, se establece cómo la confesión
es siempre indispensable, con la satisfacción.

1137 Verdad es todo esto, si el hombre puede hablar,
si tiene vida y tiempo de poderse enmendar,
porque, si esto faltase, bien se puede salvar
por sola contrición, si de más no hay lugar.

1138 Perdonado es por Dios, justiciero cumplido,
mas, en cuanto a la Iglesia, que no juzga a escondido,
menester es que haga, por gestos y gemido,
signos de penitencia, de estar arrepentido.

1139 Golpeándose el pecho, manos a Dios alzando,
gimiendo dolorido, muy triste suspirando,
llanto de penitencia de los ojos llorando;
si más hacer no puede, la cabeza inclinando.

1140 Por esto, del Infierno se libra —mal lugar—
pero en el Purgatorio todo lo ha de pagar;

sufrirá allí el castigo que deba por pecar
por divina indulgencia que lo quiso salvar.

1141   De que tal contrición es penitencia plena
hay en la Santa Iglesia mucha prueba y muy buena;
por contrición y llanto, la Santa Magdalena
perdonada quedó de pecado y de pena.

1142   Nuestro señor San Pedro, tan santa criatura,
que negó a Jesucristo por miedo y por pavura,
yo sé que lloró lágrimas tristes con amargura,
mas de otra penitencia no habla la Escritura.

1143   El rey don Ezequías, a muerte condenado,
lloró mucho contrito, a la pared tornado;
del Señor, tan piadoso, fue luego perdonado
y quince años de vida gozó aún el culpado.

1144   Muchos clérigos simples que son poco letrados,
oyen en penitencia a todos los errados,
sean sus penitentes, sean otros culpados
y a todos los absuelven de todos sus pecados.

1145   En esto yerran mucho; no lo pueden hacer
en lo que no les toca no se han de entrometer:
Si el ciego al ciego enseña el camino a escoger,
en la primera hoya ambos van a caer.

1146   ¿Qué poder tiene en Roma el juez de Cartagena?
O, ¿qué juzgará en Francia el que juzga en Requena?
No debe meter nadie su hoz en mies ajena,
pues causa injuria y daño, merece mucha pena.

1147   Todos los casos graves, dudosos, agraviados,
a Obispos, Arzobispos y mayores Prelados
por el común derecho les son encomendados,
salvo aquellos que al Papa han sido reservados.

1148   Los que son reservados a él, por especiales,
son muchos en derecho; decir cuántos y cuáles
alargaría el cuento en más de dos manuales;
quien quisiere saberlo, vea los Decretales.

1149
Puesto que el Arzobispo, bendito y consagrado,
con el báculo, el palio y mitra muy honrado,
y su pontifical, en tal cosa no ha entrado,
¿por qué el clérigo simple se muestra tan osado?

1150
Los Obispos también, como sus superiores,
se reservan cuestiones en que son oidores
y pueden absolver y ser dispensadores
en casos prohibidos a clérigos menores.

1151
Muchos son los primeros y muchos más son éstos,
quien quiera conocerlos, vea dónde están puestos,
consulte bien los libros, las glosas y los textos;
el estudio a los rudos hace sabios maestros.

1152
Consulte en el *Espéculo* y en el su *Repertorio*,
los libros del Ostiense, que son gran parlatorio;
el Inocencio cuarto, un sutil consistorio;
el *Rosario* de Guido, *Novela, Directorio*.

1153
Más de cien Decretales, en libros y cuestiones,
con fuertes argumentos, con sutiles razones,
tienen, sobre estos casos, diversas opiniones;
de no ser más extenso no me acuséis, varones.

1154
Vos, don clérigo simple, guardaos de este error;
de parroquiano mío no seáis confesor,
allí donde no os toca no seáis juzgador;
no pequéis por juzgar a ajeno pecador.

1155
Sin poder de Prelado o sin tener licencia
de su clérigo cura, no le deis penitencia;
tampoco le absolváis ni le deis la sentencia,
en casos que no son de vuestra pertenencia.

1156
Según común derecho, aquesta es la verdad;
pero en caso de muerte o gran necesidad,
si no hay otro que pueda darle la sanidad,
sea quien fuere, oid, absolved, perdonad.

1157
En caso de peligro, si la muerte arrebata,
podéis ser para todos Arzobispo y aun Papa;

todo su poderío tenéis bajo la capa,
la gran necesidad todas las cosas tapa.

1158   Mas a estos penitentes les debéis ordenar
que si, antes que mueran, aun pudiesen hablar
con quien sea su cura para se confesar,
que lo hagan y cumplan para mejor estar.

1159   Y también ordenad al enfermo doliente
que, si entonces no muere y si mejor se siente,
de aquellos casos graves a que disteis ungüente
vaya luego a lavarse al río o a la fuente.

1160   Es el Papa, sin duda, la fuente perenal
porque es en todo el mundo Vicario General:
Los ríos son los otros que han pontifical:
Arzobispos, Patriarcas, Obispos, Cardenal.

Continúa la 1161   El fraile sobredicho, de quien ya os he hablado,
penitencia buen servidor del Papa y a él muy allegado,
de don Car- en tan grave ocasión, a don Carnal postrado
nal. absolvió de la culpa a que estaba ligado.

1162   Después que a don Carnal el fraile ha confesado,
dióle esta penitencia: que, por tanto pecado,
comiera cada día un manjar señalado
y nada más comiese, para ser perdonado.

1163   —"El día del domingo, por tu ambición, tendrás
que comer los garbanzos con aceite, no más;
visitarás iglesias, a pasear no irás,
no verás a las gentes ni el mal desearás.

1164   "En el día de lunes, por tu soberbia mucha,
comerás las arvejas, mas no salmón ni trucha;
irás al rezo de horas, no probarás la lucha
ni moverás pelea, según la tienes ducha.

1165   "Por tu gran avaricia, ordénote que el martes
comerás unas migas, sin que mucho te hartes;
el tercio de tu pan comerás, o dos partes,
el resto, para el pobre te encomiendo que apartes.

1166   "Espinacas el miércoles comerás, y no espesas,
        por tu loca lujuria comerás pocas de esas;
        pues nunca respetaste casadas ni profesas,
        lograbas tu capricho a fuerza de promesas.

1167   "El jueves, por tu ira y por lo que además
        mentiste y perjuraste, tan sólo cenarás
        lentejas con la sal y mucho rezarás;
        si las encuentras buenas, por Dios las dejarás.

1168   "Por la tu mucha gula y tu gran golosina,
        el viernes pan y agua comerás, sin cocina,
        fustigarás tus carnes con santa disciplina;
        Dios te dará el perdón y saldrás de aquí aína.

1169   "Come el día de sábado las habas y no más,
        por la tu envidia mucha, pescado no tendrás;
        como por todo esto un poco sufrirás,
        tu alma pecadora así redimirás.

1170   "Pasea en este tiempo por cada cementerio,
        visita las iglesias, ve rezando el salterio,
        asiste muy devoto al santo Ministerio;
        tendrás de Dios ayuda, saldrás del cautiverio."

1171   Puesta la penitencia, siguió la confesión;
        estaba don Carnal con mucha devoción,
        diciendo: —"¡Mea culpa!" Dióle la absolución
        y retiróse el fraile, tras de la bendición.

1172   Allí quedó encerrado don Carnal, muy cuitoso;
        estaba, del combate, muy flaco y congojoso,
        doliente, malherido, destrozado y lloroso;
        no le visita nadie cristiano religioso.

1173 Viendo doña Cuaresma cumplida su encomienda,
levantó sus reales, mandó plegar su tienda,
anda por todo el mundo predicando la enmienda;
para unos y otros no hay tregua en la contienda.

Lo que se hace durante la Cuaresma, desde el Miércoles de Ceniza.

1174 Llegado el primer día, el Miércoles Corvillo,
en las casas donde entra no deja canastillo,
ni bandeja, ni cesta, fuente ni cantarillo
que no lo lave todo, sobre limpio lebrillo.

1175 Escudillas, sartenes, tinajas y calderas,
cántaros y barriles y las cosas caseras,
todo lo hace lavar a las sus lavanderas;
asadores y vasos, ollas y coberteras.

1176 Repara las moradas, las paredes repega,
a las unas rehace, las otras enjalbega,
a donde ella vigila, la suciedad no llega;
quitando a don Carnal, yo no sé a quién no plega.

1177 Tanto como este día para el cuerpo repara,
también el mismo día al alma la prepara;
a todos los cristianos dice, con buena cara,
que vayan a la iglesia con la conciencia clara.

1178 A quienes allá van con gozo reverente,
con ceniza de ramos los signan en la frente,
para que se conozcan y medite su mente:
son ceniza y a ella volverán, ciertamente.

1179 Al católico fiel hacen el santo signo
para que en la Cuaresma viva muy limpio y digno;
da mansa penitencia al pecador indigno,
ablanda roble duro con el su blando lino.

1180   Mientras ella trabaja tales obras haciendo,
don Carnal, el doliente, ya se va reponiendo,
íbase, poco a poco, en la cama irguiendo;
meditaba hacer algo para escapar riendo.

1181   A don Ayuno dijo, el Domingo de Ramos:
—"Vayamos a oir misa, señor, vos y yo, ambos,
oiréis vos la misa; yo rezaré mis Salmos,
la Pasión meditemos, pues ociosos estamos."

1182   Respondió don Ayuno que aquello le placía.
Fuerte está don Carnal, mas débil se fingía.
Marcharon a la iglesia, mas no a lo que él decía;
de lo que dijo en casa, aquí se desdecía.

1183   Se escapó de la iglesia, huyó a la Judería;
recibiéronle bien en su carnicería,
pues Pascua de pan ácimo entonces les venía:
a ellos satisfizo, para él fue buen día.

1184   Lunes por la mañana, don Rabí Acebín,
para ponerle en salvo, prestóle su rocín;
muy pronto ya pisaba tierras de Medellín,
dijeron los corderos: —"¡Bee! ¡Esto es el fin!"

1185   Cabrones y cabritos, los corderos y ovejas
daban grandes balidos, lanzaban estas quejas:
—"Si nos lleva de aquí Carnal, por las callejas,
a muchos de nosotros quitarán las pellejas."

1186   Prados de Medellín, de Cáceres, Trujillo,
la Vera de Plasencia, hasta Valdemorillo
y toda la Serena corriendo el mancebillo
alborozó de prisa, abriendo gran portillo.

1187   El campo de la Alcudia y toda Calatrava,
el campo de Fazálvaro, en Balsaín entraba,
en tres días lo anduvo, parece que volaba;
el rocín del Rabí, de miedo, bien andaba.

1188   Ya le vieron los toros y erizaron los cerros;
los bueyes y las vacas repican los cencerros,

lanzan grandes clamores terneras y becerros.
—"¡Socorro, vaquerizos, venid con vuestros perros!"

1189 Envió su mensaje a donde ir no ha podido,
mientras en las montañas él andaba escondido;
aunque contra Cuaresma está muy ofendido,
a combatir él solo no se habría atrevido.

Desafío de 1190 Este fue el desafío, el texto con su glosa:
don Carnal *De Nos, don Carnal fuerte, que mata toda cosa,*
a doña Cua- *a ti, Cuaresma flaca, magra, vil y sarnosa,*
resma. *no salud, sí sangría te deseo, ¡flemosa!*

1191 *Bien sabes que Nos somos tu mortal enemigo;*
hasta ti llegará Almuerzo, nuestro amigo,
y por Nos te dirá que estaremos contigo
de hoy en cuatro días, que ha de ser el Domingo.

1192 *Como ladrón viniste, por la noche, en lo oscuro,*
estando Nos durmiendo en descanso seguro;
no Nos impedirá ni castillo ni muro
que cojamos de ti el pellejo maduro.

1193 A todos dirigida iba otra carta: *Nos,*
don Carnal poderoso, por la gracia de Dios,
a todos los cristianos y moros y judiós
salud, con muchas carnes, siempre de Nos a vos.

1194 *Muy bien sabéis, amigos, de cómo ¡mal pecado!*
hace hoy siete semanas fuimos desafiado
por Cuaresma traidora y por el mar airado,
y que en nuestro descanso Nos vimos atacado.

1195 *Por tanto, os ordenamos que, vista nuestra carta,*
la retéis en mi nombre, antes de que ella parta;
procurad que no huya, porque, artera, se aparta;
que vaya en la embajada doña Merienda harta.

1196 *Y que vaya el Almuerzo, que es más apercibido;*
dígale que el domingo, antes del sol salido,
le daremos batalla, haciendo tal ruido
que, si sorda no fuere, llegará hasta su oído.

1197   *Nuestra carta leída, tomad de ella traslado*
    y dadla a don Almuerzo, para que este recado
    en nada se detenga y vaya apresurado.
    Fechada en Tornavacas, nuestro lugar amado.

1198   Escritas son las cartas todas con sangre viva;
    la gente, con placer, cada cual por do iba,
    decían a Cuaresma: —"¿A dónde irás, cativa?"
    Mas ella no hace caso, desprecia la invectiva.

1199   De don Carnal las cartas no tiene recibidas
    mas, cuando se las dieron y le fueron leídas,
    respondió, siempre flaca, las mejillas hundidas,
    diciendo: —"¡Dios me guarde de estas nuevas oídas!"

1200   De memoria se aprenda y la prueba se espere:
    el que halaga a enemigo, pronto a sus manos muere.
    Si un hombre a su enemigo no mata, si pudiere,
    éste le matará a él, si cuerdo fuere.

1201   Naturalistas dicen que no solo las vacas:
    todas las hembras son de coraje muy flacas
    y, al luchar, inseguras, como en salvado estacas;
    salvo si son velludas, que éstas son cual verracas.

1202   Así, doña Cuaresma, de flaca complexión,
    temía la batalla, la muerte, la prisión;
    de ir a Jerusalén ha hecho promisión
    y de pasar la mar tiene ya la intención.

1203   Ella había marcado el día consabido
    hasta el cual lucharía; muy bien lo habéis oído.
    No tiene ya por qué luchar con su vencido,
    puede irse sin mengua, pues el plazo es cumplido.

1204   Además, ya es verano y no vienen del mar
    los pescados, a ella dispuestos a ayudar;
    mujer, débil y sola, no es capaz de luchar.
    Por todas estas cosas, más no quiso esperar.

1205   El Viernes de Indulgencias vistióse una esclavina,   *Huida y pe-*
    gran sombrero redondo, mucha concha marina,   *regrinación*

bordón lleno de imágenes, en él la palma fina,
esportilla y rosario, cual buena peregrina.

1206   Los zapatos, redondos y bien sobresolados,
echóse gran alforja entre sus dos costados,
de panes de limosna los lleva abarrotados;
con esto, los romeros ya van aparejados.

1207   Debajo del sobaco va la mejor alhaja:
calabaza bermeja más que pico de graja,
cabe en ella una azumbre y aún otra miaja,
nunca, sin tal auxilio, el peregrino viaja.

1208   Transformada del modo que imaginarte puedes,
el sábado, de noche, saltó por las paredes.
Dijo: —"Tú que me aguardas quizá sin mí te quedes;
no todo pardal viejo cae en todas las redes."

1209   Recorrió muy de prisa todas aquellas calles:
—"Tú, don Carnal soberbio, creo que no me halles."
Luego, ya por la noche, alcanzó Roncesvalles.
¡Vaya y que Dios la guíe por montes y por valles!

1210   Vigilia era de Pascua, abril casi pasado,
el sol era salido, al mundo se ha mostrado;
fue por toda la tierra gran ruido sonado:
que dos Emperadores a la tierra han llegado.

1211   Estos emperadores, Amor y Carnal eran;
salen a recibirlos los que a entrambos esperan,
los árboles y pájaros hermoso tiempo agüeran;
quienes a Amor aguardan son los que más se esmeran.

1212   A don Carnal reciben todos los carniceros
y todos los rabinos con todos sus aperos;
las triperas le acogen tañendo sus panderos,
cazadores de monte recorren los oteros.

*Llegada y re-
cepción de
don Carnal.*

1213   Allí aguarda el pastor, del camino a la vera,
tañendo los albogues y zampoña le espera;
su mozo, el caramillo, hecho de cañavera;
tañía el rabadán la cítola trotera.

1214   Asomó por el puerto una enseña bermeja,
en medio una figura: cordero me semeja;
viene a su alrededor balando mucha oveja,
carneros y cabritos, con su fina pelleja.

1215   Los cabrones valientes, toros y gran vacada,
más ganado allí había que moros en Granada;
bueyes de piel oscura, otros de piel dorada.
¡Tesoros de Darío no pagan tal manada!

1216   Venía don Carnal en carro muy ornado,
recubierto de pieles y de cueros cercado;

el buen Emperador estaba arremangado,
en saya, bien ceñido, de sobra bien armado.

1217   Traía en la su mano una segur muy fuerte,
a todo aquel ganado con ella da la muerte;
cuchillo es muy agudo; a la res que acomete,
con aquél la degüella y a desollar se mete.

1218   Alrededor traía, sujeta de la cinta,
tela de lienzo, blanca, que de sangre está tinta;
al carnero bien gordo mal cariz se le pinta,
va gritando: "¡Bee cuadro!" en voz y en doble quinta.

1219   Gran cofia en su cabeza, que el cabello no salga,
lleva puesta una bata muy blanca y rabilarga;
en el carro, a su lado, ningún otro cabalga,
a la liebre que sale, pronto le echa la galga.

1220   Traía alrededor muchos perros guardianes,
vaqueros y de monte, con muchos otros canes,
sabuesos y podencos que comen muchos panes,
vigilantes nocturnos que saltan matacanes.

1221   Sogas para las vacas, muchos pesos y pesas,
muchos tajos y ganchos, muchas tablas y mesas;
para las matanceras, las barreñas y artesas;
las alanas paridas en las cadenas presas.

1222   Rehalas de Castilla con pastores de Soria
recíbenle en sus pueblos y comentan su historia,
tocando las campanas, alabando su gloria;
de tales alegrías no existe otra memoria.

1223   Posó el Emperador en las carnicerías,
prestáronle homenajes las villas y alquerías,
dijo con gran orgullo bravatas, fantasías
y comenzó el hidalgo con sus caballerías,

1224   matando, degollando y desollando reses,
dando a cuantos venían, castellanos e ingleses:
todos le dan dineros, algunos dan torneses,
¡cobra cuanto ha perdido en los pasados meses!

1225   Era día muy santo de la Pascua Mayor,
        salía el sol muy claro y de noble color;
        los hombres y las aves y toda noble flor
        salen todos cantando a esperar al Amor.

1226   Recíbenle las aves, gallos y ruiseñores,
        calandrias, papagayos; mayores y menores
        dan cantos placenteros de muy dulces sabores;
        de mayor alegría son causa los mejores.

1227   Recíbenle los árboles con ramos y con flores,
        de diversas maneras de diversos colores;
        recíbenle los hombres y damas con amores;
        a muchos instrumentos se unen los tambores.

1228   Allí sale gritando la guitarra morisca,
        en las voces aguda, y puntuando arisca;
        corpulento laúd que acompaña a la trisca,
        la guitarra latina que con ellos se aprisca.

1229   El rabel gritado, con la su alta nota;
        cabe él, el garabí tañendo la su rota;
        el salterio con ellos, más alto que una cota,
        la vihuela de pluma con éstos alborota.

1229 b. Este verso se presenta de forma distinta en cada uno
de los tres mss. qùe lo conservan:
S: cabel el orabyn taniendo la su rota.
G: cabel alborayn ba taniendo la su rrota
T: cabel el garaui taniendo la su nota.
Ante la dificultad ofrecida por las palabras de oculto significado *orabyn*, *alborayn* y *garaui*, que dieron lugar a distintas interpretaciones, el Prof. Emilio García Gómez dedicó un estudio a
este problema (*Alandalus*, XXI, 1956), y de manera cautivadora
propone, para el primer hemistiquio de 1229 b, las palabras *calvi
arabi*, pertenecientes a la canción árabe *calvi vi calvi / calvi
arabi* (mi corazón vive en otro corazón, mi corazón es árabe).
Quedaría así la estrofa:

        El rabel gritador, con la su alta nota,
        calvi arabi tañendo la su rota;

1230 Medio cañon y arpa con el rabel morisco;
entre ellos, la alegría del galipe francisco;
la flauta destacaba tan alta como un risco,
con ella, el tamborete; sin él no vale un prisco.

1231 La vihuela de arco, con sus dulces bailadas,
soñadoras a veces, otras, alborozadas,
notas dulces, sabrosas, claras, bien moduladas:
alégranse las gentes y están regocijadas.

1232 Dulce cañon entero va con el panderete,
de latón sus sonajas hacen dulce sonete;

---

el salterio con ellos, más alto que una cota,
la vihuela de pluma con éstos alborota.

Vemos aquí cuatro personajes: 1.º, el rabel; 2.º, la canción
calvi arabi; 3.º, el salterio y 4.º, la vihuela de pluma. Pudiera ser
así, aunque ya García Gómez reconoce lo insólito de personifi-
car una canción; pero, además, no hay que perder de vista que
los manuscritos son unánimes en comenzar este verso con las palabras *cabel el...* = cerca de él, el ..., pues si bien es verdad que el
códice G omite el artículo, quizá podemos hallarlo formando
parte de la misteriosa palabra discutida, es decir, que *cabel alborayn* acaso sea *cabel el borayn.* Respetando, pues, el comienzo
del hemistiquio, el segundo de los personajes de la estrofa no
sería la canción sino ese oscuro *orabyn, alborayn* o *garabi;* (yo
me incliné a éste último por figurar en el mss. más antiguo). Por
otra parte, la locución *cabel* = cerca de, junto a, cabe él, es el
primer eslabón de la cadena que une por otros semejantes a los
cuatro personajes entre sí; empieza la enumeración por el rabel;
cabe él (está o va) el garabí (?); *con ellos,* el salterio; *con
éstos,* la vihuela. Pues bien, tal sistema se rompe si comenzamos
el segundo verso con *calvi arabi;* no habría eslabón entre los dos
primeros personajes, siendo así que la estrofa entera parece indicar que se ha buscado el encadenamiento. Estas consideraciones
me hacen resistir a la tentación de adoptar la lectura propuesta
por García Gómez, y el *orabyn, alborayn* o *garabi* siguen siendo,
para mí, un problema. En esta segunda edición he procurado verter la estrofa que nos ocupa de manera más ceñida al texto
antiguo, con el fin de que el lector pueda aplicar la teoría
de la canción árabe y percibir, al propio tiempo, las dificultades
que provoca.

los órganos tocaban chanzonetas, motete,
la cítola cuitada en ellos se entremete.

1233   Dulcemas y flautillas, el hinchado albogón,
zanfonas y baldosas en esta fiesta son;
el francés odrecillo aumenta la reunión,
la neciacha bandurria allí pone su son.

1234   Las trompas y añafiles salen con los timbales;
mucho tiempo ha pasado sin otras fiestas tales
ni tales alegrías grandes y comunales;
de juglares rebosan las cuestas, los eriales.

1235   Los caminos van llenos de grandes procesiones
con muchos sacerdotes otorgando perdones;
los clérigos seglares, con muchos clerizones,
iba en la procesión el Abad de Bordones.

*Clérigos y
frailes acu-
den a recibir
a don Amor.*

1236   Las Ordenes del Císter con las de San Benito,
la Orden de Cluny con el su Abad bendito.
Cuantas Ordenes iban no las pondré en mi escrito:
Venite, exultemus!, cantan con alto grito.

1237   La Orden de Santiago con la del Hospital,
Calatrava y Alcántara, con la de Bonaval;
los Abades benditos en esta fiesta tal,
Te, Amorem, laudemus!, cantaban por igual.

1238   Allí van de San Pablo los sus Predicadores;
no va allí San Francisco, mas van frailes menores,
allí van agustinos y dicen sus cantores:
Exultemus et laetemur!, ministros y priores.

1239   A frailes trinitarios y a los frailes del Carmen,
y a los de Santa Eulalia, para que no se enfaden,
a todos se les manda que canten y que aclamen:
Benedictus qui venit!; responden todos: *Amen!*

1236 d.   *Venite exultemus.* Venid, regocijémonos.
1237 d.   *Te Amoren laudamus.* A ti, Amor, alabamos.
1238 d.   *Exultemus et laetemur.* Regocijémonos y alegrémonos.
1239 d.   *Benedictus qui venit.* (*Joan*, XII, 13.) Bendito sea el que
viene.

1240   Frailes de San Antón van en esta cuadrilla;
muy buenos caballeros, pero muy mala silla;
iban los escuderos con su saya cortilla
y cantando *¡Aleluya!* recorrían Castilla.

1241   Monjas de toda Orden, las blancas y las prietas
predicadoras, Císter, franciscas menoretas,
todas salen cantando, diciendo chanzonetas
Mane nobiscum, Domine que tañen a completas.

1242   De la parte del sol vi venir una enseña
blanca, resplandeciente, más alta que alta peña;
en medio, figurada, una imagen de dueña
que labrada iba en oro, no vestía estameña.

1243   Traía en su cabeza una noble corona,
con piedras de gran precio realza su persona,
entre sus manos ambas gran riqueza amontona;
¡no pagaran la enseña París ni Barcelona!

Llegada de 1244   Pasado largo tiempo vi al que ella precedía;
don Amor y vista resplandeciente que a todos da alegría.
discusión No puede pagar Francia los paños que vestía,
acerca de su caballo de España muy gran precio valía.
quién había
de hospe- 1245   Con el Príncipe viene cortejo acompañante:
darle. las damas y arciprestes caminaban delante,
luego la gente toda y lo que he dicho antes;
con sus ecos estaba el valle resonante.

1246   Desde que hubo llegado don Amor, el lozano,
todos, rodilla en tierra, besáronle la mano,
a quien no se la besa tiénenle por villano;
luego, gran discusión se formó en todo el llano.

1247   Sobre su alojamiento tuvieron gran porfía;
deseaban los clérigos honor de tal valía,
mas todo el que era fraile a ello se oponía;
la mujer, como el hombre, posada le ofrecía.

1241 d. *Mane nobiscum, Domine.* Quédate con nosotros, Señor.

1248   Presurosos, hablaron todos los ordenados:
—"Señor, nos te ofrecemos monasterios honrados,
hermosos comedores, manteles preparados
y grandes dormitorios de lechos bien poblados.

1249   "No quieras que te hospede un clérigo en aquesta
pues no tiene moradas propias para la fiesta.
Señor, su ruin vivienda para un rey no es compuesta,
y, aunque tomar sí sabe, muy a disgusto presta.

1250   "Los clérigos esquilman a quien se les allega,
mas no podrán honrarte con pompa palaciega;
a gran señor conviene gran palacio y gran vega,
no es bueno para él dormir en la bodega."

1251   —"Señor —dicen los clérigos—, no quieras vestir
                                                    [lana;
consumiría un monje lo que un convento gana,
su inhóspita mansión no es, para ti, sana;
tienen grande el badajo y chica la campana.

1252   "No te harán el servicio de lo que dicho han;
darán lechos sin ropa y manteles sin pan,
las fuentes darán grandes, carne, poca darán;
teñirán mucha agua con algo de azafrán."

1253   —"Señor, sé nuestro huésped" —dicen los caba-
                                                    [lleros;
—"No lo hagas, Señor —dicen los escuderos—,
con sus dados plomados perderás tus dineros;
al tomar vienen prontos; en la lid, los postreros.

1254   "Tienden grandes tapetes, ponen luego tableros
con cuadros amarillos, como los gariteros;
para cobrar soldadas son ellos los primeros,
para ir a la frontera son lentos camineros."

1255   —"Deja a todos aquestos, tómanos de servicio
—le dijeron las monjas— pues te harán perjuicio;
son pobres fanfarrones de mucho mal bullicio.
Señor, ven con nosotras, prueba nuestro cilicio."

¹²⁵⁶ Allí responden todos que no lo aconsejaban
pues las monjas mentían a cuantos las amaban,
que, parientes del cuervo, de *cras* en *cras* andaban
y lo que prometían tarde o nunca pagaban.

¹²⁵⁷ Que sabían tan sólo dar mucho sonsonete,
la palabrita dulce, el primoroso afeite,
los gestos amorosos, engañoso juguete;
a muchos trae locos su risa de falsete.

¹²⁵⁸ Mi señor el Amor, si acaso me creyera,
al convite de monjas desde luego acudiera;
todo halago del mundo, todo placer tuviera,
si al dormitorio entrara, nunca se arrepintiera.

Don Amor ¹²⁵⁹ Mas como el gran señor no debe ser bandero,
rechaza los rechazó aquel convite reñido y algarero;
ofrecimien- les daba muchas gracias y estaba placentero
tos y manda a todos prometió merced; a mí el primero.
plantar su
tienda para ¹²⁶⁰ Al ver que mi señor no tenía posada,
aposentarse. viendo que la contienda ya estaba sosegada,
hincado de rodillas ante él y su mesnada,
le pedí una merced, ésta muy señalada:

¹²⁶¹ —"Señor, yo, de pequeño, por ti he sido criado;
el bien, si alguno sé, por ti me fue mostrado,
fui por ti apercibido, por ti he sido educado;
en esta santa fiesta, sé en mi casa hospedado."

¹²⁶² Su finura fue tanta que oyó mi petición
y fue hacia mi posada con esta procesión;
todos le acompañaron con gran consolación,
¡tiempo ha no recorría yo tan buena estación!

¹²⁶³ En las otras mansiones su gente se aposenta
y aunque en mi casa dejan toda la impedimenta,
mi señor el Amor de todo se da cuenta;
vio que para su corte muy poco representa.

―――――――

1256 d. *Cras.* Véase nota a 507 d.

1264   —"Ordeno que mi tienda se plante en aquel prado;
si me viniera a ver algún enamorado,
ya de noche o de día, abierto esté el estrado
para todos y siempre estaré preparado."

1265   Después que hubo comido fue la tienda plantada;
¡jamás podría verse cosa tan acabada!
Pienso que por los ángeles ha sido fabricada,
pues hombre terrenal como esto no hace nada.

*Descripción
de la tienda
de don Amor.*

1266   Cómo era la tienda os quisiera contar,
aunque tarde se os haga, tal vez, para yantar;
es una larga historia, mas no se ha de dejar:
muchos dejan la cena por hermoso cantar.

1267   El mástil en que se arma es blanco de color,
un marfil ochavado, nunca visteis mejor,
de piedras muy hermosas cercado en derredor;
alúmbrase la tienda con su gran resplandor.

1268   En lo alto del mástil una gran piedra estaba,
creo que era rubí, al fuego semejaba,
no hacía falta el sol, ella sola alumbraba;
sobre cuerdas de seda la tienda se estiraba.

1269   Lo contaré en resumen, para no os detener,
que si no, agotaría de Toledo el papel;
con lo que había dentro tendré tanto que hacer
que, si puedo decirlo, mereceré beber.

*Escenas re-
presentadas
en el interior
de la tienda:
los meses del
Año.
Noviembre,
Diciembre y
Enero.*

1270   Muy cerca de la entrada, a la mano derecha,
una mesa aparece, muy rica y muy bien hecha;
delante de ella un fuego; gran calor de sí echa.
Los tres que en ella comen, el uno al otro acecha.

1271   Tres caballeros comen en el mismo tablero
junto al fuego; cada uno aislado, señero;
no podrían tocarse ni con largo madero
aunque entre ellos no cabe ni un canto de dinero.

1272   Saborea el primero temprana chirivía,
a las bestias de establo zanahorias ofrecía,

el pasto de los bueyes con harinas hacía;
hace días pequeños y la mañana fría.

1273   Comía nueces frescas y asaba las castañas,
mandaba sembrar trigo y talar las montañas,
matar los gordos puercos, deshacer las cabañas;
las viejas, tras el fuego, contaban sus patrañas.

1274   El segundo comía buena carne salpresa,
turbio está por la niebla su lugar en la mesa;
hacía nuevo aceite, la brasa no le pesa,
de frío, algunas veces, las propias uñas besa.

1275   Comía el caballero el tocino con berza;
en aclarar el vino ambas manos esfuerza;
con zamarra y pelliza el cuerpo se refuerza.
Venía detrás de él el de doble cabeza.

1276   Hacia dos sitios mira aqueste cabezudo;
capirotada y aves almorzaba a menudo,
hacía cerrar cubas, llenarlas con embudo,
protegerlas con yesos que guardan vino agudo.

1277   Hace que sus gañanes reparen valladares,
rehagan los pesebres, limpien los albañares,
cierren silos de pan y llenen los pajares;
antes prefiere pieles que armadura en ijares.

Febrero, 1278   Están tres hijosdalgo en otra noble tabla,
Marzo y entre sí muy cercanos, ninguno a otro habla,
Abril. alcanzarse no pueden ni con viga de gavia
pero entre ellos no cabe ni un cabello de Paula.

1279   El primero entre ellos era pequeño, enano;
ora triste y ceñudo, ora ríe lozano.
Hierbas nuevas hacía nacer en prado anciano,
se aparta del invierno, tras él viene el verano.

1280   Lo que éste más mandaba era viñas podar,
hacer buenos injertos, gavillas anudar;
mandaba plantar cepas para buen vino dar,
con el vaso de cuerna no le pueden hartar.

1281   El segundo a las viñas mandaba cavadores,
que hagan muchos injertos buenos injertadores
(la vid blanca hacen negra buenos cultivadores).
A hombres, bestias y aves los enreda en amores.

1282   Este tiene tres diablos sujetos con cadenas:
inquietar a las damas a uno de ellos ordena
(no le gusta el lugar do la mujer es buena).
Esta es la estación en que crece la avena.

1283   El segundo demonio penetra en los abades;
arciprestes y damas cuentan intimidades
a este tal compañero que les da libertades;
olvidan las limosnas, comentan vanidades.

1284   Antes hay cuervo blanco que hombre sin asnería;
ellos, como las damas, sufren melancolía.
Los diablos, donde estén, les hacen compañía
para sus travesuras y su truhanería.

1285   En los asnos obliga al tercer diablo a entrar,
penetra en sus cabellas y no en otro lugar;
no piensan, hasta agosto, ya más que en rebuznar,
con él pierden el seso, bien lo puedes probar.

1286   El tercer hijodalgo está de flores lleno,
con los vientos que trae crecen trigo y centeno.
Hace poner estacas, será el aceite bueno;
a los mozos medrosos ya los espanta el trueno.

1287   Andan tres ricoshombres juntos en una danza,   *Mayo, Junio*
no cabría entre ellos ni una punta de lanza;   *y Julio.*
del primero al segundo hay una gran labranza,
el segundo al tercero de ningún modo alcanza.

1288   El primero los panes y las frutas granaba,
hígados de carnero con ruibarbo almorzaba;
huían de él los gallos pues a todos mataba,
los barbos y las truchas a menudo cenaba.

1289   Buscaba casa fría en la ardorosa siesta,
el calor del estío hace doler la testa.

Andaba más lozano que un pavo en la floresta,
busca hierbas y aires sobre la sierra enhiesta.

1290   El segundo tenía en su mano una hoz,
segaba las cebadas de todo aquel alfoz,
comía brevas nuevas y cogía el arroz;
por comer uvas verdes enronqueció su voz.

1291   Injertaba los árboles con ajena corteza,
comía panal nuevo, sudaba sin pereza
y bebía aguas frías por su naturaleza;
teñidas trae las manos por la mucha cereza.

1292   El tercero se afana los centenos trayendo,
trigos y todas mieses en las eras tendiendo;
las frutas de los árboles ya se iban cayendo,
el tábano a los asnos ya les iba mordiendo.

1293   Comenzaba a comer las chiquitas perdices,
saca barriles fríos de los pozos helices;
la mosca muerde y hacer arrastrar las narices
a las bestias por tierra y bajar las cervices.

Agosto, Sep- 1294   Tres labradores andan la misma carretera;
tiembre y al segundo esperaba el que va en delantera,
Octubre. al tercero el segundo aguarda en la frontera,
mas no llega el que avanza a alcanzar al que espera.

1295   El primero comía ya las uvas maduras
y los maduros higos de las higueras duras,
trillando y aventando aparta pajas puras;
con él llega el otoño con dolencias y curas.

1296   El segundo prepara y aprieta los carrales,
abona los barbechos y sacude nogales,
comienza a vendimiar uvas de los parrales,
escombra los rastrojos y cerca los corrales.

1297   Pisa los buenos vinos el labrador tercero,
llena todas las cubas como buen bodeguero;
para echar la simiente aprovecha el tempero.
Y otra vez el invierno, como dije primero.

1298 Quedé maravillado cuando vi tal visión;
sospeché que soñaba, mas ciertas todas son;
pregunté a mi Señor que me diese razón
para que yo entendiese la representación.

1299 Mi señor el Amor, como hombre letrado,
en una sola copla puso todo un tratado
y así, aquel que lo lea queda bien informado;
ésta fue su respuesta y su dicho abreviado:

1300 —"El tablero y la mesa, la danza y carretera
son las cuatro estaciones del año que te espera.
Los hombres son los meses: cosa es verdadera
que andan y no se alcanzan al seguir su carrera."

1301 Otras cosas extrañas y que cuesta creer
vi también en la tienda; para no os detener
y porque no quisiera muy enojoso ser,
no quiero de la tienda más relatos hacer.

1302 Mi señor, cuando tuvo su tienda aparejada,
quiso dormir en ella; poco duró su estada.
Cuando fue levantado no encontró a su mesnada;
los más con don Carnal hacían su morada.

1303 Al verle yo sin prisa y siendo su ahijado,
me atreví a preguntarle por el tiempo pasado:
por qué nunca me viera; dónde había morado.
Respondió suspirando y como con cuidado.

Don Amor cuenta lo que hizo durante el dominio de doña Cuaresma.

1304 Dijo: —"Por el invierno yo visité Sevilla,
Andalucía toda, sin dejar una villa;
allí toda persona con gusto a mí se humilla,
todos me agasajaron, ¡fue una gran maravilla!

1305 "Al entrar la Cuaresma, vine para Toledo;
pensaba estar alegre, jovial, festivo y ledo
y encontré santidades; me hicieron estar quedo.
No me hacían halagos ni señas con el dedo.

1306 "Estuve en un palacio pintado con almagra;
vinieron las mujeres, de ayuno a cual más magra,

con mucho *pater noster* y mucha oración agria;
de la ciudad me echaron por puerta de Visagra.

1307   "Quise aún porfiar, me fui a un monasterio;
hallaba por los claustros y por el cementerio
a muchas religiosas entonando el salterio;
yo vi que no podía sufrir tal cautiverio.

1308   "Pensé en otro convento hallar consuelo alguno
y olvidar la tristteza, mas no encontré ninguno;
con oración, limosna y con el mucho ayuno,
renegaban de mí cual si fuese lobuno.

1309   "En caridad hablaban y a mí no me la harán,
yo veía sus caras, sin saber qué dirán.
Los que hallan buen mercado, quédense y ganarán;
ir a do no conviene es peligroso afán.

1310   "Por la ciudad andaba, vagabundo y ceñudo,
señoras y otras hembras encontraba a menudo,
mas con *Ave Marías* me hacían estar mudo,
al ver que mal me iba de allí marché sañudo.

1311   "Salí de esta miseria, de este lugar nefasto,
a pasar la Cuaresma a la villa de Castro.
Muy bien nos recibieron a mí como a mi rastro;
pocos son los que allí me llamaban padrastro.

1312   "Mas Carnal ha venido, se acabó la miseria;
católica Cuaresma doy a Santa Quiteria,
quiero ir a Alcalá, pasaré allí la feria;
para hablar, mis hazañas darán siempre materia."

Don Amor 1313   Ya por la madrugada, antes que fuese día,
continúa su   reunió a su mesnada, emprendió Amor su vía;
viaje.   yo quedé con nostalgia, pero con alegría,
porque mi señor siempre tal costumbre tenía.

1314   Por doquiera que pasa deja desazonado
y a la vez satisfecho al que está enamorado;
desea estar contento, placentero, halagado,
nada quiere del triste ni del malhumorado.

1315   Día de *Quasimodo*, las iglesias y altares
vi llenos de alegría, de bodas y cantares;
había grandes fiestas y se hacían yantares,
andan de boda en boda clérigos y juglares.

1316   A los que eran solteros, entonces ya casados,
los vi con sus esposas andar acompañados;
me propuse gozar también tales agrados
pues, si el hombre está solo, tiene muchos cuidados.

1317   Llamé a Trotaconventos, la mi vieja sabida,
rápida y placentera con gusto fue venida;
le pedí me buscase alguna tal guarida
para mí, porque, solo, era triste mi vida.

1318   Dijo que conocía a una viuda lozana,
muy rica y buena moza, que de alcurnia se ufana.
—"Arcipreste, amad a ésta; yo la veré mañana
y, si la conseguimos, no será labor vana."

1319   Con la mi vejezuela regalos le envié
y también las cantigas que luego yo pondré;
la viuda no cayó y así yo no pequé,
si trabajé muy poco, también poco saqué.

1320   La vieja hizo bastante, cuanto hacer ella pudo,
mas no pudo enganchar ni trabar algún nudo;
volvióse a mí muy triste y con dolor agudo.
Dijo: —"Do no te quieren no vayas a menudo."

1317 c. Véase nota a 64 d.

1321 El día de San Marcos, fiesta muy señalada,
hace la Santa Iglesia procesión muy honrada,
de las grandes del año, de cristianos loada.
Me ocurrió una aventura, la fiesta aun no pasada.

1322 Vi que estaba una dama de notable beldad
rogando muy devota ante la Majestad;
en seguida, a mi vieja le pedí, por piedad,
que anduviese por mí pasos de caridad.

1323 Ella accedió a mi ruego, pero un tanto repara:
—"No quisiera yo que ésta resultase tan cara
como la mora aquella que me corrió la vara,
pero el leal amigo en bien y en mal ampara."

1324 Complaciente, por mí trabajó con afán;
fingió tratar en joyas, como de uso lo han,
se coló en la vivienda, nadie está en el zaguán;
nadie vio a la mi vieja, hombre, gato ni can.

1325 Conversó con la dama y le entregó mis versos:
—"Comprad, señora, almohadas, los encajes diversos."
Dijo la buena dama: —"Tus decires traviesos
bien los entiendo, Urraca, tanto aquellos como esos."

1326 —"Hija —dijo la vieja—, ¿me atreveré a hablar?"
Dijo la dama: —"Urraca, ¿por qué lo has de dejar?"

1323 c. La única mora de que se habla en el libro es la del episodio que se refiere en las estrofas 1508-1512. ¿Se trata de un
cambio en el orden de las aventuras o se habrá perdido alguna
otra historia cuya protagonista fuese una mora?

—"Pues, señora, os diré de bodas mi pensar:
más vale estar viuda, sola, que malcasar.

1327   "Más vale un buen arrimo, secreto y bien celado,
mejor es buen amigo que mal marido al lado;
hija, el que yo os daría, como pintiparado,
es lozano y cortés, para todo esmerado."

1328   Lograse algo o no, la buena mensajera
regresó muy alegre y ella habló la primera:
—"Aquel que al lobo espanta, señal que carne espera."
Estos fueron los versos que dio mi recadera:

1329   *Habló una tortolilla en el reino de Rodas
y dijo: ¿No os da miedo a vos, mujeres todas,
perder un amor cierto por lograr nuevas bodas?
Con cualquiera te casas aunque no te acomodas.*

1330   Y cuando aquella dama con otro fue casada,
olvidóse de mí y por mí fue olvidada;
por huir del pecado o por no ser osada,
la mujer muchas veces deja de ser amada.

El Arcipreste solicita la ayuda de Trotaconventos y ésta aconseja el amor de las monjas, cuyo elogio hace.

1331 Al ver que otra vez solo y triste estaba ya,
mandé aviso a mi vieja. Dijo ella: —"¿Dónde está?
¡Os saludo, don Polo! —dijo, riendo—, ¡acá,
a fe de buen amor, que acudo con lealtad!"

1332 Siguió diciendo: —"Amigo, oidme un poquillejo:
amad a alguna monja, seguid este consejo,
no se casará pronto ni lo sabrá el concejo,
duradero y profundo será vuestro cortejo.

1333 "Yo las serví hace tiempo, allí moré diez años;
cuidan a sus amigos con mimo, sin engaños.
¡Hay que ver los mansajes, los regalos tamaños,
exquisitos licores magníficos y extraños!

1334 "Muchas ricas bebidas les mandan muchas veces:
de cidra, de membrillo, licor hecho con nueces,
otro con zanahorias y demás pequeñeces;
unas y otras regalan cada día con creces.

1335 "Cominada oriental, con el buen tragacante,
el diacitrón abbatis, el jenjibre excitante,
miel rosada, diantoso y el comino delante
y el licor de las rosas que debí citar antes.

1336 "Adragea, alfenique con estomaticón,
el clavo, la bebida que anima el corazón;
la que a sándalo huele y la que es aguijón
de galanes, muy rico, precioso y noble don.

1332 c. Alusión a la dama de la aventura anterior, que abandonó al amigo para casarse.

1337   "Toda clase de azúcar es allí prodigado;
        polvo, terrón y cande y mucho del rosado,
        azúcar de violetas y azúcar confitado,
        y de tantas maneras que ya he olvidado.

1338   "Montpellier, el Egipto, la nombrada Venecia
        no fabrican licores tantos, ni tanta especia;
        presenta los mejores la monja que se precia,
        en noblezas de amor pone su vehemencia.

1339   "Aun más os contaré de cuanto allí aprendí:
        cuando hay vino de Toro, no dan el baladí.
        Al dejar su servicio el bienestar perdí;
        quien las desprecia vale un ruin maravedí.

1340   "A más de todo esto, tienen buenas maneras
        y son muy recatadas, donosas, placenteras;
        más saben y más valen sus mozas cocineras,
        en cuestiones de amor, que otras nobles de sueras.

1340 cd. Dice el original: *mas saben e mas valen sus moças
cocineras / para el amor todo, que dueñas de sueras*. La palabra
sueras, empleada sin variantes en los tres mss. y que aparece también en 449 c, no tiene, para mí, significado claro. ¿Se trata de
paño o pañuelo para enjugar el sudor (sudadera)? Pudiera serlo
en 449 c, pero en 1340 d parece implicar una idea suntuaria que
subraye la categoría de las damas que las usan en contraste con
las mozas cocineras monjiles; algo así como *señoras de muchas
campanillas*. Corominas, en su *Diccionario*, s. v. *sufra* dice: "Nada
tiene que ver con nuestro vocablo [*sufra*] las *asuveras trainantes*
de la *Disputa del Alma y el Cuerpo*, que son lo mismo que la
xuera de Juan Ruiz y del *Alex*., o sea el latín SUDARIA en el sentido de colgaduras". Ahora bien, si colgaduras puede convenir para
1340 d, como expresión de lujo, no así para 449 c, *si a sueras frías*,
o, al menos, yo no veo cómo. ¿Serán pañuelos para enjugar el
sudor (449 c), aludidos como prenda suntuaria en 1340 d, por sus
encajes o bordados, o porque no todo el mundo los usaba? ¿Se
relacionará con las sueras (sudaderas) largas y lujosas que adorna-
rían las monturas destinadas a las señoras de elevada alcurnia o
fortuna?

1341   "Como imágenes bellas y de toda hermosura,
hidalgas, generosas y francas de natura,
grandes doñeadoras, mucho el amor les dura,
comedidas, discretas y de toda mesura.

1342   "Todo placer del mundo, todo buen cortejar,
solaz mucho sabroso y halagüeño jugar
reside entre las monjas más que en otro lugar;
probadlo esta ocasión, quered ya sosegar."

1343   Dije: —"Trotaconventos, escúchame un poquillo;
¿cómo podré yo entrar donde no hay portillo?"
Dijo: —"Yo lo abriré en pequeño ratillo,
quien hace la canasta puede hacer canastillo."

Trotaconven- 1344   Fuese a ver a una monja que era su conocida.
tos se entre- Me dijo que así hablaron: —"¿Para qué es tu venida?,
vista con la ¿cómo te va, mi vieja?, ¿cómo pasas tu vida?"
monja doña —"Señora —dijo ella—, regular va mi vida.
Garoza.

1345   "Desde que a vos dejé, a un arcipreste sirvo,
mancebo muy gallardo, y de su ayuda vivo.
Para que en vos se fije cada día lo avivo;
no hagáis que este convento para él sea esquivo."

1346   Dijo doña Garoza: —"¿Te mandó él a mí?"
Contestó: —"No, señora, yo me lo permití
por el bien que me hicisteis el tiempo en que os serví;
me agrada para vos, pues mejor no lo vi."

Doña Garoza 1347   Pero aquella señora tenía el seso sano,
reprocha a buena senda seguía, no camino liviano.
Trotaconven- Dijo: —"Así me acontece con tu consejo vano
tos el mal como con una sierpe le pasó al hortelano.
consejo que
le da en pa- 1348   "Erase un hortelano, muy sencillo y sin mal;
go de ante- en un día de enero, con fuerte temporal,
riores benefi- andando por su huerta, vio, al lado de un peral,
cios y cuenta una serpiente chica, fría y casi mortal.
la fábula del
hortelano y 1349   "Con la nieve y el viento y con la helada fría,
la serpiente. estaba aquella sierpe de frío adormecida;

el hombre, compasivo, cuando la vio aterida,
compadecióse de ella y quiso darle vida.

1350 "Abrigóla en su ropa y la llevó a su casa,
púsola junto al fuego, cerca de buena brasa;
cuando quiso cogerla, ya repuesta, fracasa,
pues ella, por un hueco de la cocina, pasa.

1351 "El hombre bondadoso dábale cada día
de comer pan y leche y de cuanto él comía;
creció tanto por ello, con el bien que tenía
que serpiente muy grande a todos parecía.

1352 "Venido ya el estío, la canícula entrada,
ya temor no tenía de viento ni de helada;
salió del agujero, iracunda y malvada
y comenzó a esparcir veneno en la posada.

1353 "Le dijo el hortelano: —*¡Vete de este lugar!*
¡No hagas aquí daño! Se quiso ella vengar;
abrazólo muy fuerte, casi lo llegó a ahogar,
cruelmente apretaba, airada, sin parar.

1354 "En dar por miel veneno complácese el mezquino
y en dar penas por frutos al amigo y vecino;
a su bienhechor paga con engaño dañino.
Lo mismo que en el cuento, a mí de ti me vino.

1355 "Estabas tú, cuitada, pobre y sin buena fama,
sin tener ningún árbol para asirte a su rama;
yo te ayudé con algo, fui mucho tiempo tu ama
¡y aconséjasme ahora que pierda la mi alma!"

1356 —"Señora —diz la vieja—, ¿por qué soy repro-
[bada?
Cuando traigo regalos siempre soy halagada;
hoy, con manos vacías, he sido despreciada,
como el buen galgo viejo que ya no caza nada.

1357 "El buen galgo lebrero, corredor y valiente,
siendo joven, robusto, corría velozmente

238 ARCIPRESTE DE HITA

*su ingrato
amo.*

y, con buenos colmillos, buena boca y buen diente,
cuantas liebres veía cazaba diligente.

1358 "Al amo cazador siempre algo presentaba,
de sus corridas nunca vacío se tornaba;
el su señor, por ello, con calor le halagaba,
con todos los vecinos del galgo se loaba.

1359 "Con él mucho trabajo, el galgo se hizo viejo,
perdió pronto sus dientes, corría poquillejo;
con su señor cazando, al saltar un conejo,
no lo pudo asir bien y fuésele al vallejo.

1360 "El cazador al galgo golpeó con un palo,
el galgo se quejaba diciendo: —¡Oh, *mundo malo!
Todos, cuando era joven, decíanme ¡halo!, ¡halo!
Ahora que soy viejo se me acabó el regalo.*

1361 "*Siendo joven, la caza por pies no se me iba,
yo la daba a mi amo, ya fuera muerta o viva;
entonces me alababa; soy ya viejo y me esquiva,
si no le traigo caza no me halaga ni silba.*

1362 "*El mérito alcanzado en fuerte mancebez
corona la flaqueza que causa la vejez;
no por ser uno viejo pierde nada su prez,
el seso del buen viejo no pierde validez.*

1362. Se viene dando como final del parlamento canino la estrofa 1361; yo, que también lo hice en la primera edición, me inclino ahora a pensar que las palabras contenidas en 1362 a 1366 siguen siendo del galgo, por boca de Trotaconventos, y que ésta redondea y concluye su propia querella en 1367. En efecto, la estrofa 1365, que se supone dicha por la vieja hablando de sí misma, emplea el género masculino y para que tal cosa no resultase chocante, hube de cambiarlo por el femenino en mi anterior edición; tal dificultad desaparece si atribuimos las frases al perro. Aunque Juan Ruiz se deslice a veces dentro de sus personajes, sin poderlo remediar, siendo en realidad el Arcipreste quien arguye o comenta desde ellos, el hacer que Trotaconventos adopte, refiriéndose a sí misma, el género masculino lleva consigo una violencia gramatical que juzgo excesiva, por más que el poeta se haya dejado arrastrar por su propia masculina personalidad.

1363   "El amar al mancebo y a la su lozanía
       y, en cambio, a quien es viejo hacer descortesía
       es torpeza y gran mengua, maldad y villanía;
       se ensalza en el que es viejo al joven que fue un día.

1364   "El mundo codicioso es de aquesta natura:
       que si el amor da fruto, en el amor perdura,
       si no sirve ni da, entonces poco dura,
       por amistad humilde hoy nadie se apresura.

1365   "Todo aquel que da mucho será muy apreciado;
       cuando yo daba mucho era muy alabado,
       ahora que no doy me veo despreciado
       y no es agradecido el servicio pasado.

1366   "No se acuerdan algunos del mucho bien antiguo;
       quien a mal hombre sirve, siempre será mendigo,
       al malo, de los suyos no le importa ni un higo,
       apenas si hay un viejo que consiga un amigo.

1367   "Y, señora, con vos lo mismo me acontece;
       os serví bien y os sirvo en lo que os acaece,
       mas vine sin regalo y vuestra ira crece,
       ¡hasta injurias recibo, según lo que parece!"

1368   —"Vieja —dija la dama—, nunca yo te mentí;
       todo lo que me has dicho yo mucho lo sentí,
       de lo que yo te dije pronto me arrepentí
       pues buenas intenciones comprendo que hay en ti.

1369   "Pero temo y recelo que yo engañada sea;
       no quiero que me pase como al ratón de aldea

Doña Garoza
lamenta sus
reproches
pero teme
cambiar su
tranquila
vida austera
por los so-

Por otra parte, la frase inicial de 1367 marca, a mi entender,
una especie de transición entre el relato que acaba y el tono personal que se reanuda: "Y, señora, con vos lo mismo me acontece..." Trotaconventos, ya por su cuenta, afirma haber dejado
bien patente la ingratitud de la viudita, gracias al cuentecillo,
como si la estrofa fuese un *quod erat demonstrandum* en cuatro
versos.

que con el de ciudad divertirse desea.
Voy a contarte el caso y acabe la pelea.

1370 "Mur de Guadalajara un lunes madrugaba
y fuese a Monferrado, en el mercado andaba;
un ratón de gran barba invitóle a su cava,
convidóle a comer ofreciéndole un haba.

1371 "Están en mesa pobre, buen gesto y buena cara,
si la comida es poca, en la amistad se ampara,
a los pobres manjares el placer los repara;
quedó muy satisfecho el de Guadalajara.

1372 "La comida ya hecha, el manjar acabado,
convidó el de la villa al mur de Monferrado
para que fuese el martes a ver aquel mercado
y que, en correspondencia, fuera su convidado.

1373 "Le recibió en su casa y diole mucho queso,
mucho fresco tocino que no estaba salpreso,
enjundias, pan cocido, sin medida ni peso;
así, del aldeano crecía el embeleso.

1374 "Manteles de buen lino, una blanca talega
bien repleta de harina; el mur allí se pega;
muchas honras y obsequios le hacía su colega,
alegría y buen rostro con la comida llega.

1375 "En la mesa, muy rica, mucha buena vianda,
a cual mejor es todo el manjar que allí anda,
y, además, el agrado que el ser huésped demanda;
solaz con mesa buena, a cualquier hombre ablanda.

1376 "Ya comiendo y holgando, en medio del yantar,
la puerta de la estancia comenzó a resonar;
su señora la abría, dentro quería entrar,
los ratones, de miedo, huyen al verla andar.

1377 "El de Guadalajara va al hueco acostumbrado,
mas el huésped corría acá y allá asustado,
sin saber en qué sitio se vería amparado;
a la pared se acoge, muy quieto y arrimado.

1378   "Cerrada ya la puerta y pasado el temor,
estaba el aldeano con fiebre y con temblor;
sosegábale el otro, dice: —*Amigo, señor,*
alégrate comiendo de todo a tu sabor.

1379   "*Este manjar es dulce y sabe como miel.*
Contestó el aldeano: —*Veneno yace en él;*
al que teme la muerte el panal sabe a hiel.
Sólo para ti es dulce; tú solo come de él.

1380   "*Para quien tiene miedo no existe dulce cosa,*
falta el gusto de todo con la vida azarosa;
si se teme a la muerte, ni la miel es sabrosa,
toda cosa es amarga en vida peligrosa.

1381   "*Prefiero roer habas, muy tranquilo y en paz,*
que comer mil manjares, inquieto y sin solaz;
con miedo, lo que es dulce se convierte en agraz,
pues todo es amargura donde el miedo es voraz.

1382   "*Mas, ¿por qué me detengo aquí? Casi me mato*
del miedo que pasé, porque me da el olfato
que, si al estar yo solo, hubiera entrado un gato,
me atrapara, sin duda, y me diera un mal rato.

1383   "*Tú tienes grandes casas, pero mucha compaña,*
comes muchos manjares y eso es lo que te engaña;
mejor es mi pobreza en segura cabaña,
porque el hombre mal pisa y el gato mal araña.

1384   "*Con paz y con sosiego es rica la pobreza,*
para el rico medroso es pobre la riqueza,
tiene siempre recelo con miedo y con tristeza;
la pobreza gozosa es segura nobleza.

1385   "Más valen en convento las sardinas saladas,
haciendo a Dios servicio con las monjas honradas,
que perder la mi alma con perdices asadas,
quedando escarnecida como otras desgraciadas."

1386   Diz la vieja: —"Señora, desaguisado hacéis,
dejad placer y mimo por miseria queréis;

Trotaconven-
tos dice que

16. - Libro de Buen Amor.

*doña Garoza
no sabe apre-
ciar lo bueno
y cuenta la
fábula del
gallo que en-
contró un za-
firo.*

lo mismo que hizo el gallo, así vos escogéis.
El cuento he de contaros, pero no os enojéis.

1387   "En muladar andaba un gallo, cerca el río
y, cuando allí escarbaba, en mañana de frío,
halló un zafir tallado, nunca vio tal avío.
Dijo el gallo, admirado, en su seso vacío:

1388   "—*Más quisiera de trigo o de uvas un grano
que a ti y a otros cien como tú en la mi mano.*
El zafir contestó: —*Te aseguro, villano,
que, si me conocieras, estarías ufano.*

1389   "*Si me encontrase hoy quien hallarme debiera,
si pudiera tenerme el que me conociera,
el que ves entre estiércol mucho resplandeciera;
¡ni comprendes ni sabes lo que yo mereciera!*

1390   "Muchos leen un libro, tiénenlo en su poder
y no saben qué leen ni saben entender;
otros poseen cosas preciadas, de valer,
pero no las estiman cual debieran hacer.

1391   "A quien Dios da ventura y no quiere gozar,
ni quiere valer algo, ni saber, ni medrar,
merece la desgracia, tendrá que trabajar
y ser como aquel gallo que escarbó el muladar.

1392   "Lo mismo os acontece a vos, doña Garoza;
mejor queréis convento y el agua de la orza
que con tazas de plata gozar, cual novia goza,
con este mancebillo que os volvería moza.

1393   "Coméis en el convento sardinas, camarones,
hortalizas, bazofia y los duros cazones;
despreciáis del amigo perdices y capones
y os perdéis, desgraciadas mujeres sin varones.

1394   "Con tan pobre alimento, con saladas sardinas,
con sayas de estameña os conformáis, mezquinas,
dejando del amigo las truchas, las gallinas,
las camisas labradas, los paños de Malinas."

1395   Dijo doña Garoza: —"Hoy más no te diré.
Sobre lo que me has dicho con calma pensaré;
ven otra vez mañana, respuesta te daré,
después de bien pensarlo, sin dudar obraré."

1396   Al convento la vieja acudió al otro día
y encontróse a la monja cuando la misa oía.
—"¡Yuy!, ¡yuy! —dijo—, señora, ¡qué larga letanía!
en aqueste ruido os hallo cada día.

1397   "Unas veces cantando, otras veces leyendo,
o bien, unas con otras, discutiendo y riñendo;
jamás os he encontrado jugando ni riendo.
Verdad dice mi amo, según lo que voy viendo.

1398   "Hacen mayor ruido, sin útil resultado,
diez gansos en el agua que cien bueyes en prado;
dejad eso, señora, deciros he un recado.
Si la misa ya es dicha, vayamos al estrado."

1399   Alegre va la monja del coro al parlador,
alegre pasa el fraile del rezo al comedor;
quiere la monja oir nuevas de su amador;
quiere el fraile encontrar bocado tentador.

1400   —"Señora —habló la vieja— voy un cuento a contar,
del asno que vio a un perro con su dueña jugar.
No quiero que, con vos, me pueda esto pasar,
pero sí con el cuento vuestra risa escuchar.

1401   "Un perrillo faldero con su dueña jugaba,
con su lengua y hocico las manos le besaba,
ladrando y con la cola, a su modo halagaba,
demostrándole en todo con cuánto amor la amaba.

1402   "Ante ella y sus amigos en dos pies se tenía;
todos, con él, gozaban de solaz y alegría,
cada uno le daba de aquello que comía;
el asno lo observaba un día y otro día.

1403   "El asno, poco seso, meditó y paró mientes;
masculló el burro necio así, entre sus dientes:

Doña Garoza aplaza su respuesta definitiva hasta el día siguiente. Segunda entrevista de doña Garoza con Trotaconventos; ésta finge temer que sus palabras sean tenidas por inconveniencias y cuenta la fábula del asno envidioso del perrillo.

—Lo mismo a mi señora que a todas esas gentes
con más provecho sirvo que perros complacientes.

1404   "Yo sobre mi espinazo, les traigo mucha leña,
acarreo la harina que comen, de la aceña;
en dos pies me pondré, jugaré con la dueña
como el perro a quien tiene en su falda, halagüeña.

1405   "Rebuznando bien alto del establo salía,
como garañón loco tal el necio venía;
retozando y haciendo mucha majadería
se fue para la sala donde al ama hallaría.

1406   "Puso sobre los hombros de la dama sus brazos,
ella dio grandes voces, vinieron los collazos;
diéronle muchos golpes con piedras y con mazos,
hasta que en él los palos hiciéronse pedazos.

1407 .   "No debe ser el hombre, al obrar, arriesgado,
ni decir ni pensar si no es autorizado;
lo que Dios y la vida han negado y vedado
el cuerdo no lo intente, no debe ser osado.

1408   "Cree el necio que habla con prudencia y derecho
y piensa hacer servicio, complacer con su hecho,
mas dice necedades y causa gran despecho:
callar a tiempo siempre será de más provecho.

1409   "Y como ayer, señora, conmigo os atufasteis
y, con lo que decía por bien, os enojasteis,
por ello, temo mucho preguntar qué pensasteis.
Os ruego me digáis lo que, al fin, acordasteis. "

1410   La dama dijo: —"Vieja, temprano madrugaste,
ya vuelves con el cuento de lo que ayer hablaste.
Yo no lo consintiera, mas tú me lo rogaste;
consentirlo no debo, ¡ya de este juego baste!

Doña Garoza 1411   "Así dijo la zorra cuando aquel cirujano
insiste en   su corazón quería quitarle con la mano.
que lo que   Te contaré la historia, espero que no en vano;
se le propo-   después, mi pensamiento te diré, liso y llano.
ne es la pér-

1412   "Pasó que en una aldea, de muro bien cercada,
la ligera raposa estaba acostumbrada
a penetrar de noche, la puerta ya cerrada,
y comer las gallinas de posada en posada.

1413   "Viéndose los del pueblo, por ella, así burlados,
le cerraron portillos, ventanas y forados.
Dijo al verse encerrada: —*Estos gallos hurtados
creo que van a ser a escote bien pagados.*

1414   "Tendióse allí a la puerta de la aldea nombrada,
fingiéndose la muerta, con la boca crispada,
encogidas las patas, yerta, desfigurada;
decía el que pasaba: —*¡Miren la trasnochada!*

1415   "Pasaba muy temprano, por allí, un zapatero,
dijo: —*¡Qué buena cola! ¡Vale mucho dinero!
Calzador haré de ella para calzar ligero.*
Se la cortó; ella estuvo más quieta que un cordero.

1416   "El sangrador pasaba, venía de sangrar.
Dijo: —*El colmillo de ésta bien puede aprovechar
y a quien sufre de muela o quijada, aliviar.*
Sacóle el diente y ella, quieta, sin rechistar.

1417   "Pasó una vieja, a quien comiera su gallina.
Dijo: —*El ojo de aquesta sirve de medicina
a mozas con mal de ojo que padecen madrina.*
Se lo arrancó, y la zorra, sin moverse, mezquina.

1418   "El médico pasaba por aquella calleja.
Dijo: —*¡Qué buenas son orejas de vulpeja
para aquel que está enfermo con dolor en la oreja!*
Cortólas, y ella estuvo más quieta que una oveja.

1419   "Añadió el cirujano: —*Corazón de raposo
contra palpitaciones es bueno y provechoso.*
Gritó ella: —*¡Al demonio id a pulsar, hermoso!*
Levantóse corriendo y escapó por el coso.

1420   "Dijo: —*Todas las cuitas es posible sufrir;
mas dar el corazón y muerte recibir*

dida del alma, cosa que debe evitar a todo trance y cuenta la fábula de la zorra que se resignó a perder todo menos el corazón.

no lo puede ninguno ni debe consentir,
pues ya no tiene enmienda ni cabe arrepentir.

1421   Debe pensar el hombre con seso y con medida,
ver si lo que hacer quiere tiene siempre salida,
antes de que la cosa le resulte torcida:
el que teme ser preso asegure guarida.

1422   "Mujer que por un hombre ha sido escarnecida,
por él menospreciada y en muy poco tenida,
es por Dios castigada, del mundo aborrecida,
pierde toda su honra, su fama, hasta su vida.

1423   "Y ya que me propones lo que es mi perdición,
para el alma y el cuerpo muerte y difamación,
yo tal cosa no haré, ¡vete sin dilación!,
si no, según mereces te daré el galardón."

1424   Asustóse la vieja de tan bravo decir.
—"¡Piedad! —dijo— ¡Señora, no me queráis herir!
Vuestro bien, por ventura, puede de mí venir,
como al león le vino del ratón, al dormir.

1425   "Dormía el león pardo en la fría montaña,
en la espesura tiene su cueva soterraña
donde muchos ratones jugaban en compaña;
al león despertaron con su bulla tamaña.

1426   Cogió uno el león, queríalo matar.
El ratón, con gran miedo, comenzó a suplicar:
—No me mates, señor, yo no te podré hartar
y dándome la muerte no te podrás honrar.

1427   "¿Qué honor dará a un león, al fuerte, al poderoso,
matar a un ser pequeño, al mezquino, al cuitoso?
Será deshonra y mengua, no será triunfo hermoso,
pues vencer a un ratón es triunfo vergonzoso.

1428   "La victoria es honor para todo nacido,
pero vencer al débil nunca victoria ha sido;
el vencedor se honra cuando es fuerte el vencido,
su loor es tan grande cuanto sea el caído.

Trotaconventos insiste en que sólo quiere favorecer a doña Garoza; arguye que no se deben menospreciar los favores aunque vengan de persona pobre y humilde, y cuenta la fábula de león preso liberado por un ratoncillo.

1429 "El león, al oirle, meditó sosegado
y soltó al ratoncillo; el ratón, liberado,
le dio muy muchas gracias y quedó a su mandado:
todo cuanto pudiere le servirá de grado.

1430 "Fue el ratón a su hueco y el león a cazar;
andando por el monte, hubo de tropezar
y cayó en grandes redes; no las puede cortar,
envueltos pies y manos, no se podía alzar.

1431 "Comenzó a lamentarse, oyóle el ratoncillo,
corrió hacia él diciendo: —Señor, traigo un cuchillo:
son mis dientes: royendo de poquillo en poquillo,
donde están vuestras manos, abriré yo un portillo.

1432 "Los poderosos brazos, por allí, sacaréis,
abriendo y estirando, las redes rasgaréis:
por mis menudos dientes, vos hoy escaparéis.
Perdonasteis mi vida y por mí viviréis.

1433 "Tú, rico y poderoso, no quieras desechar
al pobre, ni pretendas al humilde alejar;
puede hacerte servicio quien nada puede dar,
aquel que menos tiene, te puede aprovechar.

1434 "Cualquier cosa pequeña y de poca valía
puede hacer gran provecho y causar mejoría,
quien no tiene poder, dinero ni hidalguía,
tenga manera y seso, arte y sabiduría."

1435 Con esto, la señora quedó ya más calmada.
—"Vieja —dijo— no temas, háblame sosegada;
no conviene a una dama mostrarse tan airada,
mas recélome mucho de quedar engañada.

1436 "Esas buenas palabras, esos dulces halagos,
no quisiera que fuesen para mí hiel, amargos,
como fueron al cuervo los dichos, los encargos
de la falsa raposa con discursos aciagos.

1437 "La zorra, cierto día, con el hambre luchaba
cuando vio al cuervo negro que en un árbol estaba,

*Doña Garoza
manifiesta su
temor de que
los halagos
encubran un
engaño y
cuenta la fá-
bula de la
zorra que
adulaba al
cuervo para
arrebatarle
un queso.*

gran pedazo de queso en la boca llevaba.
Ella, muy lisonjera, astuta le halagaba.

1438   *"¡Oh cuervo tan apuesto, del cisne eres pariente*
en blancura y en gracia! Hermoso, reluciente,
más que todas las aves cantas tú dulcemente;
un canto de los tuyos vale, de aquéllos, veinte.

1439   *"Mejor que la calandria, mejor que el papagayo,*
más potente que el tordo, el ruiseñor o el gallo;
si cantases ahora, todo el pesar que traigo
se borraría al punto, más que con otro ensayo.

1440   *"El cuervo, convencido de que su gorjear*
placía a todo el mundo, más que otro cantar,
creyó que la su lengua y su mucho graznar
alegraba a las gentes mejor que otro juglar.

1441   *"A cantar empezó y su voz a extender,*
el queso de la boca húbose de caer;
al punto la raposa comenzólo a comer.
El cuervo, con el daño, se hubo de entristecer.

1442   *"Vanidad, presunción, falsa honra, halago falso,*
dan pesar y tristeza y daños sin traspaso;
parece que en las viñas un hombre guarda el paso
y sólo es, en un palo, de trapos un payaso.

1443   *"No es cosa de prudentes creer dulce lisonja,*
después del dulzor, suele venir amarga lonja.
Pecar de tal manera no conviene a una monja;
la religiosa impura es podrida toronja."

Trotaconven- 1444   —"Señora —habló la vieja—, tal miedo no toméis,
tos dice a al hombre que os adora nunca le rechacéis.
doña Garoza Todas las otras temen eso que vos teméis;
que su mie- el miedo de las liebres las monjas lo tenéis.
do es infun-
dado y cuen- 1445   *"Andábanse las liebres en la selva agrupadas,*
ta la fábula *oyeron un ruido y huyeron espantadas;*
de las ranas *era el agua del lago que sonaba, agitada.*
y las liebres *Las liebres, temerosas, se juntan apiñadas.*
cobardes.

1446 "Miran a todas partes y no saben qué hacer,
buscan, llenas de miedo, dónde se han de esconder;
mientras lo discutían, acertaron a ver
a las ranas medrosas hacia el agua correr.

1447 "Dijo al verlo una liebre: —*Conviene que esperemos,
las únicas no somos que tal miedo tenemos;
asústanse las ranas por nada, ya lo vemos.
Las liebres y las ranas vano miedo tenemos.*

1448 "*Siempre buena esperanza debemos mantener:
nos hace sentir miedo lo que no es de temer,
nuestro corazón débil sólo piensa en correr;
nunca debiera nadie temor vano tener.*

1449 "Cuando acabó de hablar, comenzaron a huir;
esto les dio más miedo y a todas hizo ir.
De tal manera tema el que quiere vivir
que no pierda su esfuerzo por miedo de morir.

1450 "El miedo es mala cosa, flojo y cobarde ardid,
esperanza y valor vencen en toda lid;
los cobardes, huyendo, mueren diciendo: ¡huid!,
viven los esforzados diciendo: ¡dadle!, ¡herid!

1451 "Esto mismo acontece a vos, señora mía,
como a todas las monjas, tras de su celosía:
por una desgraciada mujer que se extravía
pensáis que todas tienen que seguir esa vía.

1452 "Tened buena esperanza, desechad el temor,
amad al buen amigo, quered su buen amor;
por lo menos habladle como a un chato pastor,
decidle: ¡Dios os salve! y dejad el pavor."

1453 —"Eres —dijo la dama— lo mismo que el diablejo
que mal fin a su amigo dio con su mal consejo;
le condujo a la horca donde dejó el pellejo.
Escucha y no me arrastres al mal con tu despejo.

1454 "En tierra sin justicia eran muchos ladrones,
llegaban hasta el rey las quejas y pregones;

Doña Garoza dice que siempre es malo el consejo de mal amigo y refiere el cuen-

to del ladrón
que pactó con
el diablo.

envió allí sus jueces, alguaciles, sayones
y al ladrón ahorcaban por cuatro patacones.

1455   "Dijo un ladrón de aquellos: —*Yo ya estoy des-*
                                                    [*posado*
con la horca; por hurto ya voy desorejado.
Si otra vez, por un robo, soy ante el juez llevado,
quedaré, para siempre, con la horca casado.

1456   "A fin de que el ladrón penitencia no hiciese,
vino el diablo hacia él, antes que lo perdiese;
le dijo que, del alma, donación le escribiese
y robase sin miedo cuanto robar quisiese.

1457   "El hombre le otorgó carta de donación,
prometió el diablo, a cambio, constante protección;
así el malo maneja artes de persuasión.
De una casa de cambio hurtó el oro el ladrón.

1458   "Fue en seguida apresado, en la cadena puesto;
llamó a su mal amigo que le libre de aquesto.
Acudió el mal amigo y dijo: —*Heme aquí, presto.*
Sin miedo, en mí confía; no morirás por esto.

1459   "*Tal vez hoy o mañana al juzgado saldrás,*
aproxímate al juez, y aparte le hablarás;
pon la mano en tu seno, dale lo que hallarás.
Amigo, si lo haces, en salvo te pondrás.

1460   "Sacan al otro dia los presos a juzgar;
el ladrón hasta el juez se acercó para hablar.
La mano llevó al seno, de donde fue a sacar
una copa de oro, muy digna de apreciar.

1461   "Diósela de regalo y el juez se la aceptó.
—*Amigos, yo no encuentro* —ante todos habló—
nada contra el bellaco; en vano se apresó.
Alguaciles, soltadle; mi justicia absolvió.

1462   "Salió el ladrón absuelto, sin pena de prisión,
usó de su artimaña gran tiempo y gran sazón,

de prisión, muchas veces escapó por un don;
cansábase ya el diablo y fue preso el ladrón.

1463   "Llamó a su mal amigo, como siempre solía.
Dijo el malo: *—¿Por qué me llamas cada día?*
Lo que hacer sueles, haz; no temas y confía;
el regalo tendrás, saldrás por arte mía.

1464   "Llamó el ladrón al juez, como era acostumbrado,
puso mano en el seno; ¡mala cosa ha encontrado!
Encontró una gran soga, al juez se la ha entregado.
El juez sentencia: *—Mando que mueras ahorcado.*

1465   "Cuando a la horca iba, vio que en las altas torres
estaba aquel su amigo: *—¿Por qué no me socorres?*
Respondióle el demonio: *—¿Y tú, por qué no corres?*
Háblame andando, amigo, anda, no te demores.

1466   "*Pronto estaré contigo; tan pronto deje a un fraile*
con una fraila suya que grita: ¡tráele!, ¡tráele!
Engaña a quien te engañe y al que te hace, hazle,
y, mientras tanto, amigo, baila con ese baile.

1467   "*Junto al pie de la horca, empezó a alborotar:*
—¡Amigo, valme, valme!, ¡que me van a ahorcar!
Vino el demonio y dijo: *—¡Véate yo colgar*
que yo te ayudaré como suelo ayudar!

1468   "*Permite que te cuelguen tranquilo, sosegado,*
con tus pies en mi espalda quedarás apoyado,
y así te sostendré, como ya he sujetado
a otros mis amigos en momento apurado.

1469   "Entonces los verdugos al ladrón ahorcaron
y, creyéndole muerto, de allí se dispersaron;
a los malos amigos en mal lugar dejaron,
entonces, allí solos, entrambos razonaron.

1470   "Quejándose, el diablo decía: *—¡Cuánto pesas!*
¡Qué caros me resultan tus robos y tus presas!
Repuso el ahorcado: *—Tus malvadas empresas*
me trajeron a esto: por ello me sopesas.

1471   "Habló después el diablo: —*Amigo* —dijo— *otea*
       y dime lo que vieres, cualquier cosa que sea.
       El ladrón se fijó y dijo: —¡Cosa fea!
       tus pies descalabrados; no sé yo qué más vea.

1472   "*Veo en un gran montón muchos viejos zapatos,*
       suelas rotas, harapos, jirones, viejos hatos,
       también veo en tus manos ganchos y garabatos
       y, colgados en ellos, muchas gatas y gatos.

1473   "Respondióle el demonio: —*Todo eso que dijiste*
       y aún dos veces más, que observar no pudiste,
       he destrozado yo siguiéndote, cual viste;
       no puedo aguantar más; ¡ten lo que mereciste!

1474   "*Aquellos ganchos son mis mañas y arterías*
       los gatos y las gatas son muchas almas mías
       a las que tengo atadas; con heridas impías
       sangran mis pies, de andar tras ellas tantos días.

1475   "Su discurso acabado, apartóse de un salto,
       abandonó al amigo en la horca, bien alto;
       quien del diablo fía, él se engancha, insensato,
       y sufrirá mal fin, gran mal en chico rato.

1476   Aquel que con el diablo ha hecho su crianza,
       quien en amigo malo pone su confianza,
       por mucho que se tarde, mal galardón alcanza;
       en un amigo falso hay toda malandanza.

1477   "Está el mundo tejido con mucho monigote,
       para el rico y pudiente no falta galeote,
       el postizo pariente o amigo que le explote,
       mas si le ven hundido, por él no dan palote.

1478   "Con los malos amigos se guisa mal guisote,
       no ofrecen nunca ayuda, siempre van de gañote,
       sólo falsas excusas, lisonjas de pegote,
       ¡que Dios os guarde, amigos, de algún tal amigote!

1479   "Nada tiene de amigo el que da mal consejo,
       es un gran enemigo; no admitas su manejo;

de quien no te socorre no quieras el festejo,
quien a espaldas te hiere, cuide él de su pellejo."

1480   —"Señora —habló la vieja—, muchas cosas sabéis,
pero no es mi consejo ese que vos creéis,
sino que, solamente, con el muchacho habléis
y luego, estando juntos, ya vos discutiréis."

1481   —"Tal es —dijo la dama— lo mismo que te digo,
lo que hizo el demonio con el ladrón su amigo:
me dejas con él sola, me cierras el postigo
y ya estoy deshonrada, quedándose él conmigo."

1482   Dijo la vieja: —"¡Vamos!, ¡qué corazón tan duro!
Nada de eso será, yo bien os lo aseguro;
junto a vos estaré, ¡en vuestras manos juro!,
¡si de vos me separo, en mí caiga el perjurio!"

1483   La dama dijo: —"Vieja, resulta contrafuero
que la mujer comience a hablar de amor primero;
sepamos antes si es veraz el mensajero."
—"Señora, el ave muda no puede hacer agüero."

1484   Dijo doña Garoza: —"Tengas buena ventura;
del Arcipreste quiero que pintes la figura
y, tal como ella sea, digas cuál es su hechura:
no respondas con bromas, que te hablo con cordura."

1485   —"Señora —diz la vieja— yo le veo a menudo;   *Trotaconven-*
el cuerpo tiene alto, piernas largas, membrudo,   *tos hace el*
la cabeza no chica, velloso, pescozudo,   *retrato del*
el cuello no muy alto; pelinegro, orejudo.   *Arcipreste.*

1486   "Las cejas apartadas, negras como el carbón,
el andar muy erguido, así como el pavón,
el paso firme, airoso y de buena razón,
la su nariz es larga; esto le descompón.

1487   "Las encías bermejas, sonora voz usual,
la boca no pequeña; son sus labios, tal cual,
más gruesos que delgados, rojos como el coral;
las espaldas muy anchas; las muñecas, igual.

1488   "Ojos algo pequeños; de color, morenazo;
        abombado su pecho y poderoso el brazo,
        bien cumplidas las piernas; el pie, chico pedazo.
        Señora, no vi más; en su nombre os abrazo.

1489   "Es ligero, valiente y muy joven en días;
        en música, maestro; sabe de juglarías;
        galante, muy alegre. ¡Por las zapatas mías!,
        ¡un hombre así no anda hoy por las travesías!"

1490   (Con astucia la vieja a la dama sedujo.)
        —"Señora, el que no va a la feria, dedujo
        que lo que compra en casa es que Dios lo condujo.
        ¡Amad, señoras mías, al hombre que dibujo!

1491   "Las monjas encerradas, bulliciosas, lozanas,
        al clérigo, afanosas persiguen muy ufanas.
        Todos nadar desean, los peces y las ranas:
        a pan de quince días, hambre de tres semanas."

1492   Dijo doña Garoza: —"Yo veré, dame espacio."
        —"¡Vamos —dijo la vieja— Amor no ha de ser lacio!
        a decírselo voy: ¡veréis si lo congracio!
        Conseguiré que venga mañana a este palacio."

Doña Garoza 1493   La dama dijo: —"Vieja, ¡Dios confunda tus
acepta al fin   [mañas!
una entrevis-   Ve, dile que mañana, ante buenas compañas,
ta con el ga-   me hablará seriamente, sin burlas ni cucañas
lán.   y que no me recuerde aquestas tus patrañas."

1494   Vino mi leal vieja alegre y placentera.
        Antes de saludarme, dijo la mensajera:
        —"¡Aquel que al lobo espanta, a fe que carne espera!
        La buena servidora así hace su carrera.

1495   "¡Amigo, Dios os salve, alegraos placentero!
        Mañana iréis a verla, no solo, ante tercero;
        procurad no decirle chanzas de muy parlero,
        las monjas aborrecen al abad hazañero.

1496   "Sólo lo que interesa al caso le decid,
        lo que diréis mañana, hoy pensad y medid;

a la misa temprano, en buena hora id,
conquistad a la monja y luego aquí venid."

1497 Dije: —"Trotaconventos, te ruego, buena amiga,
le lleves esta carta que, antes, mi amor le diga;
si en la contestación no se muestra enemiga,
puede ser que muy buena consecuencia se siga."

1498 Entrególe mi carta en la misa de prima,
buena respuesta tuvo mi carta, escrita en rima.
Tenía aquella monja más guardas que mi esgrima
pero buenas palabras alcanzan buena cima.

1499 En el nombre de Dios fui a misa de mañana;
a la monja vi estar en oración, lozana,
alto cuello de garza, color fresco de grana,
¡desaguisado fue mandarle vestir lana!

*Doña Garoza
habla con su
"leal ama-
dor" y acep-
ta sus home-
najes.*

1500 ¡Virgen Santa María! ¡Mi admiración rebosa!
Hábito y velo negro, ¿quién dio a la blanca rosa?
¡Hijos y nietos tenga mujer tan primorosa,
y no hábito, velo ni semejante cosa!

1501 Aunque sea pecado contra nuestro Señor
dirigirse a una monja el galanteador,
¡ay, Dios! ¡ojalá fuera yo mismo el pecador!
¡ya haría penitencia, consumado el error!

1502 ¡Miró con unos ojos...! ¡Parecían candela!
Yo suspiré por ellos. Dijo el corazón: ¡Hela!
Acerquéme a la dama, ella me habló y habléla;
me enamoró la monja y yo enaموréla.

1503 Aceptóme la dama por su buen servidor;
siempre fui para ella un leal amador;
me hizo mucho bien en Dios su limpio amor,
mientras estuvo viva, Dios fue mi guiador.

1504 En continua oración, a Dios por mí rogaba
y, con sus abstinencias, a mi alma ayudaba;
la su vida, tan limpia, en Dios se deleitaba,
en locuras del mundo su tiempo no ocupaba.

1505   Para tales amores sirven las religiosas,
        para rogar a Dios con acciones piadosas;
        para el amor mundano resultan peligrosas
        porque son embusteras, holgazanas, chismosas.

Muerte de 1506   Tal fue mi mala suerte que, dos meses pasados,
doña Garoza.   murió la buena dama, ¡sufrí nuevos cuidados!
        ¡Ay, todos los nacidos han de ser acabados!
        ¡Dios perdone sus almas y los nuestros pecados!

1507   Con profundo dolor escribí yo una endecha
        que, por la pesadumbre, no quedó muy bien hecha;
        enmiéndela quien sienta de amor la aguda flecha,
        pues quien yerra o delinque la enmienda no desecha.

1508   Para olvidar la pena, la tristeza, el pesar,
        a la vieja pedí me ayudase a casar;
        habló con una mora, no quiso ésta escuchar,
        ella hizo buen seso, yo hice mucho cantar.

1509   Dijo Trotaconventos a la mora por mí:
        —"¡Amiga, amiga mía, cuánto ha que no os vi!
        No se os ve por el mundo, ¿cómo es que sois así?
        Amor nuevo os saluda". Dijo ella: —"Leznedrí".

1510   —"Hija, mucho os saluda uno que es de Alcalá
        y os envía una zodra con aqueste albalá;
        el Señor os protege, muchas riquezas ha.
        Tomadlo, hija, señora". La mora: —"Legualá".

1511   —"Hija, ¡así el Criador os dé paz y salud!
        no se lo desdeñéis, pues más traer no pud';
        buen mensaje he traido, contestadme ala ud,
        no me echéis sin respuesta". Dijo la dama: —"Ascut".

1512   Comprendiendo la vieja que nada hacía allí,
        habló: —"De cuanto os dije, otro tanto perdí;
        si no respondéis nada, quiérome ir de aquí".
        Cabeceó la mora y dijo: —"¡Amxy, amxy!"

1513   Después escribí coplas de danza y callejeras,
        para moras, judías y para recaderas,
        para todo instrumento, de vulgares maneras;
        el cantar que no sepas, óyelo a cantaderas.

Diversas composiciones que escribió el Arcipreste. De

1509 d. *Leznedrí.* En árabe: No entiendo.
1510 d. *Legualá.* En árabe: No, ¡por Alá!
1511 c. *Ala ud.* En árabe: con amor.
1511 d. *Ascut.* En árabe: ¡Calla!
1512 d. *Amxy.* En árabe: ¡Vete!

1514   Hice algunas de aquellas que llaman para ciegos,
también para escolares que andan nocherniegos
y para los que corren las puertas, andariegos;
cazurros y de burlas; no caben en diez pliegos.

1515   Como los instrumentos han de estar acordados,
para cada cantar los suyos apropiados,
de los que yo probé aquí van señalados
los que a todo instrumento parecen adecuados.

1516   El árabe no quiere la vihuela de arco,
la zanfona y guitarra no son de aqueste marco,
ni cítola, odrecillo para el ataguilaco;
prefieren la taberna y alegrar al bellaco.

1517   Albogues y bandurria, caramillo y zampoña
del árabe se acuerdan cual de ellos en Bolonia;
si lo hacen, les sienta como tomar ponzoña
quien a tal les obligue debe pagar caloña.

1518   Un filósofo dijo y en su libro se anota:
con pesar y tristeza, el ingenio se embota.
Yo, con pena tan grande, no puedo decir gota
porque Trotaconventos ya no anda ni trota.

1519   Así fue ¡qué desgracia! que mi vieja ya es muerta,
¡grande es mi desconsuelo! ¡murió mi vieja experta!
No sé decir mi pena, mas mucha buena puerta
que me ha sido cerrada, para mí estaba abierta.

1520   ¡Ay muerte! ¡Muerta seas, bien muerta y malan-
[dante!
¡Mataste a la mi vieja! ¡Matárasme a mí antes!
¡Enemiga del mundo, no tienes semejante!
De tu amarga memoria no hay quien no se espante.

1521   Muerte, a aquel que tú hieres arrástraslo, cruel,
al bueno como al malo, al noble y al infiel,
a todos los igualas por el mismo nivel;
para ti, reyes, papas valen un cascabel.

1522   No miras señorío, familia ni amistad,
con todo el mundo tienes la misma enemistad,
no existe en ti mesura, afecto ni piedad,
sino dolor, tristeza, aflicción, crueldad.

1523   No puede nadie huir de ti ni se esconder,
ninguno pudo nunca contigo contender;
tu venida funesta nadie puede entender,
cuando llegas no quieres dilación conceder.

1524   Abandonas el cuerpo al gusaño en la huesa,
el alma que lo anima arrebatas con priesa,

no existe hombre seguro en tu carrera aviesa;
al hablar de ti, muerte, el pavor me atraviesa.

1525   Eres de tal manera del mundo aborrecida
que, por mucho que sea un hombre amado en vida,
tan pronto como llegas con tu mala venida,
todos se apartan de él, como de res podrida.

1526   Aquellos que buscaron, en vida, su compaña,
aborrécenle muerto, como materia extraña;
amigos y parientes le abandonan con saña,
huyen de él y se apartan, como si fuese araña.

1527   De padres y de madres, de sus hijos queridos,
de amigas y de amigos, deseados, servidos,
de mujeres leales tantos buenos maridos,
cuando tú vienes, muerte, ya son aborrècidos.

1528   Haces al que era rico yacer en gran pobreza,
no conserva una miaja de toda su riqueza;
quien, vivo, era apreciado por su mucha nobleza,
muerto es ruin, hedionda, repugnante vileza.

1529   No existe ningún libro, disertación ni carta,
ni hombre, sabio o necio, que de ti bien departa;
lo que viene de ti sólo males ensarta,
sólo al cuervo contentas, que de muertos se harta.

1530   Tú prometes al cuervo que siempre le hartarás
mas el hombre no sabe cuándo, a quién matarás;
el que hacer puede un bien, hágalo hoy; valdrá más
que esperar a que vengas con tu amigo *cras, cras*.

1531   Señores, no queráis ser amigos del cuervo,
temed sus amenazas, mas no atendáis su ruego,
el bien que hacer podáis, hacedlo desde luego;
quizá estaréis mañana muertos; la vida es juego.

1532   La salud, la existencia muy de prisa se muda,
al momento se pierden cuando el hombre descuida;

1530 d. *Cras.* Véase nota a 507 d.

el bien que harás mañana es palabra desnuda,
vestidla con la obra, antes que muerte acuda.

1533   Quien mal juego porfía se arruina y no cobra,
procura buscar suerte, halla mala zozobra;
amigos, daos prisa en hacer buena obra
pues, si viene la muerte, ya toda cosa es sombra.

1534   Muchos piensan ganar cuando dicen: ¡A todo!,
pero luego, un azar cambia el dado a su modo;
busca el hombre tesoros por tener acomodo,
viene la muerte entonces y lo deja en el lodo.

1535   El habla pierde luego, pierde el entendimiento:
de sus muchos tesoros, de su amontonamiento
no puede llevar nada, ni aun hacer testamento,
y los bienes logrados se pierden en el viento.

1536   Desde que sus parientes la su muerte barruntan
para heredarlo todo a menudo se juntan;
si por la enfermedad al médico preguntan
y él ofrece curarla, como ofensa lo apuntan.

1537   Aun los más allegados, los hermanos y hermanas
ya no ven el momento de doblar las campanas;
más aprecian la herencia, cercanos y cercanas
que no al pariente muerto ni a las sus barbas canas.

1538   Cuando ya el alma sale del rico pecador,
queda en el suelo aislado; causa a todos pavor.
Comienzan a robarle, primero lo mejor;
el que consigue menos se tiene por peor.

1539   Con mucha prisa luego lo quieren enterrar,
temen que alguien las arcas vaya a descerrajar,
la misa de difuntos no quieren retrasar;
de todos sus tesoros le ponen chico ajuar.

1540   No dan por Dios al pobre, ni ofrecen sacrificios,
ni dicen oraciones, ni cantan los oficios;
lo más que, a veces, hacen herederos novicios
es dar voces al sordo, pero no otros servicios.

1541   Entiérranlo contentos y, desde que fin dan,
tarde o nunca, a disgusto, por él misa oirán,
pues lo que ellos querían ya encontrado lo han;
ellos cogen la hacienda, el alma va a Satán.

1542   Si deja mujer moza, rica, hermosa y pudiente,
aun no las misas dichas, otro la tiene en mientes,
casará con un rico o con mozo valiente,
nunca pasa del mes dolor que viuda siente.

1543   Afanóse el mezquino sin saber para quién
y, aunque todos los días hay casos más de cien,
las gentes no preparan su testamento bien
hasta que con sus ojos venir la muerte ven.

1544   ¡Muerte, por maldecirte a mi corazón fuerzo!
Nunca das a los hombres consolación ni esfuerzo;
cuando alguno se muere ¡que lo coma el escuerzo!
Tienes en ti una tacha, la misma que el mastuerzo:

1545   dolerá la cabeza a quien mucho lo coma.
Tu maza peligrosa, al momento que asoma,
en la cabeza hiere, al más fuerte lo doma;
no valen medicinas al que tu rabia toma.

1546   Los ojos que eran bellos, los vuelves hacia el techo
y, de pronto, los ciegas, ya no son de provecho;
enmudeces el habla, enronqueces el pecho,
en ti todo es maldad, pesadumbre y despecho.

1547   El oir y el olor, el tañer, el gustar,
todos cinco sentidos los vienes a tomar;
no hay nadie que te sepa bastante denostar.
¡Cuánto mal de ti dicen donde llegas a entrar!

1548   Olvidas la vergüenza, afeas la hermosura,
marchitas toda gracia, ofendes la mesura,
debilitas la fuerza, trastornas la cordura,
tornas lo dulce en hiel con tu mucha amargura.

1549   Odias la lozanía, al mismo oro oscureces,
toda obra deshaces, la alegría entristeces,

ensucias la limpieza, cortesía envileces.
¡Muerte, matas la vida y al amor aborreces!

1550   No complaces a nadie, mas a ti te complace
aquel que mata y muere, el que hiere y mal hace;
toda cosa bien hecha tu mazo la deshace,
en tu red queda presa toda cosa que nace.

1551   Enemiga del bien, al mal tienes amor,
estás hecha de gota, malestar y dolor;
el sitio en que tú moras aquel es el peor,
donde no estás presente aquel es el mejor.

1552   Tu morada, por siempre, es infierno profundo.
Eres el mal primero; el infierno, el segundo.
Pueblas mala morada y despueblas el mundo;
vas diciendo a las gentes —"¡Yo sola a todos hundo!"

1553   Muerte, por ti se ha hecho el lugar infernal
pues, si viviera el hombre siempre en lo terrenal,
ni tú le asustarías ni tu terrible hostal,
ni odiara tu venida nuestra carne humanal.

1554   Vacías los poblados, pueblas los cementerios,
rehaces los osarios, destruyes los imperios;
por ti asustado, el santo recita los salterios.
El que no teme a Dios, teme a tus cautiverios.

1555   Tú despoblaste, muerte, del Cielo muchas sillas,
a los que eran limpieza convertiste en mancillas,
hiciste de los ángeles, diablos, por rencillas
y pagan tu manjar a dobles y sencillas.

1556   Al Señor que te hizo, ¡hasta a El le mataste!
Jesucristo, Dios y Hombre, también le atormentaste!
Cielo y tierra le temen, mas tú, atrevida, osaste
infundirle temor y su faz demudaste.

1557   El infierno le teme y tú no le temiste,
su carne te temió, gran miedo le infundiste,
su noble humanidad por ti padeció, triste;
la deidad no temió, que entonces no la viste.

1558   Ni miraste ni viste, El te vio y te miró;
        su muerte, tan cruel, a muchos espantó,
        ¡al infierno, a los tuyos y a ti os derrotó!
        Tú venciste una hora, El por siempre venció.

1559   Cuando te derrotó, al fin, le conociste,
        si antes le asustaste, mayor miedo cogiste;
        si tú le atormentaste, mil penas tú sufriste,
        ¡muerto, dio vida Aquel a quien tú muerte diste!

1560   A los santos cautivos en tu mala morada,
        por la muerte de Cristo, la vida les fue dada.
        Fue, por su santa muerte, tu casa despoblada;
        con su muerte, poblarla quisiste y fue arrasada.

1561   De tus penas libró a nuestro padre Adán,
        a Eva, nuestra madre, a sus hijos Set, Can
        y Jafet, patriarcas y al bueno de Abraham,
        a Isaac, a Isaías, sin olvidar a Dan.

1562   A San Juan el Bautista, con muchos patriarcas
        a quienes tú tenías en tus odiosas arcas;
        a Moisés venerable que yacía en tus barcas,
        profetas y otros santos que en tu poder abarcas.

1563   No podría decir cuántos eran tenidos
        en tu seno; allí todos estaban oprimidos.
        Dio libertad a todos los santos escogidos,
        mas contigo dejó a los malos perdidos.

1564   A los suyos llevó consigo al Paraíso,
        donde viven gozando más gloria quien más quiso.
        El nos lleve consigo, ya que murió sumiso,
        nos libre de tu risa, nos tenga sobre aviso.

1565   A los malos perdidos que dejó en tu poder
        en el fuego infernal tú los haces arder,
        .en penas perdurables los haces encender
        y ya nunca jamás los habrás de perder.

1566   Dios quiera defendernos de la tu zalagarda
        y nos guarde de ti, pues contra ti no hay guarda;

por mucho que vivamos y creamos que tarda,
tu rabia viene siempre y a todo el mundo escarda.

1567 Tan cruel eres, muerte, y tanta tu maldad
que describir no puedo tu gran voracidad;
al Señor me encomiendo, tenga de mí piedad,
no tengo otra defensa contra tu mortandad.

1568 Muerte descomedida, ¡mátate tú a ti sola!,
¿qué has hecho de mi vieja?, tu inclemencia perdióla.
¡Me la mataste, muerte! Jesucristo compróla
con la su santa sangre, por ella perdonóla.

1569 ¡Ay, mi Trotaconventos! ¡Leal amiga experta!
En vida te seguían, mas te abandonan muerta.
¿Dónde te me han llevado? Yo no sé cosa cierta;
no vuelve con noticias quien traspone esa puerta.

1570 Supongo que en el Cielo has de estar tú sentada,
con los mártires debes de estar acompañada;
siempre en el mundo fuiste por dos martirizada.
¿Quién te arrebató, vieja, por mí siempre afanada?

1570 bc. Solo los manuscritos S y T conservan este trozo.
S dice: *con dos martyres deues estar aconpañada / sienpre en
este mundo fuste por dos maridada*. El códice T, más antiguo,
recoge: *con los marteres deues estar conpañada / sienpre en el
mundo por dios martyriada*. Ambos manuscritos presentan errónea
redacción; en la versión primera que yo di procuré seguir al
códice más antiguo, T, pero debo rectificar a la luz de lo que
M. R. Lida, (*Nuevas notas...* p. 35), dice sobre estos versos, entendiendo, con razón, que fueron, en efecto, dos (y no Dios)
quienes martirizaron a la pobre vieja: los dos enamorados que
en cada historia amorosa que zurció le dieron la lata con suspiros, confidencias, recados y zarandeos. Queda así soslayada la
irreverencia que suponía afirmar que Trotaconventos, en su ruin
oficio, sufría por Dios. Ahora bien, para 1570 b, me parece lectura más adecuada *los mártires* (códice T), y no *dos* mártires
(códice S); la vieja debe estar entre los mártires pues fue martirizada por dos amantes, que eran los martirizadores. Claro es
que, dada la afición de Juan Ruiz a jugar con los vocablos y
las ideas, quizá quiso dar a entender que tan mártires son los dos

¹⁵⁷¹   A Dios merced le pido, que te dé la su gloria;
de más leal trotera no existe la memoria.
Yo te haré un epitafio, una dedicatoria;
ya que a ti no te veo, veré tu triste historia.

¹⁵⁷²   Haré por ti limosna, haré por ti oración,
por ti ofreceré misas, sufragio y donación.
¡Dios, mi Trotaconventos, te dé su bendición!
¡Aquel que salvó al mundo, El te dé salvación!

¹⁵⁷³   Damas, no os enojéis ni me tengáis por lelo;
si la hubierais tratado también haríais duelo,
lloraríais por ella, por su sutil anzuelo;
cuantas quería iban tras ella por el suelo.

¹⁵⁷⁴   La mujer alta o baja, encerrada, escondida,
ninguna le fallaba, cuando iba de batida;
el hombre y la mujer, por la vieja perdida,
sufrirán gran tristeza y pesar sin medida.

¹⁵⁷⁵   Yo escribí un epitafio pequeño, con dolor,
la tristeza me hizo ser rudo trovador.
Aquellos que lo oyeren, por Dios Nuestro Señor,
una oración ofrezcan por la vieja de amor.

---

enamorados (títeres entre los dedos de la vieja) como la zurcidora de voluntades (soporte de los cambios de humor, iracundias y languideces de damas y galanes). En este caso, el verso 1570 b debe leerse, como propone M. R. Lida: con dos mártires debes estar acompañada. Me inclino, ahora, por lo que me parece más sencillo.

EPITAFIO EN LA SEPULTURA DE URRACA, LA VIEJA TROTACONVENTOS

¹⁵⁷⁶ Urraca soy, que yazgo en esta sepultura;
cuando estuve en el mundo·tuve halagos, soltura,
a muchos bien casé, reprobé la locura.
¡Caí en una hora bajo tierra, de altura!

¹⁵⁷⁷ Descuidada, prendióme la muerte, ya lo veis;
aquí, amigos, parientes, no me socorreréis.
Obrad bien en la vida o a Dios ofenderéis;
tal como yo morí, así vos moriréis.

¹⁵⁷⁸ Quien aquí se acercare, ¡así Dios le bendiga,
Dios le dé buen amor y el placer de una amiga!,
que por mí, pecadora, un *pater noster* diga;
si no lo dice, al menos a mí no me maldiga.

ARMAS CON LAS QUE TODO BUEN CRISTIANO DEBE ARMARSE PARA VENCER AL MUNDO, AL DEMONIO Y A LA CARNE

1579   Mis señores, acordaos del bien como yo lo digo;
no confiéis si una tregua os concede el enemigo.
El diablo no ve la hora para llevaros consigo;
si me demostráis que miento no me apreciéis ni en un
[higo.

1580   No debemos, confiados, olvidarnos de la muerte,
ella es nuestra enemiga natural, segura y fuerte;
tomad las armas, que nadie en esta lucha deserte,
pues no podemos, amigos, escapar de ella por suerte.

1581   Si tuviéramos mañana que salir a pelear
y contra algún enemigo la campaña comenzar,
cada uno buscaría las armas para luchar
y, sin armas, no querría en aquel peligro entrar.

1582   Si así obramos con rivales cual nosotros, hombres
[vivos,
más debiéramos hacer con tantos y tan esquivos
enemigos que pretenden tomarnos como cautivos
y para siempre jamás dirán: —"¡Al infierno id vos!"

1583   Los pecados capitales más atrás habéis oído;
son aquellos que, a diario, siempre nos han combatido,
las almas quieren matar pues el cuerpo ya han herido,
con las armas debe el hombre estar siempre pro-
[tegido.

1584   Al lado de esos pecados hay otros tres principales:
la Carne, el Diablo, el Mundo, cuna de los capitales

que en aquellos se originan; tomemos defensas tales
que seamos vencedores. Yo quiero deciros cuáles.

1585 Obras de misericordia y de mucho bien obrar;
dones de Espíritu Santo, luz que nos quiera alumbrar.
Obras de piedad y virtudes no debemos olvidar,
y los siete Sacramentos; esto nos debe bastar.

1586 Contra la grande codicia, santo bautismo porfía
y del Espíritu Santo el don de sabiduría;
no desear cosa ajena, no decir: ¡esto querría!
Con la virtud de justicia juzgar nuestra fechoría.

Pecado: *Codicia.*
Sacramento: *Bautismo.*
Don: *Sabiduría.*
Virtudes: *Justicia y esperanza.*

1587 Vestir los pobres desnudos confiando en la espe-
[ranza
de que Dios, por quien lo hacemos, nos dará la bue-
[nandanza;
con tal loriga podremos contra cualquier asechanza
y Dios nos ha de guardar de codicia y malandanza.

Obra misericordia: *Vestir al desnudo.*
Arma: *Loriga.*

1588 Vencer a la gran soberbia hablando con humildad,
con mucho temor de Dios, de su santa Majestad;
con la virtud de prudencia, mesura y honestidad,
con esta segura espada fuertemente golpead.

Pecado: *Soberbia.*
Sacramento: *Confirmación.*
Don: *Temor de Dios.*
Virtudes: *Humildad, prudencia, fe.*

1589 Con mucha misericordia, dar a los pobres posada,
tener fe, que santa cosa es de Dios galardonada,
no robar cosas ajenas ni la mujer deseada;
con esta confirmación la soberbia es arrancada.

Obra misericordia: *Dar posada.*
Arma: *Espada.*

1590 Tengamos, contra avaricia, espíritu de piedad
dando limosna a los pobres, doliéndonos de su mal,
con la virtud de justicia juzgando con humildad;
con tal maza a la avaricia con largueza golpead.

Pecado: *Avaricia.*
Sacramento: *Orden.*
Don: *Piedad.*
Virtudes: *Justicia, humildad, fe, largueza.*

1591 Con el santo Sacramento del orden sacerdotal,
con la fe santa, escogida y más clara que el cristal;
casando huérfanas pobres. Con una defensa tal
vencida será avaricia, con la gracia espiritual.

Obra misericordia: *Dar limosna.*
Arma: *Maza.*

1592 Ligeramente podremos a la lujuria frenar
con castidad y conciencia nos sabremos escudar;

Pecado: *Lujuria.*
Sacramento:

Matrimonio.
Don: Forta-
leza.
Virtud: Cas-
tidad.
Obra miseri-
cordia: Dar
de beber al
sediento.
Arma: Bra-
honeras, qui-
jotes, canille-
ras.

y que el don de fortaleza también nos quiera ayudar.
Con aquestas brahoneras bien la podremos matar.

1593 Quijotes y canilleras haremos del Sacramento
creado en el Paraíso: matrimonio y casamiento.
Casar a menesterosos, de beber dar al sediento;
así, contra la lujuria lograremos vencimiento.

Pecado: Ira.
Sacramento:
Penitencia
Don: Enten-
dimiento.
Virtudes:
Caridad, Pa-
ciencia, Es-
peranza.
Obra miseri-
cordia: Visi-
tar al enfer-
mo.
Arma: Cape-
llina.

1594 La ira es gran enemigo; a muchos mata su inquina;
con el don de entendimiento y con la caridad digna,
comprendiendo su peligro, usando la blanda harina,
haremos de la paciencia, protectora capelina.

1595 Con la virtud de esperanza y con la mucha pa-
[ciencia,
visitando a los enfermos, haciendo gran penitencia,
aborreciendo las riñas, amando buena avenencia,
vencedores, obtendremos de Dios la benevolencia.

Pecado: Gu-
la.
Sacramento:
Eucaristía.
Don: Cien-
cia.
Virtudes:
Templanza,
Fe.
Obra miseri-
cordia: Dar
de comer al
hambriento.

1596 Grande pecado es la gula que puede a muchos
[matar;
el ayuno, la abstinencia de él nos pueden alejar.
Con espíritu de ciencia bien podremos calcular
que alguna cosa nos sobre para al pobre alimentar.

1597 Oremos ante el Señor en el santo Sacrificio
que es, del cuerpo de Dios, el Sacramento y oficio;
con la fe de su recuerdo, luchando por su servicio,
podremos, con esta gracia, vencer la gula, gran vicio.

Pecado: En-
vidia.
Sacramento:
Extremaun-
ción.
Don: Conse-
jo.
Virtud: Ca-
ridad.
Obra miseri-
cordia: En-
terrar a los
muertos.
Arma: Escu-
do.

1598 Por envidia perecieron muchos ilustres profetas;
contra tan mala enemiga, que combate con saeta,
opongamos fuerte escudo de ornamentada tableta
con el don de buen consejo por leyenda y por receta.

1599 El Sacramento de unción pongámonos; enterremos.
Y por el amor de Dios y por caridad, no erremos
haciendo mal a los simples ni a los pobres denos-
[temos;
con estas armas de Dios a la envidia desterremos.

1600   Alerta nos tenga siempre la pereza, mala cosa;
entre los siete pecados, la más sutil y engañosa
pues da a luz todos los días, doquier que el diablo
                                                    [posa,
y tiene peores hijos que perra alana rabiosa.

Pecado: Pereza.
Virtud: Diligencia.
Arma: Lanza.

1601   Contra ella, contra sus hijos que feroces nos com-
                                                    [baten
vayamos a romerías, que los rezos no se callen
y pensemos pensamientos que de buenas obras salen,
logremos, con santas obras, que baldíos no nos hallen.

1602   De todos buenos deseos y de todo buen obrar
hagamos asta de lanza y, sin querer descansar,
con hierro de buenas obras los pecados derrotar;
con tales armas lidiando los podremos amansar.

1603   Lucha con los principales, por separado, uno a
                                                    [uno;
contra el Mundo, caridad; contra la Carne, el ayuno;
corazón contra el Demonio y no vencerá ninguno,
de los parientes del mal no quedará vivo uno.

1604   Todos los demás pecados, mortales y veniales,
de estos tres nacen, cual ríos de las fuentes perenales;
en los tres está el comienzo y suma de todos males.
¡Dios nos proteja de padres, de hijos y nietos tales!

1605   Otórguenos Dios esfuerzo, tal ayuda y tal valor
que triunfemos en la lucha contra el pecado traidor
para que el día del juicio Cristo nos dé su favor
y diga: —"¡Venid a Mí los benditos del Señor!"

1606
Quiero abreviar, señores, esta predicación
porque siempre gusté de pequeño sermón
y de mujer pequeña y de breve razón,
pues lo poco y bien dicho queda en el corazón.

1607
Dè quien mucho habla, ríen; quien mucho ríe es
[loco;
hay en la mujer chica amor grande y no poco.
Cambié grandes por chicas, mas las chicas no troco;
quien da chica por grande se arrepiente del troco.

1608
De que alabe a las chicas el Amor me hizo ruego;
que cante sus noblezas, voy a decirlas luego.
Loaré a las chiquitas, y lo tendréis por juego.
¡Son frías como nieve y arden más que el fuego!

1609
Son heladas por fuera pero, en amor, ardientes;
en la cama solaz, placenteras, rientes,
en la casa, hacendosas, cuerdas y complacientes;
veréis más cualidades tan pronto paréis mientes.

1610
En pequeño jacinto yace gran resplandor,
en azúcar muy poco yace mucho dulzor,
en la mujer pequeña yace muy gran amor,
pocas palabras bastan al buen entendedor.

1611
Es muy pequeño el grano de la buena pimienta,
pero más que la nuez reconforta y calienta:
así, en mujer pequeña, cuando en amor consienta,
no hay placer en el mundo que en ella no se sienta.

1612
Como en la chica rosa está mucho color,
como en oro muy poco, gran precio y gran valor,

como en poco perfume yace muy buen olor,
así, mujer pequeña guarda muy gran amor.

1613 Como rubí pequeño tiene mucha bondad,
color, virtud y precio, nobleza y claridad,
así, la mujer chica tiene mucha beldad,
hermosura y donaire, amor y lealtad.

1614 Chica es la calandria y chico el ruiseñor,
pero más dulce cantan que otra ave mayor;
la mujer, cuando es chica, por eso es aún mejor,
en amor es más dulce que azúcar y que flor.

1615 Son aves pequeñuelas papagayo y orior,
pero cualquiera de ellas es dulce cantador;
gracioso pajarillo, preciado trinador,
como ellos es la dama pequeña, para amor.

1616 Para mujer pequeña no hay comparación:
terrenal paraíso y gran consolación,
recreo y alegría, placer y bendición,
mejor es en la prueba que en la salutación.

1617 Siempre quise a la chica más que a grande o mayor;
¡escapar de un mal grande nunca ha sido un error!
Del mal tomar lo menos, dícelo el sabidor,
por ello, entre mujeres, ¡la menor es mejor!

¹⁶¹⁸ Saliendo de febrero, a la entrada de marzo,
el pecado, que siempre de todo mal es mazo,
de clérigos tenía repleto su regazo
y también de mujeres traía un buen retazo.

Condiciones ¹⁶¹⁹ Como ya no tenía mi mensajera fiel,
que tenia don tomé por mandadero a un rapaz trainel;
Hurón, nue- Hurón era su nombre, muy apuesto doncel.
vo mensaje- Catorce faltas tuvo, si no ¡el mejor, él!
ro del Arci-
preste, en ¹⁶²⁰ Mentiroso, beodo, ladrón y chismorrero,
sustitución tahur, peleador, goloso, pendenciero,
de Trotacon- reñidor, zahorí, asqueroso, agorero,
ventos. imbécil, perezoso; tal era mi escudero.

¹⁶²¹ Dos días en semana, muy gran ayunador:
si de comer no había, ¡ayuno, pecador!,
si hacerlo no podía, ¡ayuno con dolor!
Esos dos días eran de ayuno, con rigor.

¹⁶²² Pero dice el refrán que solemos citar:
más vale, en todo caso, con mal asno luchar
que subir por la cuesta y con el haz cargar.
No tuve más remedio que tal mozo tomar.

¹⁶²³ Díjele: —"Hurón amigo, búscame nueva funda."
Dijo: —"Señor, lo haré, aunque el mundo se hunda,
y aquí la traeré, sin mucha barahunda,
que, a veces, un mal perro roe buena coyunda."

¹⁶²⁴ El sabía leer despacio, poco y mal.
Dijo: —"Dadme una carta y ya veréis qué tal.

Yo, señor, no me alabo, pero no tengo igual
y, si una cosa empiezo, la llevo a buen final."

1625   Le confié unos versos, ¡que Dios le dé mal hado!
¡Iba leyendo a voces por medio del mercado!
Dijo doña fulana: —"¡Quita allá, desgraciado!
A mí nadie te envía ni quiero tu recado."

EL ARCIPRESTE DICE COMO SE HA DE ENTENDER
SU OBRA Y EL DESTINO QUE DESEA PARA EL LIBRO
DE BUEN AMOR

1626
Como Santa María, según dicho dejé,
es comienzo y final del bien, tal es mi fe,
hice cuatro cantares, y con ellos pondré
punto al librete mío, mas no lo cerraré.

1627
Siempre será oportuno, allí donde se lea,
pues si lo oyere alguno que tenga mujer fea,
o lo oyere mujer cuyo esposo vil sea,
hacer a Dios servicio al momento desea.

1628
Deseará oir misas y ofrecer donaciones,
entregar a los pobres los panes y raciones,
hacer muchas limosnas y rezar oraciones;
con ello a Dios se sirve como bien veis, varones.

1629
Cualquiera que lo oiga, si hacer versos supiere,
puede más añadir y enmendar, si quisiere;
ande de mano en mano, téngalo quien pidiere,
cual pelota entre niñas, cójalo quien pudiere.

1630
Ya que es de Buen Amor, prestadlo de buen grado,
no desmintais su nombre, no lo hagáis reservado
ni lo deis por dinero, vendido o alquilado,
porque pierde su gracia el Buen Amor comprado.

1631
El texto de este libro es chico, mas la glosa
no me parece chica, antes bien, es gran prosa;
toda fábula siempre nos enseña otra cosa
además del relato y de la frase hermosa.

1632
Para la santidad es muy gran formulario,
de juegos y de burlas es chico breviario,
por ello ya hago punto y se cierra mi armario;
que de buen solaz sirva y recreo diario.

1633   Señores, os he servido con poca sabiduría;
para dar solaz a todos he hablado en juglaría.
Un galardón sólo pido por Dios: que en la romería
ofrezcáis un *Pater Noster* por mí y un *Ave María*.

1634   Era de mil y trescientos y ochenta y un años
fue compuesto este romance contra los males y daños
que causan muchos y muchas a otros con sus engaños,
y por mostrar a ignorantes dichos y versos extraños.

1634 a. El códice T, más antiguo que S (G no contiene este pasaje), dice así: *era de mil trescientos y sesenta y ocho años*, fecha correspondiente a lo que se tiene por primera edición del Buen Amor (año 1330).

1635

Madre de Dios, gloriosa
Virgen Santa María,
hija y leal esposa
de tu Hijo Mesía,
tú, Señora,
dame ahora
la tu gracia a toda hora;
que te sirva en toda vía.

1636

Porque honrarte codicio,
¡pecador yo!, por tanto
ofrezco en tu servicio
los gozos que te canto.
El primero
en que tercero
a ti el Angel mensajero
fue del Espíritu Santo.

1637

Concebiste a tu Padre;
fue tu gozo segundo,
cuando diste a luz, Madre,
sin dolor salió al mundo.
Cual naciste
[tú pariste],
intacta permaneciste
¡Oh, Virgen del santo mundo!

1638

El tercero, la estrella,
luciente meteoro;
los Reyes, con luz de ella,
trajeron su tesoro

y alabaron
y adoraron
y a tu Hijo presentaron
el incienso, mirra y oro.

1639

Fue tu alegría cuarta
cuando hubiste recado
del hermano de Marta:
era resucitado
tu Hijo duz
del mundo luz
que viste morir en cruz
al ser en ella elevado.

1640

A los Cielos subió:
quinto placer lograste.
Sexto, cuando envió
la Paloma, gozaste.
El septeno
fue más bueno:
a buscarte el Nazareno
vino y en el Cielo entraste.

1641

Te suplico, gloriosa,
siempre, en toda jornada,
sé conmigo piadosa,
afable tu mirada.
Y al juzgar,
juicio dar
Cristo, quiéreme ayudar
y ser para mí abogada.

1642
  Todos bendigamos
a la Virgen Santa;
sus gozos digamos
y su vida, cuanta
fue, según hallamos
que la historia canta,
¡Vida tanta!

1643
  El año doceno
a esta doncella
Angel de Dios bueno
saludó a ella,
Virgen bella.

1644
  Parió a su hijuelo
—¡qué gozo tamaño!—
a este mozuelo,
el treceno año;
reyes llegan luego
con presente extraño
para honrarlo.

1645
  Años treinta y tres
con Crito ha vivido.
Resurrección es
cuarto gozo habido.
Quinto, Jesús es
al Cielo subido
y lo vido.

1646
  La sexta alegría
fue para ella cuando,

en su compañía,
los suyos estando,
Dios allí envía
Espíritu Santo
alumbrando.

1647   La vida cumplida
del Hijo Mesía,
nueve años de vida
vivió aún María.
Al cielo subida,
¡qué gran alegría
ese día!

1648   Gozos fueron siete;
cuatro más cincuenta
años, ciertamente
la su vida cuenta.
Defiéndenos siempre
del mal y de afrenta,
Virgen genta.

1649   Todos los cristianos
tened alegría
señaladamente
en aqueste día;
Cristo, por salvarnos,
nació de María
en nuestra valía.

1650
    ¡Señor, dad al escolar
que os lo viene a suplicar!

1651
    Dadme limosna o ración;
haré por vos oración,
que Dios os dé salvación.
¡Quered, por Dios, a mí dar!

1652
    El bien que por Dios hicieries,
la limosna que me diereis,
cuando del mundo saliereis
a vos os ha de ayudar.

1653
    Cuando a Dios rindáis la cuenta
de la hacienda y de la renta,
os librará de la afrenta
esta limosna otorgar.

1654
    Por una ración que deis,
vos ciento de Dios toméis
y en el Paraíso entréis:
¡así lo quiera El mandar!

1655
    Meditad que el bien hacer
jamás se ha de perder
y que os puede defender
del infierno, mal lugar.

———

1656
    ¡Señores, vos dad a nos
escolares pobres dos!

1657
    · El Señor del Paraíso,
Cristo, que tanto nos quiso
que por nos murió sumiso;
matáronle los judiós.

1658
    Pues murió Nuestro Señor
por ser nuestro Salvador,
dadnos algo, por su amor
¡así salve a todos nos!

1659
    Acordaos de su historia,
dad, por Dios, en su memoria,
¡así os dé su Santa Gloria!
¡Dadnos limosna, por Dios!

1660
    Ahora, mientras podéis,
por el amor suyo deis
y con esto escaparéis
del infierno y de su tos.

1661
Ave María. Gloriosa,
Virgen Sagrada, preciosa,
¡cómo te muestras piadosa
toda vía!

1662
Gratia plena. Sin mancilla,
abogada;
por la tu merced, Señora,
concede esta maravilla
señalada.
Y por tu bondad, ahora
protégeme toda hora
de la muerte vergonzosa,
para que te loe, hermosa,
noche y día.

1663
Dominus tecum. Estrella
refulgente,
medicina de cuidados,
de presencia dulce y bella,
reluciente,
sin mancilla de pecados;
por tus gozos tan preciados
te suplico, virtuosa,
que me guardes limpia rosa,
de folía.

1664
Benedicta tu. Alabada,
sin pareja;
siendo virgen concebiste,
por los ángeles loada
en alteza.

Por el Hijo que pariste,
por la gracia que tuviste,
¡oh, bendita flor y rosa!,
protégeme tú, piadosa,
sé mi guía.

1665   *In mulieribus*. Querida,
Santa Madre;
de cristianos amparanza,
de los santos bien servida,
y tu Padre
es tu Hijo, sin dudanza.
¡Virgen, eres mi fianza!
De la gente maliciosa,
cruel, mala, soberbiosa,
me desvía.

1666   *Benedictus fructus*. Pura,
valimiento
de este linaje humanal,
que venciste a la tristura
y al tormento
que, por nuestro infausto mal,
el diablo, ¡sucio tal!,
con su tarea engañosa,
en la cárcel peligrosa
ya ponía.

1667   *Ventris tui*. Santa flor
no tañida,
por la tu gran santidad
libérame del error.
Que mi vida
siempre siga a la bondad
y que merezca igualdad
con los santos, ¡oh, graciosa,
en dulzor maravillosa!,
¡oh, María!

1668
Milagros sin cuento haces
¡oh, Virgen por siempre pura!,
liberando a los cuitados
de dolor y de tristura.
Al que loa tu figura
no le dejes olvidado;
no mirando su pecado
sálvalo de amargura.

1669
Ayudas al inocente
con amor muy verdadero,
a quien es tu servidor
bien lo libras de ligero
y no es perecedero
tu socorro; sin tardanza
guárdalo de malandanza
tu bien grande, duradero.

1670
¡Reina Virgen!, sé mi apoyo,
que estoy puesto en gran espanto
y por eso yo te pido
que me libres de quebranto.
Pues a ti, Señora, canto,
guárdame tú de lesión,
de muerte y de perdición
por tu hijo Jesús santo.

1671
He sido muy agraviado
en aquesta ciudad siendo;
tu ayuda y socorro fuerte
me libere, defendiendo.

Pues a ti yo me encomiendo,
no me seas desdeñosa;
tu bondad maravillosa
loaré siempre sirviendo.

1672   A ti siempre me encomiendo
¡oh, Virgen Santa María!
Aparta tú mi desgracia,
sálvame tú, sé mi guía,
protégeme en toda vía,
¡oh, piadosa Virgen Santa!,
por la tu merced, que es tanta
que decir no la podría.

1673

Santa Virgen escogida,
de Dios madre muy amada,
en los Cielos ensalzada,
del mundo salud y vida.

1674

Del mundo salud y vida,
de muerte aniquilamiento,
de gracia llena, cumplida,
para los tristes, aliento;
de aqueste dolor que siento
en prisión, sin merecer,
dígnate me proteger
con todo tu valimiento.

1675

Con todo su valimiento
no mirando mi maldad,
mi escaso merecimiento,
sino tu propia bondad,
pues confieso que, en verdad,
soy un pecador errado;
¡que de ti sea ayudado
por la tu virginidad!

1676

Por la tu virginidad
de que no hay comparación
ni puede haber igualdad
en la obra y la intención
colmada de bendición;
aunque no soy mereciente,
Señora mía, consiente
en cumplir mi petición.

1677
En cumplir mi petición
como a otros socorriste,
en tan fuerte tentación
en que estoy, cuitado y triste.
Poder tienes y tuviste,
guárdame, pues, en tu mano,
ya que tu socorro es llano
al que quieres y quisiste.

1678
Quiero seguir
a ti, flor de las flores;
siempre decir
y cantar tus loores.
No me partir
de te servir,
¡oh, mejor de mejores!

1679
Gran confianza
tengo yo en ti, Señora;
la mi esperanza
está en ti a toda hora.
De esta asechanza,
sin más tardanza,
ven y líbrame ahora.

1680
¡Oh, Virgen Santa!
heme aquí, atribulado
con pena tanta,
de dolor abrumado;
que ya me espanta
tristeza tanta
y me siento agobiado.

1681
Astro del mar
y buen puerto de holgura
en el pesar,
en dolor y tristura,
venme a librar
y a confortar,
¡Señora de la altura!

1682   Nunca fallece
la tu ayuda cumplida,
siempre guarece
de la pena y da vida.
Nunca perece
ni se entristece
quien de ti no se olvida.

1683   Sufro gran mal,
sin merecer, a tuerto,
de modo tal
que ya temo ser muerto;
mas, ¡tú me val!
¡No hay otro tal
que me lleve a buen puerto!

1684
En ti puse mi esperanza,
¡oh, Virgen Santa María!
En señor de tal valía
es razon tener confianza.

1685
   ¡Oh, fortuna astrosa,
cruel, enojosa,
ruin y mezquina,
¿por qué eres sañosa
para mí, dañosa
y falsa vecina?

1686
   No sé describir
ni puedo decir
esta cuita extraña
que me haces sufrir
¡y así he de vivir
con pena tamaña!

1687
   Hasta hoy, todavía
siguió tu porfía
de me maltraer.
Haz ya cortesía
y dame alegría,
halago y placer!

1688
   Si tú me librares
de pena y pesares,
y mi malandanza
en gozo tornares
y bien me ayudares,
vendrá mi bonanza.

1689
   Pero si porfías
y no te desvías
de mi mal hacer,
ya las cuitas mías
en muy pocos días
podrán fenecer.

1690   Allá por Talavera, a principios de abril,
llegadas son las cartas de Arzobispo don Gil,
en las cuales venía un mandato no vil
que, si a alguno agradó, pesó a más de dos mil.

1691   Este pobre Arcipreste, que traía el mandado,
más lo hacía a disgusto, creo yo, que de grado.
Mandó juntar Cabildo; de prisa fue juntado,
¡pensaron que traía otro mejor recado!

1692   Comenzó el Arcipreste a hablar y dijo así:
—"Si a vosotros apena, también me pesa a mí.
¡Pobre viejo mezquino! ¡En qué envejecí,
en ver lo que estoy viendo y en mirar lo que vi!"

1693   Llorando de sus ojos comenzó esta razón:
Dijo: —"¡El Papa nos manda esta Constitución,
os lo he de decir, sea mi gusto o no,
aunque por ello sufra de rabia el corazón."

1694   Las cartas recibidas eran de esta manera:
Que el cura o el casado, en toda Talavera,
no mantengan manceba, casada ni soltera:
el que la mantuviese, excomulgado era.

1695   Con aquestas razones que el mandato decía
quedó muy quebrantada toda la clerecía;
algunos de los legos, con muy grande acedia,
para tomar acuerdos juntáronse otro día.

1696   Estando reunidos todos en la capilla,
levantóse el Deán a exponer su rencilla.
Dijo: —"Amigos, yo quiero que todos en cuadrilla
nos quejemos del Papa ante el Rey de Castilla.

1697   "Aunque clérigos, somos vasallos naturales,
        le servimos muy bien, fuimos siempre leales;
        demás lo sabe el Rey: todos somos carnales.
        Se compadecerá de aquestos nuestros males.

1698   " ¿Dejar yo a Venturosa, la que conquisté antaño?
        Dejándola yo a ella recibiera gran daño;
        regalé de anticipo doce varas de paño
        a aún, ¡por la mi corona!, anoche fue al baño.

1699   "Antes renunciaría a toda mi prebenda
        y a la mi dignidad y a toda la mi renta,
        que consentir que sufra Venturosa esa afrenta.
        Creo que muchos otros seguirán esta senda."

1700   Juró por los Apóstoles y por cuanto más vale,
        con gran ahincamiento, así como Dios sabe,
        con los ojos llorosos y con dolor muy grande:
        —"*Novis e n i m dimittere* —exclamó— *quoniam*
                                        [*suave!*"

1701   Habló en pos del Deán, de prisa, el Tesorero;
        era, en aquella junta, cofrade justiciero.
        Dijo: —"Amigos, si el caso llega a ser verdadero,
        si vos esperáis mal, yo lo peor espero.

1702   "Si de vuetro disgusto a mí mucho me pesa,
        ¡también me pesa el propio, a más del de Teresa!
        Dejaré a Talavera, me marcharé a Oropesa,
        antes que separarla de mí y de mi mesa.

1703   "Pues nunca tan leal fue Blanca Flor a Flores,
        ni vale más Tristán, con todos sus amores;
        ella conoce el modo de calmar los ardores,
        si de mí la separo, volverán los dolores.

1704   "Como suele decirse: el perro, en trance angosto,

_____

1700 d. *Nobis enim dimittere.* ¡Perdonarnos, pues
1700 d. *Quoniam suave.* (*Psal.* CXXXIV, 3.) porque es agra-
dable!

por el miedo a la muerte, al amo muerde el rostro;
¡si cojo al Arzobispo en algún paso angosto,
tal vuelta le daría que no llegara a agosto!"

1705   Habló después de aqueste, Chantre Sancho Muñoz.
Dijo: —"Aqueste Arzobispo, ¿qué tendrá contra nos?
El quiere reprocharnos lo que perdonó Dios;
por ello, en este escrito apelo, ¡avivad vos!

1706   "Pues si yo tengo o tuve en casa una sirvienta,
no tiene el Arzobispo que verlo como afrenta;
que no es comadre mía ni tampoco parienta,
huérfana la crié; no hay nada en que yo mienta.

1707   "Mantener a una huérfana es obra de piedad,
lo mismo que a viudas, ¡esto es mucha verdad!
Si el Arzobispo dice que es cosa de maldad,
¡abandonad las buenas y a las malas buscad!

1708   "Don Gonzalo, Canónigo, según vengo observando,
de esas buenas alhajas ya se viene prendando;
las vecinas del barrio murmuran, comentando
que acoge a una de noche, contra lo que les mando."

1709   Pero no prolonguemos ya tanto las razones;
apelaron los clérigos, también los clerizones;
enviaron de prisa buenas apelaciones
y después acudieron a más procuraciones.

1710
Varones buenos y honrados,
quered a nos ayudar
y a estos ciegos desgraciados
la vuestra limosna dar,
pues somos pobres menguados,
tenemos que suplicar.

1711
De los bienes de este siglo
no nos ha tocado nada,
vivimos en gran peligro
una vida muy penada;
somos ciegos cual vestiglos,
del mundo no vemos nada.

1712
Señora Santa María,
otorga tu bendición
al que hoy, en este día
nos dé primero ración;
tenga su cuerpo alegría
y su alma salvación.

1713
¡Oh, María Magdalena!
Suplica al Dios verdadero
por quien nos dé buena estrena
de moneda o de dinero
para mejorar la cena
mía y la del compañero.

1714
A quien hoy nos estrenare
con moneda o con buen pan,
le dé, en cuanto comenzare,
buena estrena San Julián

y cuanto a Dios demandare
otórgueselo de plan.

1715
A sus hijos y compañas
Dios, Padre espiritual,
de esta ceguera tamaña
le guarde y de pena tal;
sus ganados y cabañas
San Antón guarde de mal.

1716
A quien nos dé una miaja
por amor del Salvador,
Señor, otorga tu gracia,
tu Paraíso y tu amor;
guárdalo de la baraja
del pecado engañador.

1717
Y tú, bienaventurado
ángel, Señor San Miguel,
tú seas el abogado
para aquella o para aquel
que de su pan nos ha dado;
te lo ofrecemos por él.

1718
Cuando las almas pesares,
coloca a tu mano diestra
a quien da cena y yantares,
a nos y a quien nos adiestra;
los pecados y los males
échalos a la siniestra.

1719
Señor, merced suplicamos
con las nuestras manos ambas;
las limosnas te entregamos,
tómalas en las tus palmas.
A quienes dan qué comamos
da Paraíso a sus almas.

1720

    Cristianos, de Dios amigos,
a nos, ciegos y mendigos,
con meajas y bodigos
querednos favorecer,
¡queredlo, por Dios hacer!

1721

    Si de vos no lo obtenemos,
otra cosa no tenemos
para nos desayunar;
no lo podemos ganar
con estos cuerpos lisiados,
ciegos, pobres y cuitados.

1722

    Dadnos vuestra caridad;
guárdeos la claridad
de los vuestros ojos Dios
a quien se lo ofrecéis vos;
que gozo y placer tengáis
con hijos que mucho amáis.

1723

    Por ellos no hayáis pesar,
que os los deje Dios criar
y que lleguen a Arcedianos;
sean ricos, sean sanos,
no les dé Dios ceguedad,
guárdelos de pobredad.

1724

    Deles mucho pan y vino
para que den al mezquino,
deles hacienda y dineros
y darán a los romeros;
deles paños y vestidos,
darán a ciegos tullidos.

1725
A vuestras hijas amadas
las veáis muy bien casadas
con maridos caballeros
o con buenos jornaleros,
con mercaderes corteses
o acomodados burgueses.

1726
Que vuestros suegros y suegras,
que vuestros yernos y nueras,
los vivos y los finados
de Dios sean perdonados.

1727
A vos dé buen galardón,
de los pecados, perdón,
y que el ángel bien atienda
en sus manos esta ofrenda,
¡Señor, estos pecadores
ruegan por sus bienhechores!

1728
Recibe Tú esta canción,
escucha nuestra oración
en que los pobres rogamos
por quien nos dio que comamos
y por el que darlo quiso.
Dios, que padeció sumiso,
os dé el Santo Paraíso.

AMEN

VOCABULARIO

Abondas.—619 c. Bastantes.

Adafinas.—781 c. Olla que los hebreos colocan al anochecer del viernes en una anafe, cubriéndola con rescoldo y brasas para comerla el sábado. *(Dic.)*

Adarga.—1087 c. Escudo de cuero.

Adivas.—302 c. Cierta inflamación de garganta en las bestias. *(Dic.)*

Adragea.—1336 a. Confite (Richardson.)

Aduz.—120 d. Aduce, trae. De *aducir,* antiguo *traer. (Dic.)*

Aguaducho.—246 c. Acueducto. *(Dic.)*

Aína.—297 d, 366 b, 820 a, 968 a, 1103 c, 1168 d. Presto, fácilmente. *(Dic.)*

Aires.—908 c. Enojes, irrites.

Ajenuz.—17 a. Planta de la familia de las ranunculáceas que da hermosas flores. Arañuela. *(Dic.)*

Alarcos.—1110 d. Lugar donde se dio, el año 1195, una batalla entre almohades y cristianos; en ella fue derrotado Alfonso VIII de Castilla.

Alaroza.—*Véase:* Novia.

Albalá.—1510 b. Carta.

Albogón.—1233 a. Gran flauta de siete agujeros y unos nueve decímetros de largo; servía de bajo en conciertos de flauta.

Albogue.—1517 a. Instrumento músico pastoril, de viento, compuesto de dos cañas paralelas con agujeros, un pabellón de cuerno y una embocadura dentro de la cual hay dos cañitas con lengüeta, todo ello sostenido por una armadura de madera. *(Dic.)*

Albornoz, Gil de.—1690 b. Arzobispo de Toledo de 1337 a 1350 ó 1351.

Albur.—1114 a. Pez del río.

Alcandora.—397 c. Cierta vestidura usada a modo de camisa, o la misma camisa. *(Dic.)*

Alcoholera.—440 c. Vasija o salserilla para poner el alcohol usado como afeite por las mujeres. *(Dic.)*

Alfeñique.—1336 a. Pasta de azúcar cocida.

Alfoz.—1290 b. Distrito, arrabal.

Alí.—1088 c. Alusión a la guerra de reconquita peninsular contra los musulmanes, de actualidad entonces.

Almajar.—915 c. Manto de seda. *(Dic.)*

Altibajo.—1001 a. Cierta danza, al parecer. *(Lida, Selec. 121.)* El Dr. Devoto piensa que se trata de una combinación de dos danzas: la alta y la baja.

Ambicia.—218 b. Ambición.

Andaluz.—116 d. Alusión a la exageración andaluza que convierte un sendero en carretera.

Ardida.—64 a. Mañosa, sagaz. *(Dic.)*

Aristóteles.—71 a. *Política,* Libro I, capítulos I y III. (Buceta, RFE, XII, 56.)

Armas del Cristiano.—1579 a 1605. En estas estrofas el Arcipreste compone una armadura espiritual con la que el cristiano dispondrá de armas defensivas (yermo para la cabeza, loriga para el torso, brahoneras para los brazos, quijotes para los muslos, canilleras para las piernas y escudo protector) y ofensivas: espada, maza y lanza. Los enemigos contra los que habrá de combatir son los pecados capitales, no siete, sino ocho, porque se añade la codicia al principio. La armadura se forma oponiendo a cada pecado uno de los siete sacramentos, uno de los siete dones del Espíritu Santo, virtudes y obras de misericordia. No hay dificultad de paralelismo con sacramentos y dones, aunque, por ser siete, queda el último pecado sin ser combatido por estas armas. En cuanto a las virtudes, aparecen no sólo las siete que se oponen tradicionalmente a los siete pecados, sino también las tres teologales y las cuatro cardinales (formando así otro grupo de siete). De las cardinales faltan la fortaleza (quizá por haber sido citada como don del Espíritu Santo) y la templanza (que aparece como virtud opuesta al pecado de gula). Las virtudes no siempre van citadas por su nombre, pero es indudable que cuando, contra la pereza, se aconseja peregrinar, orar, meditar y hacer buenas obras, se aconseja *diligencia,* y cuando, contra la gula, se oponen abstinencia y ayuno, lo que se recomienda es *templanza;* ahora bien, el *temperamiento* con que hay que combatir a la soberbia, creo que puede referirse a la *prudencia,* virtud cardinal adecuada contra tal pecado. Las obras de misericordia que se citan son ocho: de ellas, las cinco primeras y la séptima corresponden a las llamadas corporales; falta la sexta, *redimir al cautivo,* pero se añaden dos: *casar desvalidos* y *dar limosna.*

Arrepintajas.—705 c. Dice Trotaconventos: *Muchas bodas ayuntamos que vienen arrepintajas.* La interpretación *bodas de las que las gentes acaban por arrepentirse* (Lida, *Selec.* 99) nos parece que no cabe teniendo en cuenta que la vieja está alabando sus propias habilidades de zurcidora de voluntades. Creemos que se trata de bodas cuyo proyecto había vuelto atrás por alguna causa.

Ascona.—1056 c. Lanza rota.

Atincar.—941 a. Borax.

Avancuerda.—446 d, 925 b. Cuerda de ballesta.

Avino.—90 b. Sucedió.

Ataguilaco.—1515 c. Richardson se inclina a la opinión de Cejador, según la cual podría tratarse de una métrica especial árabe (attauil) con terminación *aco* por la rima.

Ayuso.—967 d, 990 c. Abajo.

Babilon.—1 c. Babilonia.

Baldosa.—1223 b. Instrumento músico de cuerdas punteadas.

Bandero.—1259 a. Parcial.

Baraja.—547 c, 705 b, 1716 e. Riña.

Becuadro.—1218 d. Juego de palabras entre la onomatopeya del balido y los términos musicales.

Belinchón.—1115 d. Salinas en la prov. de Cuenca.

Belorado.—337 d. Pueblo de la provincia de Burgos. El Arcipreste lo escoge como lugar adecuado para cubil de doña Loba y escribe Vil Horado, vil cueva. (Lida, *RFH,* 148).

Bendicha.—215 d. Bendita.

Bermejo.—997 e. Rojo; por extensión, paño rojo.

Bienquisto.—282 b. Amado.

Bodigos.—1720 c. Panecillos.

Bordones.—1235 d. ¿Verdones?, cistercienses de Gascuña; ¿San Pedro de Bordones?, monasterio gallego. (Richardson).

Brahoneras.—1592 d. Parte de la armadura que defiende el brazo.

Brete.—406 a. Silbato para atraer y cazar aves.

Buhonas.—700 a, 723 a, 827 c, 938 a. Buhoneras.

Cabezudo.—1276 a. Se refiere al dios Jano que da nombre a Enero (Januarius), divinidad bifronte.

Cabrillas.—1016 c. Manchas que se hacen en las piernas por permanecer mucho tiempo cerca del fuego. *(Dic.)* Aprovechando el equívoco con *cabras,* el Arcipreste habla de *manadillas.*

Calentura.—1006 b. Calor.

Caloña.—1517 d. Pena, generalmente pecuniaria, impuesta por la comisión de un delito.

Calledes.—878 d. Calléis.

Canilleras.—1593 a. Parte de la armadura que defiende la parte delántera de las piernas, de rodilla a pie.

Cañon entero.—1232 a. Instrumento músico, de origen musulmán, compuesto de una caja de madera, rectangular o trapezoidal, con muchas cuerdas, hasta 78, que se pulsan con púa, uñas de marfil o con las de las manos.

Capellina.—1087 b, 1103 d, 1594 d. Parte de la armadura que resguarda cabeza y rostro. Yelmo.

Capirotada.—1276 b. Aderezo hecho con hierbas, huevos, ajos y otros adherentes para cubrir y rebozar con él otros manjares *(Dic.)*

Carnal.—1070 b. Carnaval. Los tres días que preceden al Miércoles de Ceniza en que comienza la Cuaresma.

Carrales.—1296 a. Barriles, toneles.

Carrizo.—288 c. Cañaveral.

Cativa.—1198 c. Infeliz, desgraciada.

Caton.—44 a. Pseudo-Caton, *Dísticos morales*, III, 6. (Lida, *Selec.* 51.)

Ceniglo.—1008 d. Planta silvestre.

Cinta.— 1218 a. Cintura.

Cítola.—1213 d, 1223 d, 1516 c. Semejante a la guitarra, pero sin el cuerpo tan redondo ni el mástil tan prolongado, y más pequeño. Para tocar con púa.

Comides.—1005 b. Piensas, meditas; de *comedir*.

Concejo.—754 c, 1332 c. Tribunal público, Ayuntamiento, vecindario.

Conejero.—120 c. Perro que sirve para la caza del conejo. Juego de palabras llamando conejero que no trajo la caza al amigo que consiguió la dama obsequiándola con uno de aquellos animales.

Conquisto.—282 c. Sojuzgado.

Convid.—1079 a. Convite.

Convien.—737 d. Conviene.

Cordel.—1124 d. Cuerda o hilera de presos.

Corvillo.—1174 a. Miércoles de Ceniza.

Cota.—1037 b. Vestidura, adorno o arma defensiva que cubre el pecho. ¿Habría de ser la toca listada en esa parte?

Cruciar.—Penar, sufrir. Véase la nota a 112 d.

Cuento rimado.—15 b. Sílabas contadas y versos con rima.

Chanza.—Véase *Rozapoco*.

Chirlar.—748 b, 750 b. Hablar atropelladamente y metiendo ruido. *(Dic.)*

De suso.—363 d. Más arriba.

Descompón.—1486 d. Descompone.

Desque.—294 d. Desde que.

Detien.—851 d. Detiene.

Diacitrón.—1335 b. Cidra confitada. *(Dic.)*

Diantioso.—1335 c. Electuario aromático.

Disantero.—1003 e. Dominguero. Para los días de fiesta.

Diz.—19 d, 881 b. Dice.

Donas.—700 b. Adornos, regalos.

Drago.—3 c. Dragón.

Ducha.—1164 d. Acostumbrada.

Dulcema.—1233 a. Según Menéndez Pidal, quizá *ducemel*, instrumento músico de cuerdas para puntear; según Richardson, *dulzaina*, especie de flauta.

Dueña.—241 c, 430 a, 1242 c. Mujer, dama, señora.

Dux.—117 d. Guía.

Duz.—118 d, 1055 b, 1639 e. Dulce.

Embeleñó.—918 a. De *embeleñar*, adormecer con beleño.

Empavonada.—287 a. Disfrazada de pavón o pavo real.

Encobo.—420 c. Impedimento, obstáculo.

Endrina.—596 a. El nombre que el Arcipreste da a esta dama es de la "ciruela silvestre, pequeña, negra, azulada y áspera al gusto", cualidades que quizá tuviera la viuda: chiquita (así las prefiere Juan Ruiz), morena y algo esquiva. El juego de los nombres vegetales sigue cuando se da al galán el de don Melón de la Huerta (copla 738) y el de doña Rama a la madre de doña Endrina (copla 824) (1).

Enhoto.—968 b. Confianza. *(Dic.)*

Era.—326 b, 1634 a. Era de Octavio Augusto o Era española. Comienza cuando Augusto declaró a España provincia romana, el año 38 antes de Cristo; por tanto, la era 1301 (326 b) es el año de Cristo 1263, y la era 1381 (1634 a), el año 1343. Este último corresponde a la fecha de la redacción más moderna del *Libro de Buen Amor*, la conservada en el códice S que nos sirve de base; la redacción más antigua (códice T) indica la era 1368 (año 1330).

Esgrima.—1498 c. Disponía aquella monja de más defensas y medios de estar en guardia que yo con mi espada. La misma Trotaconventos dice: *Señora, ¡muchas cosas sabéis!* (copla 1480), admi-

---

(1) M. R. Lida (*Nuevas notas...* p. 58), recoge la razón de haber bautizado Juan Ruiz a esta dama con el nombre de la delicada fruta, copiando unos versos de Luis Quiñones de Benavente (*Entremés de Pipote, en nombre de Juan Rana*):

> Aquí habeis de asistir, no os dé mohina
> que también la doncella es como endrina
> que apenas la han tocado
> cuando el dedo le dejan señalado.

La explicación es definitiva.

rada ante el número de fábulas que doña Garoza cuenta en apoyo de sus ideas.

Espéculo.—1152. *Speculum iuris,* por Guillermo Durante.

Estomaticon.—1336. Electuario que contiene pimienta, hinojo, miel, y otros componentes aromáticos.

Estrado.—910 b, 1095 b, 1398 d. Sala.

Estrelleros.—127 d. Astrólogos.

Feste.—487 c. Cosa de poco valor. (Richardson.)

Festino.—535 d. De prisa.

Folía.—670 c, 1663 j. Locura.

Forados.—1413 b. Agujeros.

Fray Moreno.—565 b. Como *Fray Fulano, Fray Cualquiera.*

Galipe francisco.—1230. Galipe francés. En francés antiguo, *galippe* significaba una especie de embarcación; puede suponerse un instrumento con caja resonadora en forma de barco (Menéndez Pidal, *Poes. jugl. y juglares,* 72.)

Garabí.—1229 b. Músico árabe. (Richardson.) Véase la nota correspondiente al verso 1229 b.

García, Fernán.—913 a. Alusión al que sirvió de recadero traidor en la aventura de Cruz Cruzada (coplas 112 y sigs.).

Garnacha.—966 b, 1003 f. Vestidura talar con mangas y sobrecuello grande que cae desde los hombros a las espaldas. *(Dic.)*

Genta.—1648 g. Benigna. Gentil.

Golfines.—1051 b. Ladrones que, generalmente, van en cuadrilla.

Goma.—266 c. Goma arábiga, amarillenta, vítrea, casi transparente.

Gorjeador.—751 c. La terminación *or* se aplicaba tanto al género masculino como al femenino.

Groya.—972 c. Dura, cruel. (Richardson.)

Hadeduro.—969 e. Desgraciado.

Haz.—14 d, 898 b. Hace.

Helices.—1293 b. Palabra cuya significación no ha sido definitivamente aclarada. Richardson da la versión: para conservar frío el vino. Spitzer *(RF Hisp.* I, 273) se inclina a creer que "estamos ante el vocablo grecolatino helix... que ha dado... hélice. ¿Sería una variante de la *noria,* que se parece a la hélice?"

Hinojo.—410 b. Rodilla.

Hiz.—19 c. Hice.

Horado.—868 c. Agujero.

Hornachos.—768 b. Agujeros o concavidades que se hacen en las montañas o cerros donde se cavan mineral o tierras. *(Dic.)*

Horre.—1007. Horro, libre. Entiendo que el Arcipreste expone la inutilidad de huir, pues por escapar de un mal (el frío) corrió, pero el mal corrió más que él y le esperó abajo (susto producido por el encuentro con la serrana fea, "la más grande fantasma"). Por eso utiliza el aforismo, *la piedra que tires a la torre te caerá encima antes de que puedas ponerte a salvo;* semejante al más conocido: *Si al cielo escupes, en la cara te cae.*

Humero.—327 b. Cañón de chimenea por donde sale el humo. (*Dic.*)

Humil.—1096 a. Humilde.

Hurta.—1113 a. Quizá *urca*, especie de ballena. (Richardson.)

Infierno.—294 d. Se refiere al Limbo de los justos o Seno de Abraham.

Jacinto.—1610 a. Piedra fina, incolora o de color amarillento rojizo; "posee en alto grado la doble refracción". (*Dic.*)

Jáquima.—926 b. Cabezada de cordel para atar a las bestias y conducirlas.

Judería.—1183 a. El barrio judío. Don Carnal se refugia allí porque la Pascua judía se celebra sacrificando y comiendo corderos.

Judiós.—1193 c, 1657 d. Acentuación que el Arcipreste utiliza en estas dos veces, obligado por la rima. Nos ha parecido interesante conservarla.

Lágrimas de Moisés.—438 d. El códice G, único que conserva este pasaje, dice: *con lagrimas de moysen escantan las orejas.* Frecuentemente aparecen estas lágrimas en textos literarios castellanos con la significación de piedras: "... *alguna sopa de arroyo o marinica del cascajar, que es lo mismo que lágrimas de Moysén, y dicho en romance, es un guixarro*" (L. de Úbeda, *La pícara Justina, Bibliófilos madr.,* II, 194); "... *que le dio en la mollera / con una de Moisén lágrima dura...*" (Lope de Vega, *El mejor alcalde el Rey,* vv. 1417-18). Covarrubias en su *Tesoro de la lengua castellana,* explica así el origen de la locución: cuando Moisés se veía obligado a castigar con lapidación a los culpables de ciertos delitos, lloraba compadecido y sus lágrimas se convertían en piedras. Pero, además, en España (cf. actuales diccionarios), los rosarios cuyas cuentas son simientes del lithospermon, duras como piedras, son llamados rosarios de lágrimas de Job, de David, de San Pedro o de Moisés, personajes todos que derramaron amargo llanto por alguna causa o en alguna ocasión memorables. Lágrimas de San Pedro se llaman también en Andalucía a las lluvias, intensas pero de escasa duración, que suelen acompañar a las tormentas que se producen en fechas cercanas a la festividad de aquel Apóstol, el 28 de Junio. Creo que la acepción de rosario devoto, antes mencionada, conviene perfectamente a los que exhibiría Trotaconventos con hipócrita ademán de buena persona y a la eficacia de sus consejos, perforadora como una pedrada, en la cabezas de sus incautas oyentes.

Lardero.—1068 a. Jueves antes de Carnaval, llamado lardero por alusión al lardo (tocino), de que se suele hacer buen consumo ante la proximidad de los ayunos cuaresmales.

Lavanco.—1082 c, 1108 a. Pato bravío. *(Dic.)*

Ledo.—213 d, 1305 b. Alegre.

Letrado.—Véase *Señas.*

Lija.—1109 a. Pez marino cuya piel va, en parte, cubierta de una especie de granillos córneos que la hacen muy áspera.

Logrero.—421 b. Usurero, acaparador.

Loriga.—237 c, 1587 c. Armadura para la defensa del cuerpo. *(Dic.)*

Maldicha.—215 d. Maldita.

Marfusa.—364 c. Zorra.

Marfuz.—119 d. Falaz, engañoso, zorro.

Matacanes.—1220 d. Obra voladiza, parapeto. *(Dic.)*

Meaja.—Véase *Miaja.*

Medio cañón.—1230 a. Instrumento músico del mismo tipo que el cañón entero.

Madrina.—1417 d. ¿Mal de madre?

Melón de la Huerta.—727 c. En el relato de los amores con doña Endrina, el autor abandona insensiblemente la forma autobiográfica, y el galán no es ya el Arcipreste, sino el mozo don Melón de la Huerta; de este modo se hace posible el tranquilizador final: *doña Endrina y don Melón en uno casados son,* con alegría de los invitados a la boda (copla 891), nuevo éxito de la diplomacia de Trotaconventos; ya recordaba ella (copla 705) su habilidad para arreglar bodas difíciles. El nombre escogido para el galán sigue la idea de los apelativos vegetales empleados para los demás protagonistas de este episodio (Véase *Endrina*).

Menga.—849 d, 939 d. Abreviatura popular de Dominga. Aquí se emplea como equivalente de *otra cualquiera,* en sentido indeterminado.

Mereecedes.—878 c. Merecéis.

Mergelina.—211 c. Nombre ¿de persona?, ¿de lugar? indeterminado, para indicar que el enamorado suele tener el pensamiento ausente de lo que no sea el objeto de su pasión.

Mesura.—675 a, 822 c, 1026 d. Cortesía.

Mezquita.—1108 d. El cerdo estará a salvo en la Mezquita, porque a los musulmanes no les está permitido comer la carne de dicho animal.

Miaja.—1716 a, 1720 c. Moneda de vellón de ínfimo valor.

Mielga.—1104 a. Pez de carne dura y piel áspera.

Mitas.—171 c. ¿Mitones? (Lida, *Selec.* 67). *Guantes* (Richardson).

Mohalinar.—941 b. Aparentemente, una droga (Richardson).

Moisés.—Véase: *Lágrimas de Moisés.*

Monferrado.—1370 b. María Rosa Lida (*RFHisp.* II, 148) propone la lectura Monferrando o Monfernando, actual Mohernando, que, por ser aldea y cercana a Guadalajara, le parece residencia posible para el ratón campesino. No obstante, no debemos olvidar que existe una aldea en la provincia de La Coruña y un monte entre las de Lugo y Orense (a través del cual pasa el río Sil) que se llaman Montefurado (monte horadado). Están algo lejos de Guadalajara, cierto, pero, en cambio, responden al gusto del Arcipreste de buscar lugares como nombre alusivo a las costumbres de sus moradores. Ninguna de las dos soluciones me parece totalmente firme; por ello conservo la lectura del códice *S*, más conveniente a la rima.

Mongibel.—281 b. Figuradamente, el infierno.

Moxmordos.—1014 b. Largos y salientes (Richardson).

Mur.—1370 a, 1374 b. Ratón.

Naturales.—128 b. Sabios en la ciencia de la Naturaleza (Lida, *Selec*, 60).

Neciacha.—1233 d. ¿Derivado de necio? Menéndez Pidal prefiere *reciancha.*

Negras.—441 a. ¿Alusión al negro vestido de las viejas trotaconventos?

Novela.—1152 d. Cualquiera de las leyes nuevas o constituciones imperiales que dieron Teodosio II o sus inmediatos sucesores después de la publicación del código teodosiano, Justiniano después de sus compilaciones legales y los demás emperadores bizantinos posteriores al derecho justinianeo.

Novia.—1392. La difícil interpretación de *estar a la roza* o *alaroza,* ha quedado definitivamente aclarada por Oliver Asín en su agudo estudio *Historia y prehistoria del castellano "alaroza"* (Bol. RAE, XXX, 389-421): *Alaroza* ha de leerse como una sola palabra, y en árabe significa novia, recién casada. Ahora bien, estimamos que las consecuencias deducidas por el Sr. Oliver Asín del empleo de tal vocablo son excesivas. No nos parece que Trotaconventos, al usarlo, trate de insinuar a la monja un matrimonio de rito musulmán, idea ésta que el Sr. Oliver ve confirmada con la oferta de regalos y ajuar hecha en nombre del novio, a la usanza árabe. A nuestro entender, las tazas de plata, las truchas, los capones, los paños de Malinas y las delicadas camisas, son simplemente la exposición que hace Trotaconventos del bienestar material que gozará doña Garoza como amiga de un hombre rico, en contraste con la austeridad conventual, bienestar que, de uno u otro modo, ofrecen el galán o su recadera en las diversas aventuras que se relatan. En cuanto a la madurez de la dama, no es ella, sino la vieja, quien dice haber vivido diez años en el convento, durante los cuales pudo haber servido a doña Garoza todo el tiempo o parte de él; sin contar con que la monja pudo haber tomado los hábitos a los trece años o antes. También nos parece un poco aventurado deducir la posibilidad de que Juan Ruiz quiera referirse a una monja conversa.

Odrecillo.—1000 d, 1233 c, 1516 c. Instrumento músico parecido a la gaita. En 1000 d podría pensarse si se trata del odre pequeño que, como recipiente para batir la nata, usan los pastores de algunas zonas, aunque las otras dos citas nos inclinan a pensar que también en 1000 d. se trata del odrecillo musical.

Orior.—1615 a. Oropéndola. Ave de plumaje amarillo, alas y cola negras, así como patas y pico. Abunda en España. (*Dic.*)

Ostiense.—1152 b. Arrigo, Obispo de Ostia, gran jurista en derecho civil y canónico.

Parlador.—1399 a. Locutorio.

Pastija.—724 c, 916 d. Historia, patraña. (Lida, *Selec.*, 102.)

Pavón.—1086 b, 1116 a, 1486 b. Pavo real.

Peña.—432 c. Pluma. (*Dic.*) Ceja en forma de pluma, arqueadas, suaves y afiladas por los extremos.

Peñavera.—17 b. Armiño.

Pepión.—641 b. Moneda menuda usada en Castilla en el siglo XIII. (*Dic.*)

Pitoflero.—784 a. Persona chismosa, entrometida y chocarrera. (*Dic.*)

Plancha.—966 d. Placa, medallón grande.

Plaz.—898 c. Place.

Pon.—362 c. Pone.

Postas.—1111. Puestas, colocadas.

Priesa.—1524 b. Prisa.

Prietas.—386 b, 1241 a. Negras, oscuras, morenas. En la copla 1241 se refiere al color de los hábitos monjiles, blancos u oscuros según la Orden.

Prisco.—1230 d. Albérchigo.

Pud.—582 a, 911 a, 1511 b. Pude.

Quasimodo.—1315 a. Domingo de Quasimodo. Primer domingo después de Pascua de Resurrección.

Quijote.—1593 a. Pieza de armadura que defiende el muslo.

Quista.—866 a. Amada, querida.

Ración.—492 b. Prebenda.

Rainela.—491 b. Probablemente, una droga. (Richardson.)

Rama.—812 c, 824 c, 825 a. Nombre dado a la madre de doña drina. Véase nota a *Endrina*.

Redero.—746 c. El que caza con redes.

Redruejas.—378 d. Flor tardía o que echan por segunda vez las plantas y que por ser fuera de tiempo no suelen llegar a sazón. (*Dic.*)

Rehalas.—1222 a. Rebaño de ganado lanar formado por diversos dueños y conducido por un solo mayoral. (*Dic.*)

Repertorio.—1152 a. Probablemente el *Reportorium Iuris*, por Guillermo Durante. (Richardson.)

Reyerta.—542 d. Aprieto, dificultad.

Roldán.—556 a. Escribió el *Libro de Tahurerías* por orden de Alfonso X.

Rosario.—1152 d. Rosario de Guido. Sobre las *Decretales* de Graciano, por Guido de Baiso.

Rota.—1229 b. Según Menéndez Pidal (*Poes. jugl. y juglares.* 66), arpa pequeña de procedencia británica o céltica. El Dr. Devoto estima que no se trata de un instrumento al que se pueda llamar arpa, pues ésta tiene las cuerdas dispuestas de manera distinta a todos los demás cordófonos, incluso la rota.

Rozapoco.—729 c. El texto dice: *el cuerdo non enloquece por fablar al Roçapoco.* ¿Hablar de ligero, en broma, en chanza, con poco seso?

Sábalos.—1114 a. Peces marinos.

Sabio.—44 a. *Proverbios*, XXV, 20, y *Esclesiastés*, XXX, 21-23. (Lida, *Selec.*, 51.) 166 a. Aristóteles, *Etica Nicomaquea*, VII, 10, 4. (Lida, *Selec.*, 66.)

Saboga.—1113 c. Pez marino.

Salterio.—1229 c. Instrumento músico que consiste en una caja prismática de madera, más estrecha por la parte superior, donde está abierta y, sobre la cual se extienden muchas hileras de cuerdas que se tocan con macillo, plectro, uñas de marfil o con las de las manos.

Santiago.—1043 a. Ep. I. 17.

Salva.—104 a. Justificación.

Salvajina.—366 a. Ir a caza de animales monteses.

San Meder.—951 a. San Emeterio; se celebra su fiesta el 3 de marzo.

Sapos.—Véase: *Troyas.*

Saya.—270. Túnica.

Señas de letrado.—49 d. Señas empleadas en los conventos para no quebrantar el silencio. (Lida, *Selec.*, 51.)

Señor.—585 c. Véase nota a *gorjeador.*

Sillo.—314 d. Sello.

Soma.—1031 d. Pan negro. (Richardson.)

Soterraña.—1425 b. Subterránea.

312

Sueras.—449 c y 1340 d. ¿Sudadero, paño para enjugar el sudor? (*Dic.*) ¿Colgaduras? (Corominas). Véase nota a 1340 d.

Suso.—Véase: *De suso.*

Tajadero.—1083 c. Plato trinchero que sirve para trinchar en él los manjares. (*Dic.*)

Tamborete.—1230 d. Instrumento músico de percusión, en forma de tubo.

Tendejon.—1107 d. Tienda pequeña.

Tien.—737 c. Tiene.

Tocar.—70 b. El texto dice: *puntar*, es decir, cantar según puntos (notas musicales), y metafóricamente, interpretar. Cr. francés medieval *solfier* (literalmente, "solfear") de idéntico significado." (Lida, *Selec.*, 56.)

Tocon.—942 d. Parte del tronco de un árbol que queda unida a la raíz cuando lo cortan por el pie. (*Dic.*)

Toda vía.—20 b, 1661 d. Siempre, en todo camino.

Tora.—1053 b. Libro de la Ley de los judíos.

Tornada.—614 b, 1032 e, 1039 e. Vuelta, revuelta.

Torneses.—1224 c. Libra tornesa, moneda que se fabricó en Tours.

Tragacante.—1335 a. Cierta clase de goma.

Trance.—904 d. Rompa, parta.

Trechón.—927 b, 1115 b. Traílla. (Richardson.)

Trisca.—1228 c. Algazara saltarina, baile, retozo y, además, nombre de una danza.

Troco.—1607 c. Cambio (primera pers. sing. pres. indic. de *trocar*.)

Troco.—1607 d. Cambio, trueque.

Troya.—699 c, 937 c, 972 b. La palabra *troya* (viejas troyas en 699 c y 937 c; chata troya en 972 b) era una de las reconocidas dificultades de interpretación que encierra el *Libro de Buen Amor*. Carlos Clavería en su estudio *Libro de Buen Amor* "...esas viejas troyas" (NRFH, II, 268-272), aclara la cuestión con diáfana seguridad. De *porcus trojanus* (manjar compuesto de cerdo relleno con otros animales, en "conexión con el caballo de Troya"), deriva *troja*=cerda de cría; de ahí, *troja*=cerda (animal inmundo) aplicado entre otras insultantes denominaciones, puerca, cochina, etc., a las rameras. Por tanto, *troya*=ramera. Sin contradecir en nada las acertadas deducciones de Clavería, al contrario, confirmándolas, hemos hallado una derivación, muy interesante porque se conserva hasta hoy, del significado de troya, extendiéndose a otro animal repugnante y, como el cerdo, símbolo de lujuria: el sapo. En efecto, en Veguellina de Orbigo, en comarca leonesa, de tanta importancia para la transmisión del *Libro de Buen Amor*, se llaman corrientemente troyas a los sapos, mejor dicho, a las *sapas*, lo que aún es mas curioso: Por ejem-

plo, es frase usual decir a quien parezca estar adormilado:
¡Espabílate, que pisas la troya! Por tratarse de un significado actual y de uso generalizado en todas las clases sociales
de la región, he escrito *sapos* donde Juan Ruiz habló de *troyas*.
Debo la localización de esta palabra a la señorita Isabel Ibáñez
Losada, leonesa, estudiante en la Facultad madrileña de Filosofía y Letras.

Tuerto.—1683 b. A tuerto, injustamente, con agravio.

Usaje.—583 b. Uso, costumbre.

Val.—357 c, 756 c, 1683 e. Vale.

Varona.—382 a. Mujer.

Vees.—26. Ves.

Vegadas.—243 c. Veces.

Vergüeña.—610 b. Vergüenza.

Vido.—1645 g. Vio.

Viernes de Indulgencias.—1205 a. Viernes Santo.

Vihuela de arco.—1231 a, 1516 a. Instrumento músico de cuerda,
parecido al violín, para ser tocado con arco.

Vihuela de pluma.—1229 d. Instrumento músico de cuerda, parecido al violín para ser punteado con pluma.

Vira.—183 b. Saeta delgada y aguda.

Virgilio.—261. A Virgilio, uno de los pocos poetas latinos leídos
en la Edad Media, se le atribuían cualidades de hechicero.

Yaz.—14 c, 889 b. Yace.

Yuso.—Véase: Ayuso.

Zalagarda.—1566 a. Ataque por sorpresa. Emboscada.

Zanfona.—1233 b, 1516 b. "Vihuela de rueda, al son de la cual
se cantaban las gestas y que, aún hoy, es usada por los ciegos
en Galicia y Asturias." (Menéndez Pidal. *Poesía jugl. y juglares,* 67.)

Zarapico.—1013. ¿Zarapito? Ave zancuda del tamaño del gallo,
pico delgado de mayor longitud que la cabeza. Vive en las
playas y lugares pantanosos. *(Dic.)*

Zodra.—1510 b. Bata o justillo. (Lida, *Selec.,* 157.)

BIBLIOGRAFIA

AGUADO, J. M. Glosario sobre Juan Ruiz, poeta castellano del siglo XIV. Madrid, 1929.

ALARCOS, EMILIO. Reseña sobre *Recherches sur le Libro de Buen Amor*, por Félix Lecoy. *RFE*, XXVII (1943), 443-450.

ALONSO, DÁMASO. Críticas de noticias literarias transmitidas por Argote. *Bol. Acad. Esp.*, XXXVII (1957), 63-81.

ALONSO, DÁMASO. De los siglos oscuros al de Oro. (Notas y artículos a través de 700 años de letras españolas.) Madrid, 1958.

En este volumen se recogen los siguientes estudios sobre Juan Ruiz y el Libro de Buen Amor:

— La bella de Juan Ruiz, toda problemás. (Págs. 86-99.)

— El "Libro de buen amor" vertido al español de hoy y prologado por María Brey. (Págs. 100-104.)

— Pobres y ricos en los libros de "Buen Amor" y de "Miseria de Omne". (Págs. 105-113.)

— Tres poetas en desamparo. [El Arcipreste de Hita, el Canciller don Pero López de Ayala y Fray Luis de León]. (Págs. 114-124.)

ALONSO, DÁMASO. La cárcel del Arcipreste. *Cuadernos Hispanoamericanos*, XXX (1957), 165-177.

ALONSO DÁMASO. La Bella de Juan Ruiz. Revista *Insula*, número 79.

BUCETA, ERASMO. La política de Aristóteles fuente de unos versos del *Libro de Buen Amor*. *RFE*, XII (1925), 56-60.

CARBALLO PICAZO. [Reseña de:] L'uso dell'articolo davanti al possessivo nel "Libro de buen amor", de L. Terracini. *RFE*, XXXVIII (1954), 303-308.

CASTRO, AMÉRICO. Adiciones al *Diccionario Etimológico* de Meyer-Lübke. *RFE, V* (1918), 21-42, y VI (1919), 337-345.

CASTRO, AMÉRICO. España en su historia. Cristianos, moros y judíos. Buenos Aires, 1948.

CASTRO, AMÉRICO. Estultar. Una corrección al texto del Arcipreste de Hita. *RFE*, XVI (1929), 272-273.

CASTRO, AMÉRICO. Unos aranceles de Aduanas del siglo XIII. *RFE*, VIII (1921), 1-29; IX (1922), 266-276, y X (1923), 113-136.

CASTRO GUISASOLA, F. El horóscopo del hijo del Rey Alcaraz en el *Libro de Buen Amor*. *RFE*, X (1923), 396-398.

CASTRO GUISASOLA, F. Reseña del *Glosario sobre Juan Ruiz*, de Aguado. *RFE*, XVI (1929), 68-74.

CASTRO GUISASOLA, F. Una laguna del *Libro de Buen Amor*. *Rev. BAM del Ayuntamiento de Madrid*. 1930, 124-130.

CIROT, G. Reseña sobre la edición del *Libro de Buen Amor* hecha por Cejador. *BHisp.*, XV (1913), 479-484.

CLAVERIA, CARLOS. *Libro de Buen Amor*, 699 c.: "...esas viejas troyas." *Nva. RFHisp.*, II (México, 1948), 268-272.

COROMINAS, J. Diccionario Crítico Etimológico de la Lengua Castellana. Madrid, 1954. 4 vols.

CRAWFORD, J. P. WICKERSHAM. El horóscopo del hijo del Rey Alcaraz. *RFE*, XII (1925), 184-190.

FONTECHA, CARMEN. Glosario de voces comentadas en ediciones de textos clásicos. Madrid, 1941.

FOTITCH, TATIANA. "Libro de buen amor, 869 c". *Studies in Philology*, 1958, 464-471.

GARCÍA BLANCO, MANUEL. Sobre un pasaje del Libro de buen amor. *Miscelánea Griera*, I (1955), 257-263.

GARCÍA DE DIEGO, VICENTE. Dialectalismos. *RFE*, III (1916), 301-318.

GARCÍA GÓMEZ, EMILIO. El collar de la paloma de Ibn Hazm de Córdoba. Traducido del árabe. [Con una introducción]. Madrid, 1952.

GARCÍA GÓMEZ, E. La canción famosa calvi vi calvi / calvi aravi. *Al-Andalus*, XXI (1956), 1-18 y 215-216.

GILLET, JOSEPH E. "Escote la meryenda e party me dalgueua". *Hisp. Review*, XXIV (1956), 64.

GREEN, OTIS H. On Juan Ruiz's Parody of the Canonical Hours. *Hispanic Review*, XXVI (1958), 12-34.

GYBLON-MONYPENNY, G. B. Autobiography in the Libro de buen amor in the light of some literary comparaisons. *Bulletin of Hispanic Studies*, 39 (1957), 63-78).

HAMILTON, RITA. A note on Juan Ruiz. *The Modern Language Review*, L (1955), 504-505.

HANSSEN, F. Los metros de los cantares de Juan Ruiz. *Anales de la Universidad de Chile*, 1957, núms. 107-108.

HART, THOMAS R. La alegoría en el Libro de Buen Amor. Madrid, 1959, 123 págs. 8.º.

KELLERMANN, W. Zur Charakteristik des Libro del Buen Amor del Arcipreste de Hita. *Zeitschrift fur Romanische Philologie*, 67 (1951), 225-254.

LANG, EVELYNE. El tema de la alegría en el Libro de buen amor. *Rev. Hispánica Moderna*. XXII (1956), 1-5 y 13-17.

LAPESA, RAFAEL. Reseña del *Vocabulario de Juan Ruiz*, por Richardson. *RFE*, XVIII (1931), 56-58.

LÁZARO, FERNANDO. Los amores de D. Melón y D.ª Endrina. Notas sobre el arte de Juan Ruiz. Revista *Arbor*, XVIII, febr. 1941. 210-236.

LECOY, FÉLIX. Recherches sur le *Libro de Buen Amor* de Juan Ruiz, archiprêtre de Hita. París, 1938.

LEO, ULRICH. Zur Dichterischen Originalitat des Arcipreste de Hita. *Analecta Romanica*, VI (Frankfurt am Main), 1958.

LIDA, MARÍA ROSA. Notas para la interpretación, influencia, fuentes y texto del *Libro de Buen Amor*. *RFHisp.*, II (1940). 105-150.

LIDA, MARÍA ROSA. Nuevas notas para la interpretación del Libro de Buen Amor. *NRFHisp.*, XIII (1959), 1-2, pp. 17-82.

LIDA, MARÍA ROSA. Tumbal. *RFHisp.*, I (1939), 65-67.

MENÉNDEZ PELAYO, MARCELINO. Prólogo a la *Antología de Poetas líricos*. Madrid, 1892, tomo III.

MENÉNDEZ PIDAL, GONZALO. El Arcipreste de Hita. (En la *Historia General de las Literaturas Hispánicas*, publicada bajo la dirección de don Guillermo Díaz Plaja. Barcelona, 1949, tomo I, 473-490.)

MENÉNDEZ PIDAL, RAMÓN. Estudios literarios. [La primitiva poesía lírica española], 6.ª edición. Colección Austral. Buenos Aires, 1946.

MENÉNDEZ PIDAL, RAMÓN. La forma épica en España y en Francia. *RFE*, XX (1933), 345-352.

MENÉNDEZ PIDAL, RAMÓN. Manual de gramática histórica española. 7.ª edición. Madrid, 1944.

MENÉNDEZ PIDAL, RAMÓN. Notas para el léxico románico. *RFE*, VII (1920), 1-36.

318

Menéndez Pidal, Ramón. Poesía árabe y poesía europea. [Notas al *Libro* del Arcipreste de Hita. 1) Título que el Arcipreste de Hita dio al libro de sus poesías. 2) Un copista ilustre del *Libro de Buen Amor* y dos redacciones de esta obra. 3) Nota sobre una fábula de don Juan Manuel y de Juan Ruiz.] 3.ª edición. Colección Austral. Buenos Aires, 1946.

Menéndez Pidal, Ramón. Poesía juglaresca y juglares. Madrid, 1924.

Moffat, L. G. Alvar Gómez de Castro's verses from the Libro de Buen Amor. *Hispanic Review*, XXV (1957), 247-251.

Moffat, Lucius Gaston. The imprisonment of the Archpriest. *Hispania* (Baltimore), XXXIII (1950), 321-327.

Morreale, Margarita. Libro de Buen Amor 869 c. *Hispanic Review*, XXIV (1956), 232-234.

Oliver Asín, Jaime. Historia y prehistoria del castellano "alaroza". *Bol. de la R. Acad. Esp.*, XXX (1950), 389-421.

Oliver Asín, Jaime. La expresión *ala ud* en el Libro de buen amor. *Al-Andalus*, XXI (1956), 212-214.

Reckert, Stephen. "...Avras dueña garrida". *RFE*, XXXVII (1953), 227-237.

Rothberg, I. P. Juan Ruiz and Literature. *Hispania* (Baltimore), XXXVIII (1955), 202-204.

Richardson, Henry B. An etymological vocabulary to the *Libro de Buen Amor* of Juán Ruiz, Arcipreste de Hita. New Haven, Yale Univ. Press, 1930.

Ruiz, Juan, Arcipreste de Hita. *Poesías*, en Colección de poesías castellanas anteriores al siglo xv. Ilustradas con algunas notas e índice de voces anticuadas, por don Tomás Antonio Sánchez, Bibliotecario de S. M. Tomo IV. Madrid, Sancha, 1790.

Ruiz, Juan, Arcipreste de Hita. *Libro de Buen Amor*. Texte du XIVᵉ siècle. Publié pour la première fois avec les leçons des trois manuscrits connus, par Jean Ducamin. Toulouse, 1901.

Ruiz, Juan, Arcipreste de Hita. *Libro de Buen Amor*. Edición y notas de Julio Cejador. Madrid, 1913. 2 vols.

Ruiz, Juan, Arcipreste de Hita. *Libro de Buen Amor*. Edición, prólogo y notas de A. Reyes. Madrid, 1917.

Ruiz, Juan, Arcipreste de Hita. *Libro de Buen Amor*. Selección. [Edición con estudio y notas por María Rosa Lida.] Buenos Aires, 1941.

Ruiz, Juan, Arcipreste de Hita. El *Libro de Buen Amor*. Interpretación y versificación por Clemente Canales Toro. *Anales de la Universidad de Chile*. Cuarto trimestre de 1941.

Sáinz Rodríguez, Pedro. Documentos para la Historia de la Crítica literaria en España. Un epistolario erudito del siglo xix. *Bol. de la Biblioteca Menéndez y Pelayo*. Santander, 1921.

Sánchez Albornoz, Claudio. España, un enigma histórico. Buenos Aires, 1956, 2 vols.

Sánchez Cantón, Francisco Javier. Siete versos inéditos del *Libro de Buen Amor*. *RFE*, V (1918), 43-45.

Schutz, A. H. La tradición cortesana en dos coplas de Juan Ruiz. *NRFHisp.*, VIII (1954), 63-71.

Solalinde, Antonio G. Fragmentos de una traducción portuguesa del *Libro de Buen Amor*. *RFE*, I (1914), 162-172.

Spitzer, Leo. "Estultar", 'ofender', 'reñir', 'reprender'. *RFE*, XVII (1930), 183.

Spitzer, Leo. Reseña sobre *Recherches sur le Libro de Buen Amor*, de Félix Lecoy. *RFHisp.*, I (1939), 266-274.

Spitzer, Leo. Mesturar y la semántica hispano-árabe. *NRFHisp.*, III (1949), 141-149.

Spitzer, Leo. Zur Auffassung des Kunst des Arcipreste de Hita. *Zeitschrift für romanische Philologie*, LIV (1934), 237-270.

(Publicado en castellano con el título "En torno al arte del Arcipreste de Hita" en el volumen *Lingüística e Historia literaria*, Madrid, 1955, págs. 103-160).

Terracini, L. L'uso dell'articolo davanti al possessivo nel "Libro de buen amor". Sep. de Università di Torino. *Publicazioni della Facoltá di Lettede e Filosofia*. Torino, 1951, III fasc., 5-110 págs.

Vázquez de Parga, Luis. En el Centenario del Arcipreste de Hita. Juan Ruiz entre Islam y Occidente. Revista *Clavileño*, número 8, 33-36.

Wagner, M. L. Algunas observaciones generales sobre el judeo-español de Oriente. *RFE*, X (1923), 225-244.

Yehuda, A. S.—Contribución al estudio del judeo-español. *RFE*, II (1915), 339-370.

INDICE

Estrofas

Estrofas

SE ACABO DE IMPRIMIR ESTA SEGUNDA EDICION
DEL "LIBRO DE BUEN AMOR" EN ESPAÑOL
MODERNO, EL DIA 22 DE SEPTIEMBRE DE
1960, EN LOS TALLERES DE TIPOGRAFIA
MODERNA, DE VALENCIA, BAJO EL
CUIDADO DE MARIA AMPARO Y
VICENTE SOLER GIMENO.

LAUS ✠ DEO